高等法律职业教育系列教材
审定委员会

高等法律职业教育系列教材

民法原理与实务（上）

（第二版）

MINFA YUANLI YU SHIWU(SHANG)

主　编 ○ 吴晓苹　但小红

副主编 ○ 熊小琼

撰稿人 ○ （按撰写单元先后为序）

朱文博　但小红　吴晓苹　黄惠萍

熊小琼　谢世平　白　云

中国政法大学出版社

2018 · 北京

图书在版编目（ＣＩＰ）数据

民法原理与实务. 上/吴晓苹，　但小红主编.—2版.—北京：中国政法大学出版社，2018.6
（2021.1重印）
ISBN 978-7-5620-8337-5

Ⅰ. ①民…　Ⅱ. ①吴…②但…　Ⅲ. ①民法—中国　Ⅳ. ①D923

中国版本图书馆CIP数据核字(2018)第135746号

出　版　者	中国政法大学出版社
地　　　址	北京市海淀区西土城路 25 号
邮　　　箱	fadapress@163.com
网　　　址	http://www.cuplpress.com（网络实名：中国政法大学出版社）
电　　　话	010-58908435(第一编辑部) 58908334(邮购部)
承　　　印	北京鑫海金澳胶印有限公司
开　　　本	787mm×1092mm　1/16
印　　　张	13.25
字　　　数	275 千字
版　　　次	2018 年 6 月第 2 版
印　　　次	2021 年 1 月第 3 次印刷
印　　　数	7001~9000 册
定　　　价	36.00 元

总 序 *Preface*

　　高等法律职业化教育已成为社会的广泛共识。2008 年，由中央政法委等 15 部委联合启动的全国政法干警招录体制改革试点工作，更成为中国法律职业化教育发展的里程碑。这也必将带来高等法律职业教育人才培养机制的深层次变革。顺应时代法治发展需要，培养高素质、技能型的法律职业人才，是高等法律职业教育亟待破解的重大实践课题。

　　目前，受高等职业教育大趋势的牵引、拉动，我国高等法律职业教育开始了教育观念和人才培养模式的重塑。改革传统的理论灌输型学科教学模式，吸收、内化"校企合作、工学结合"的高等职业教育办学理念，从办学"基因"——专业建设、课程设置上"颠覆"教学模式："校警合作"办专业，以"工作过程导向"为基点，设计开发课程，探索出了富有成效的法律职业化教学之路。为积累教学经验、深化教学改革、凝塑教育成果，我们着手推出"基于工作过程导向系统化"的法律职业系列教材。

　　《国家中长期教育改革和发展规划纲要（2010~2020 年）》明确指出，高等教育要注重知行统一，坚持教育教学与生产劳动、社会实践相结合。该系列教材的一个重要出发点就是尝试为高等法律职业教育在"知"与"行"之间搭建平台，努力对法律教育如何职业化这一教育课题进行研究、破解。在编排形式上，打破了传统篇、章、节的体例，以司法行政工作的法律应用过程为学习单元设计体例，以职业岗位的真实任务为基础，突出职业核心技能的培养；在内容设计上，改变传统历史、原则、概念的理论型解读，采取"教、学、练、训"一体化的编写模式。以案例等导出问题，根据内容设计相应的情境训练，将相关原理与实操训练有机地结合，围绕关键知识点引入相关实例，归纳总结理论，分析判断解决问题的途径，充分展现法律职业活动的演进过程和应用法律的流程。

法律的生命不在于逻辑，而在于实践。法律职业化教育之舟只有驶入法律实践的海洋当中，才能激发出勃勃生机。在以高等职业教育实践性教学改革为平台进行法律职业化教育改革的路径探索过程中，有一个不容忽视的现实问题：高等职业教育人才培养模式主要适用于机械工程制造等以"物"作为工作对象的职业领域，而法律职业教育主要针对的是司法机关、行政机关等以"人"作为工作对象的职业领域，这就要求在法律职业教育中对高等职业教育人才培养模式进行"辩证"地吸纳与深化，而不是简单、盲目地照搬照抄。我们所培养的人才不应是"无生命"的执法机器，而是有法律智慧、正义良知、训练有素的有生命的法律职业人员。但愿这套系列教材能为我国高等法律职业化教育改革作出有益的探索，为法律职业人才的培养提供宝贵的经验、借鉴。

2016 年 6 月

修订说明
Revision

本教材自出版以来，因独特的体例设计、深入浅出的理论阐述和注重实操技能训练的实务内容而备受好评。为了更好地适应我国法治建设的发展进程和培养技能型法律人才的需求，教材编写组一直努力吸收民法理论研究的新成果，收集司法实践中出现的典型案例和新型案例，力图将理论成果和民法实务的紧密结合在教材中更好地体现出来。2017 年 10 月 1 日《中华人民共和国民法总则》（以下简称《民法总则》）开始施行，作为我国的民事基本法，其生效施行对民事活动的调整规范具有重大意义。该法在承继了已有民事法律许多行之有效的规范外，也创设了不少新的规范。因此，本教材编写组决定在原有的基础上对教材进行修订，将《民法总则》最新的法律规范加以详细介绍，增加新发生的典型案例，对如何适用该法以及其他民事法律进行充分阐释，以期完善教材，使其在高职院校及其他学校、机构的法律教育中更好地发挥作用。

教材编写组
2018 年 3 月 28 日于广州

前言
Foreword

　　高职高专法律教育以培养高素质技能型法律专门人才为目标，对理论知识传授以"必需、够用"为度，突出职业性和应用技能培养的要求。为适应这一人才培养模式的客观需要，编写组以民法课程标准为依据，遵循高职教育自身的认知规律，编写了本教材，尝试以一种新的方式对民法总论原理及其实务应用进行阐述，设计了突出法律职业岗位技能特征的项目内容和课程体系，确保因材施教，并以期为高等法律职业教育教材建设提供一个新思路。

　　本教材分为四个学习单元，每个学习单元包含若干教学项目，以模块形式组织内容。各学习单元根据"知识目标"和"能力目标"的培养要求，设计典型案例，导入相应教学项目"应知"的"基本理论"和"应会"的"工作任务"。每个项目都设计了"思考与练习"，指导学生自主学习，以检验学习效果；并以情境训练的方式，通过对实训形式及其环节、步骤的细化，进一步帮助学生将民法理论与实操训练有机地结合起来。各个单元还以"拓展阅读"的形式推荐相关书目，以便学生及时了解民法理论的发展状况，开阔视野。

　　本教材除了满足警官职业学院的教学需要之外，还可以作为司法从业人员的培训教材以及其他类型职业学校、高等专科、成人高等学校法学及相关专业的实用教材，亦可供广大法律爱好者自学之用。

　　本教材由吴晓苹、但小红任主编，熊小琼任副主编；具体写作及分工如下（按撰写单元先后排序）：

朱文博：单元一项目一、单元二项目一；

但小红：单元一项目二之"民事法律关系的构成"、"民事权利和民事义务"；

吴晓苹：单元一项目二之"民事法律事实"、各单元之"思考与练习"及"学习情境"；

黄惠萍：单元二项目二、三；

熊小琼：单元三项目一、二；

谢世平：单元三项目三；

白　云：单元四。

感谢广东司法警官职业学院教材编写委员会对本教材从立项到编写全程的大力支持和帮助！为圆满完成教材的编写工作，编写组参阅和借鉴了国内外有关学者的研究成果和文献资料，在此，亦向他们表示诚挚的谢意！

由于编著者水平所限，本教材的编写不可避免地存在不足和缺陷，敬请广大读者批评指正！

教材编写组

2016 年 3 月 8 日于广州

目录
Contents

单元一

民法概论

　　本单元是对民法的最为基础性的理论和知识的概括，内容涉及民法的含义、民法的调整对象、民法的渊源和体系、民法的效力、民法与其他法律部门的区别、民法的基本原则、民法的适用及民事法律关系的确认等。学习民法，不仅需要理解并掌握民法的基本知识和原理，更要领会民法的精神，树立正确的权利义务观念，强化法律意识，并以民法的规范指导日常生活及自身的行为。

知识目标

1. 理解并掌握民法的含义、调整对象，理解其本质特征。
2. 了解民法的渊源及其体系，熟知民法与其他法律部门的区别。
3. 理解民法各项基本原则的含义和功能。
4. 理解并掌握民事法律关系的含义及其内在构成。

能力目标

1. 能够正确区分民法与其他法律部门的调整对象，准确判断民法规范的效力范围。
2. 能够正确判断不同社会关系的性质，准确认定民事法律关系及其包含的各要素。
3. 熟悉并能正确适用民法的基本原则解决民事纠纷。

项目一　认识民法

引例1

　　张某开办了一间个体商店，办理了个体经营执照，并在税务机关办理了税务登记手续。经税务局核定，张某每月缴纳500元的固定税。但后来因张某的商店经营较好，税务局要求张某每月应缴税1000元。张某对税务局的决定不服，双方发生纠纷。张某遂诉至人民法院。

　　问题：

张某与税务局之间因税金定额发生的纠纷是否属于民法调整的范围？

引例 2

曾小茗 5 岁，覃小新 4 岁半，曾小茗的爷爷曾乙和覃小新和爷爷覃某均在某村租地种菜并居住在菜地工棚。一天上午，苏某到菜地捡菜，送了几个香蕉给小新，覃某夫妇在场，覃小新吃了一根香蕉，其后苏某离开。上午 11 时许，曾小茗来到覃某的菜地找覃小新，两人各吃了一根香蕉。大约 14 时，覃小新和曾小茗在菜地旁边的小路上玩耍，在菜地里装菜的覃某突然听到曾小茗大叫，跑过去一看，发现曾小茗倒在地上，面色发青，口吐白沫，地上掉落一根没有吃完的香蕉。覃某呼叫在附近菜地干活的曾乙，曾乙夫妇和覃某等人将曾小茗送到医院，医护人员从曾小茗的喉咙里挖出一块直径约 5 公分且表面带血的香蕉。因异物吸入窒息，曾小茗抢救无效于 15 时 20 分死亡。蒋某、曾甲是曾小茗的父母，他们认为噎死曾小茗的香蕉是苏某给的，覃某没有看顾好曾小茗，他们对曾小茗的死负有责任，遂向人民法院提起诉讼，请求法院判令苏某、覃某共同赔付死亡赔偿金、丧葬费、误工费、交通费及精神损害抚慰金等共 73 万元。

问题：

1. 蒋某、曾甲是否可以要求苏某、覃某赔偿？
2. 曾小茗的死亡是否与苏某、覃某有关？
3. 苏某、覃某是否应当向蒋某、曾甲承担赔偿责任？

基本理论

民法对平等主体之间财产关系的调整，为确保市场经济的有序运行、促进社会经济的发展和人民福祉的增进提供了法律基础；民法对平等主体之间人身关系的调整，为保障个人能够进行独立的、有尊严的社会活动增添了法律力量。

一、民法的含义

"民法"一词来源于罗马法中的市民法（jus civile）。古罗马依调整对象的不同，将法律分为公法和私法，市民法属私法范畴。这一分类的传统被大陆法系各国继承下来。我国法律传统上存在着诸法合体、民刑不分的特点，从法律文化到法律制度上都没有形成和建立独立的民法观念和民法制度体系，直到清朝末年沈家本主持制定《大清民律草案》时，聘请日本学者松冈义正等人起草民法而从日本引进"民法"一词。自此，民法的概念、观念及其整体制度才被引入我国，在主体上继受了大陆法系传统并延续至今。民法是我国法律体系中重要的部门法之一。

（一）民法的不同含义

"民法"一词有多种含义，通常可作如下区分：

1. 形式民法和实质民法

形式民法是指以一定体例编纂的并以民法命名的成文法典，如《法国民法典》《意大利民法典》《日本民法典》和我国的《中华人民共和国民法总则》（以下简称《民法总则》）等。由于我国尚未编纂民法典，严格地说，我国还没有形式意义上的民法，但因《民法总则》是一部民事基本法，是规范民事活动的基本准则，因此也可以说《民法总则》就是形式意义上的民法。实质民法是指一切具有民法性质的法律规范，既包括民法典，也包括各种民事单行法，如合同法、继承法、专利法等。

2. 广义民法与狭义民法

广义民法是指所有调整包括物质资料占有关系、商品交换关系、继承关系、婚姻家庭关系、智力成果专有关系等各种民事关系的法律规范。广义民法包含了公司、保险、票据、海商等商事法律，与"民商合一"的立法体例相对应，亦即在"民商合一"的国家谈及的"民法"就是广义的民法。狭义民法指的是只调整一定范围内的民事关系并对其作一般规定的法律规范，其他民事关系则由单行法律（如著作权法、专利法、商标法、婚姻法、继承法、保险法、票据法、公司法等）加以调整。与"民商分立"的立法体例相联系，在"民商分立"的国家谈及的"民法"即为狭义民法。

3. 普通民法和特别民法

普通民法是指对民事法律关系集中作出一般性规定的民法规范，如各国民法典。特别民法是指对一定范围内的私人关系进行调整的民法规范，如单行的婚姻法、合同法等。

《民法总则》是形式民法、普通民法，其中第 2 条规定："民法调整平等主体的自然人、法人和非法人组织之间的人身关系和财产关系。"

（二）民法的性质

我们还要了解民法的性质，这样可以更进一步地理解民法的含义和民法调整对象的意义。

1. 民法是私法

早在古罗马时期，就已经产生了公法与私法的划分。在大陆法系形成后，属于这一法系的国家均将其作为法律的基本划分方法。我们可以大致认为：在平等的私主体之间基于意思自治建立的财产关系和人身关系属于私法关系，以公权力主体的身份基于强制命令建立的法律关系属于公法关系。根据这一划分标准，民法属于私法。

强调民法的私法属性有助于我们在民事立法和司法实践中将民法的职能重心放在

对民事主体私人利益的鼓励和尊重上，放在对民事主体权利的确认和保护上，规定对民事权利的合理限制和干预程序，排除各个方面（特别是公权力）对民事权利的不当干预。

2. 民法是权利法

民法是私法，私法以保护私人利益为目的，这就决定了民法必以权利为本位，是以规定主体权利为主要内容的权利法。民法作为权利法的属性是由民法的私法性质决定的。民法作为私法，调整平等主体之间的民事活动，其立法目的在于通过对私权的维护调动平等主体从事民事活动的积极性，促进社会、经济、文化诸领域的发展。这就决定了民法应以权利为中心建立其规范体系，在规范形式上多采用授权性规范与任意性规范。

民法是以权利为中心的规范体系。民法通过体系化的方法，建立了金字塔型的权利模式，处于顶端的是"民事权利"这一总概念。民法总论围绕着这一概念，规定了民事权利的主体，民事权利发生、变更和消灭的根据，法院保护民事权利的期限。在民事法律关系中，权利与义务往往是相对应的，一方当事人的权利往往就是另一方当事人的义务。不过，在法律思维方法上，民法强调以权利为本位，民事义务的设置是为实现民事权利服务的。

二、民法的调整对象

每一个独立的法律部门，都有自己特定的调整对象，解决特定的社会矛盾，从而与其他法律部门相区别。根据《民法总则》第2条的规定并结合民法原理，我国民法的调整对象可以概括为平等主体的自然人、法人、非法人组织之间的人身关系和财产关系。

（一）民法调整平等主体之间的人身关系

人身关系是与人身不可分离的、以人身利益为内容、不直接体现财产利益的社会关系。人身关系包括人格关系和身份关系两类。人格是作为人至少应具备的利益要素，包括生命安全、健康、名誉、肖像、隐私等；人格关系就是基于人格利益而发生的社会关系。身份则是人在家庭或团体等相对稳定的社会关系中所处的地位及与之相联系的利益；身份关系是以特定的身份利益（如亲属、婚姻、荣誉等）为内容的社会关系。民法调整平等主体之间的人格关系；对于身份关系，我国民法侧重于调整因血缘、婚姻、收养而形成的配偶、亲属、监护等亲属法中的社会关系。

民法所调整的平等主体之间的人身关系有如下特点：

1. 主体地位平等

在人格关系中，每个民事主体均享有独立的人格利益，同时应尊重他人的人格利益。在身份关系中，每个民事主体的法律地位也应当是平等的。不过基于某些身份关系的特点，民事主体之间的权利义务有时候会存在不完全平等的情形，如父母对未成年子女享有设定住所的权利等。

2. 与人身不可分离

一般情况下，人身关系与民事主体的人身不可分离，具有专属性。除法律另有规定外，民事主体不可转让、放弃其人身权利。

（二）民法调整平等主体之间的财产关系

财产是指人体以外对人具有经济价值、能够为人支配的事物。在民法上，财产主要分为有形财产和无形财产。有形财产是指具有经济价值的物质实体，如土地、房屋、汽车、服装等。无形财产是指没有物质形体而具有经济价值的精神产品或权利，如专利、商号、商业秘密等。

财产关系是指人们之间以财产为客体、以具体的经济利益为内容的社会关系。人们在具体的经济活动中会发生各种具体的财产关系，如财政税收关系、财产买卖关系等，只有如财产买卖关系这种发生于平等主体之间的财产关系才是民法所要调整的财产关系。

民法所调整的财产关系特点如下：

1. 主体地位平等

在民法调整的各种财产法律关系中，主体之间的法律地位都是平等的，不存在隶属关系。在实现自身的利益时，均需尊重他人的财产利益。各财产支配者的法律地位都是平等的，他们之间建立的民事财产法律关系亦平等地受法律保护。

2. 意思表示自由

在调整各种财产法律关系中，民法确定了民事主体表达自身意思的权利，规定任何一方均不能将自身的意志强加于对方，非经法律规定授权，任何机关和组织也不能干预平等主体之间的财产关系。

三、民法的渊源与体系

（一）民法的渊源

民法渊源是指民事法律规范的表现形式，在这种意义上理解的民法渊源主要是指国家机关在其权力范围内制定的各种具有法律效力的规范性文件。民法渊源的重要实践意义在于，它是法院或仲裁机构裁判案件的法律依据。由于对民法渊源存在不同的态度，因此在不同的国家或不同的时代，人们对民法渊源的认识会有较大的差异。大陆法系国家的民法渊源主要包括制定法、习惯法以及法理等；英美法系国家的民法渊源在传统上主要是判例法；而有的国家（比如瑞士）的民法渊源则是多元的，除了制定法以外，还包括习惯法、学说和先例。

根据《民法总则》第10条的规定以及民法通说，本书作者认为，我国的民法渊源一是制定法，主要包括宪法、民事基本法、民事单行法、其他法律、行政法规以及地方性法规、自治条例和单行条例；二是对制定法的有权解释；三是习惯法；四是国际条约与国际惯例。

1. 制定法

制定法是指具有立法权的国家机关制定的法律。在我国，作为民法渊源的制定法包括：

（1）宪法。《宪法》是我国的根本大法，是由全国人民代表大会制定的规定国家根本政治制度和根本经济制度等最重要、最根本问题的法律，《宪法》中调整平等主体间关系的内容，如关于所有权的规定、关于民事主体的基本权利和义务的规定等成为民法的渊源。

（2）民事基本法。民事基本法是指由全国人民代表大会制定的涉及社会生活重大问题的民事法律。民事基本法通常是指民法典，我国目前没有民法典，《民法总则》是我国的民事基本法，它对我国平等主体间财产关系、人身关系的产生、变更、终止等作了全面的、具有最大适用范围的规范，是我国目前最重要的民法渊源。

（3）民事单行法。民事单行法是指民事基本法以外的调整某类平等主体的财产关系或人身关系的民事法律，是在民事基本法的范围内对民事基本法的主要补充。目前，民事单行法是我国民事法律规范的主要表现形式，许多民事法律制度都是通过民事单行法加以规定或具体化的，如《合同法》《婚姻法》《物权法》《公司法》《票据法》《海商法》等。

（4）其他法律。全国人民代表大会及其常务委员会制定的其他法律中也多有涉及民法的内容，如《土地管理法》《城市房地产管理法》《产品质量法》等。

（5）行政法规。行政法规是由国务院制定的规范性文件，其中有许多涉及民事活动的法律规范，如《商标法实施条例》《公司登记管理条例》等，它们同样是我国的民法渊源。

（6）地方性法规、自治条例和单行条例。地方性法规的效力低于法律和行政法规，在相应行政区域内有效，如《广东省专利条例》《上海市房地产登记条例》等。自治条例和单行条例在不违背法律或者行政法规基本原则的前提下，可以对法律和行政法规的规定作出变通规定，在相应的民族自治区域产生效力，如《新疆维吾尔自治区合同格式条款监督条例》《黔西南布依族苗族自治州农作物种子管理条例》等。地方性法规中的民事法律规范，以及自治条例和单行条例中的民事法律规范也是我国的民法渊源。

2. 对制定法的有权解释

对制定法的有权解释是指有解释权的国家机关对民事法律规范所作的解释，目的在于阐释民法规范的构成要件与法律效果，以便正确适用。在我国，对制定法的有权解释包括立法解释和司法解释，前者由制定相关法律规范的国家机关行使，后者由最高人民法院行使。

民事基本法、民事单行法和其他法律的立法解释由全国人民代表大会常务委员会负责；行政法规的立法解释由国务院负责；地方性法规、自治条例、单行条例的立法解释也均由相应的立法机关负责。有关民事案件的司法解释由最高人民法院作出。

✦ 法条链接

《中华人民共和国立法法》

第 42 条　法律解释权属于全国人民代表大会常务委员会。

法律有以下情况之一的，由全国人民代表大会常务委员会解释：

（一）法律的规定需要进一步明确具体含义的；

（二）法律制定后出现新的情况，需要明确适用法律依据的。

第 47 条　全国人民代表大会常务委员会的法律解释同法律具有同等效力。

《全国人民代表大会常务委员会关于加强法律解释工作的决议》

二、凡属法院审判工作中具体应用法律、法令的问题，由最高人民法院进行解释。凡属于检察院检察工作中具体应用法律、法令的问题，由最高人民检察院进行解释。最高人民法院和最高人民检察院的解释如果有原则性的分歧，报请全国人民代表大会常务委员会解释或决定。

《中华人民共和国人民法院组织法》

第 32 条　最高人民法院对于在审判过程中如何具体应用法律、法令的问题，进行解释。

3. 习惯法

所谓习惯，是指一种社会规范，是人们共同生活中的惯例。不同的地区、不同的社会阶层、不同的民族存在不同的习惯。习惯法来源于习惯，但并不是所有的习惯都是习惯法。习惯法是指社会公众对其有法的认同和法的确信，并且经国家认可的习惯。习惯法具有法律约束力，是我国民法的渊源。如《民法总则》第 10 条规定："处理民事纠纷，应当依照法律；法律没有规定的，可以适用习惯，但是不得违背公序良俗。"再如《合同法》第 22 条、第 61 条、第 136 条等规定，合同的订立及履行方式等可以依照交易习惯确定。

4. 国际条约与国际惯例

国际条约是两个或两个以上的国家就政治、经济、贸易、军事、法律、文化等方面的问题确定其相互间权利义务关系的协议。国际惯例又称国际习惯，是指在国际法上被接受为法律的通常做法。我国缔结或参加的国际条约以及国际惯例是我国民法的渊源，适用于涉外民事活动及其民事法律关系。

（二）民法的体系

民法体系，是指民法作为一个独立的法律部门，其内部具有逻辑联系的各项民事法律制度所组成的系统结构。我国的民法体系包含以下内容：

1. 一般规定

即普遍适用于民事关系的一般法律规定，包括：民法的制定依据、基本原则、适用范围，民事主体的资格条件，民事法律行为及代理的构成要件及其法律效果，诉讼时效和期间的规定，等等。

2. 具体民事制度

具体民事制度主要由物权制度、债权制度、人身权制度、知识产权制度、婚姻制度、亲属制度、继承权制度以及民事责任制度等内容构成。

（1）物权制度。物权制度主要规定财产的归属秩序及其法律关系变动的规则，包括物权的种类、效力、内容、变动规则及其保护等，结构上通常由物权的一般原理、所有权、用益物权、担保物权和占有五个部分构成。他物权分为用益物权和担保物权。用益物权包括土地承包经营权、建设用地使用权、宅基地使用权和地役权等；担保物权则包括抵押权、质权、留置权。

（2）债权制度。债权制度的规定主要是关于财产流转过程发生在特定的当事人之间的权利义务关系的规则。它规定债的概念和效力，规定各种债的发生根据、债的变更和消灭、债的履行和债的不履行的责任等通则性问题，还规定合同之债、侵权之债和其他原因之债等各种债的关系。

（3）人身权制度。人身权制度的规定包括人格权和身份权，主要是人格权，具体包括生命权、身体权、健康权、姓名权、名誉权、自由权、肖像权、荣誉权、隐私权等。

（4）知识产权制度。知识产权制度的规定主要是基于创造性智力成果而产生的无体财产权及其相关的人身权，主要包括著作权、专利权、商标权、发明权、发现权和其他科技成果权。

（5）婚姻家庭继承制度。婚姻家庭继承制度包括对婚姻关系、亲属关系和遗产继承的规定。其中，婚姻制度包含结婚、离婚条件及程序和家庭成员的权利义务等内容；继承制度主要是关于自然人死亡后其遗产的归属秩序，包括法定继承、遗嘱继承、遗赠、遗赠扶养协议、无人继承和无人受遗赠死者财产的归属等规定。

（6）民事责任制度。民事责任制度是关于民事主体违反民事义务或侵害他人民事权利所承担的法律责任，主要包括合同责任和侵权责任。传统民法将合同责任归于债编的合同部分，将侵权行为的法律后果归入债编中按侵权之债处理，不另设民事责任编。我国《民法总则》第八章规定了"民事责任"，突出了民事责任在民法中的地位。《合同法》对合同责任作了全面规定，侵权责任则由《侵权责任法》予以全面规范。

以上内容是关于一般民事关系的法律制度的主要方面。在民商合一体例下，民法体系还应包括关于特别民事关系——商事关系的法律制度，即商事法律制度，包括涉及公司、票据、保险、证券、海商、破产等商事活动的一系列法律规范。

（三）民法的适用顺序

我国民法的各种法律渊源形成了一个由上至下、处于不同位阶，具有不同效力的体系，不同法律渊源之间有严密的内在逻辑，在具体适用时有其适用的顺序。我国民法的制定法渊源也因其有多种形式在适用上也有一定的顺序。依据我国《立法法》的规定及学者的解释，对民法的不同制定法渊源主要依据以下原则确定适用顺序。

1. 上位法优于下位法

这是指在法律位阶、制定机关、立法等级效力等方面位阶、地位、效力较高的规范性文件与较低的规范性文件相冲突的，应适用位阶较高的规范性文件。例如，我国《立法法》第 88 条规定："法律的效力高于行政法规、地方性法规、规章。行政法规的效力高于地方性法规、规章。"依据该条规定可以知道，《专利法》的效力高于《专利法实施细则》，《专利法实施细则》的效力高于国家知识产权局制定并公布的《关于规范专利申请行为的若干规定》。

2. 新法优于旧法

级别相同的规范性文件发生冲突的，新颁布生效的规范性文件优先于旧的规范性文件，但同时要注意，民事法律法规一般无溯及既往的效力，如果适用于它颁布生效以前的民事问题，需要有明确的特别规定。

3. 特别法优于普通法（单行法优于基本法）

民事特别法是指适用于特定的时间、地域、事项或仅适用于特定主体的民事法律；民事普通法则在适用的事项、时间、地域或主体上具有明显的普遍性特征，在适用法律时优先适用特别法。民事基本法与民事单行法的关系是普通法与特别法的关系，在适用上，应当首先适用民事单行法，如在规范民事主体合同事务上，《合同法》优先于《民法总则》适用。

4. 强行法优于任意法

对某一事项，凡有强行性规范规定的，任意性规范不得再发挥作用，应适用强行规范。

5. 例外规定排除一般规定

适用于民事问题的例外情形的，若有例外规定，应适用例外规定，不适用一般规定。

6. 具体规定优于一般原则

在原则性规定与具体规定之间，应当优先适用具体规定；在无具体规定时，适用一般原则性规定。

四、民法的效力

民法的效力，是指民法规范在何时、何地、对何人及何事发生法律效力。正确理解民法的效力范围，是正确适用民法的前提。

（一）民法的时间效力

民法的时间效力，是指民法规范适用于哪个时间段的民事关系，即对何时发生的民事关系具有适用效力。一般地讲，民法自实施之日起生效，至废止之日失效。法律规范的失效一般由法律明文宣布自废止之日起失效。有的民事法律规范性文件自身规定了施行期限的，则自期限届满之日当然失效。新法颁布时往往同时规定旧法的废止时间。如《合同法》第 428 条就规定："本法自 1999 年 10 月 1 日起施行，《中华人民共和国经济合同法》《中华人民共和国涉外经济合同法》《中华人民共和国技术合同法》同时废止。"没有这样明文规定的，依一般原理，新法生效之日起，就同一事项应依新法优于旧法的原则，适用新法，旧法视同失效。而对于适用特别事项的特别法，新颁布的普通法则不具有使其失效的作用，仍然可适用该特别法。

民事法律规范对其实施前发生的民事社会关系，原则上无溯及适用的效力，但在法律有明文规定的某些特殊情况下，民事法律规范也可以溯及适用于既往民事关系。例如，《著作权法》第 60 条规定："本法规定的著作权人和出版者、表演者、录音录像制作者、广播电台、电视台的权利，在本法施行之日尚未超过本法规定的保护期的，依照本法予以保护。本法施行前发生的侵权或者违约行为，依照侵权或者违约行为发生时的有关规定和政策处理。"依该条规定，《著作权法》有一定的溯及力。

（二）民法的空间效力

民法的空间效力，是指民法规范在何地域范围内有效，即民法规范在地域范围上所具有的效力。一般来讲，民法规范的地域效力范围及于制定该民事法律规范性文件的机关权力所管辖的地域范围。《民法总则》第 12 条规定："中华人民共和国领域内的民事活动，适用中华人民共和国法律。法律另有规定的，依照其规定。"我国领域是指我国国家主权所及的领土、领空、领海以及根据国际法、国际惯例应当视为我国领域的驻外使馆和我国航行或停泊于国境外的船舶、飞机等。有的只涉及特定事项的法律，仅仅适用于特定事项涉及的区域。例如，《城市房地产管理法》只适用于城市，而不适用于农村。

（三）民法对人的效力

民法对人的效力，即民法规范对哪些人具有效力。这里的"人"包括自然人、法人及非法人组织等各类民事主体。民法规范对人的适用范围的确定有属人主义、属地主义等标准。属人主义，即以当事人国籍确定法律的适用，凡具有某一国籍的人，不问其在何处，均适用国籍国法律；属地主义，凡居住于该国或在该领域内发生的民事法律行为均适用其实际所在地的法律。《民法总则》第 12 条规定："中华人民共和国领域内的民事活动，适用中华人民共和国法律。法律另有规定的，依照其规定。"可见，依属地原则，凡在我国境内的本国人、外国人和无国籍人均适用我国民法；不在我国境内的则不适用我国民法，但存在例外。例外情况有以下几种：①我国民法中某些专门规定由中国自然人、法人或者其他组织进行的民事活动的内容，对外国人、无国籍人或外国法人和其他组织不适用；②对于虽然在我国境内，但依据我国缔结或参加的国际条约、双边协定或经我国认可的国际惯例，享有司法豁免权的外国人（如来访的国家元首、政府首脑及其随从人员，外国使节及其家属等）不适用我国民法；③对于不在我国境内的我国公民，其民事关系原则上适用所在地国民法，但依据我国缔结或参加的国际条约、双边协定或我国认可的国际惯例，应该适用我国民法的，则应适用我国民法。

案 例

詹姆斯，美国人，现居中国，于 2014 年 10 月 7 日将其在中国所有的一套房屋租给中国人侯某，双方在当时订立一份房屋租赁合同，主要内容为：长期租赁，每月租金4200 元，一次性交纳 3 年租金，期满后租金另议。2017 年 10 月期满后双方均未提出再议，侯某继续使用该房屋但未交租金。詹姆斯于 2018 年 2 月起诉至我国法院，请求侯某交纳支付拖欠的租金。

詹姆斯是居留在中国境内的外国人，该案发生在中国领域内，没有可以排除适用的情况，根据《民法总则》第 12 条的规定，詹姆斯起诉应适用我国民法，我国法院应当受理。

五、民法与其他法律部门之间的关系

（一）民法与商法的关系

在实行民商分立立法模式的大陆法系国家中，私法的两个主要组成部分是民法和商法。商法既包括商法典，也包括其他规定了商法内容的法律、法规等。一般认为，商法包括公司法、证券法、票据法、保险法、海商法、破产法等内容。民法与商法的区别是：①主体不同。商法的主体是以营利为目的而从事商行为的商事主体。民法的主体则具有普遍性，无论其是否从事营利活动，均属于民法上的主体。②调整对象不同。民法的调整对象是平等主体之间的人身关系和财产关系，而商法仅调整平等主体之间的商事活动以及在活动中产生的营利性财产关系。基于这一特点，商法在有关交

易行为、商业管理、诉讼时效等方面规定了有别于民法的内容。③商法具有强烈的技术性。为了促使商业活动有序进行，商人间形成了许多交易规则。这些交易规则往往是非常复杂的技术性规范，如票据的操作流程。与商法相比，民法的调整对象是社会一般人的普通生活，如私人财产、合同、婚姻、继承等，其技术性特点比较弱。④商法具有国际性。由于国际贸易和国际商事活动的发展，商事活动往往跨越国界，从而使商法具有国际性的特点，各国商法在内容上具有明显的共同性或相容性。与商法相比，民法的民族性和地域性的特点非常突出。

在实行民商合一立法模式的大陆法系国家中，商法被吸收到民法之中，故不存在民法与商法的区分。我国在立法模式上采取的是民商合一的体制，因此我国不存在商法这一部门法。不过，这并不影响在法学研究和法学教育领域设立商法这一学科。

（二）民法与行政法的关系

行政法是规定国家机关的组织及其管理活动的法律规范的总称。民法与行政法的区别在于：①调整对象不同。民法调整的是平等的私主体之间的人身关系和财产关系，行政法的调整对象是国家机关在行使国家权力过程中彼此之间、国家机关与自然人、法人、非法人组织之间发生的社会关系。②调整方法不同。民法采取平等、意思自治的调整方法，行政法采取命令与服从的调整方法。③法律原则不同。民法贯彻平等、意思自治、诚实信用、公序良俗等基本原则，而行政法则强调行政合法性和行政合理性的原则。④法律规范的特点不同。民法中存在大量的任意性法律规范，而行政法则多是强制性的法律规范。

（三）民法与经济法的关系

经济法是调整国家依法适当干预、管理社会经济活动的法律规范的总称，其核心内容是宏观调控法、反垄断法和反不正当竞争法。民法与经济法的区别是：①调整对象不同。民法调整的是具有平等性的私主体之间的财产关系、人身关系，而经济法调整的是政府在依法适当干预、管理经济活动的过程中所形成的经济关系。②主体地位不同。在民事法律关系中，各个主体具有平等的法律地位。在经济法律关系中，主体之间处于管理与被管理、监督与被监督的不平等地位。③调整方法不同。民法鼓励当事人采用平等、自愿协商的方法确定财产关系的内容，多采用授权性和任意性的法律规范。经济法则采用政府直接干预、管理、命令的方法，不允许当事人协商确定经济关系的内容，多采用强制性的法律规范。

（四）民法与劳动法的关系

劳动法是调整劳动关系和由劳动关系而产生的劳动保险、劳动福利等社会关系的法律规范的总称。民法与劳动法的区别是：①调整对象不同。民法调整平等的私主体之间的人身关系和财产关系，范围广泛；劳动法仅调整劳动关系，范围较窄。②主体地位不同。民事法律关系的主体之间具有平等的法律地位，无隶属关系；劳动法律关系的主体之间存在着劳动上的隶属关系或者劳动监督关系。③争议解决方式不同。劳动纠纷往往通过劳动仲裁机构和劳动行政管理部门解决，而民事纠纷则会通过普通的仲裁机构和法院解决。

六、民法的基本原则

民法基本原则是指导民事立法、民事司法和民事活动的基本准则，是民法本质和特征的集中体现。立法者必须在民法基本原则的指导下制定具体的民法规范；司法者在适用法律、作出裁判时，应当与民法基本原则的精神相符。民事主体在进行民事活动的过程中，也应当遵守民法基本原则的要求。

民法基本原则具有非规范性。民法是由具体的法律规范和基本原则构成的。法律规范往往内容明确，通过设置行为模式和法律后果的方式，直接为社会生活设定法律规则。民法基本原则不预先设定任何确定、具体的事实状态，不直接涉及当事人的具体权利义务，也不规定确定的法律后果。因此，民法基本原则不具有法律规范通常具备的具体行为模式和法律后果的逻辑构成，它是从整体上指导和协调民事法律的调整机制，反映的是民法的基本价值取向，如平等、公平、自由等。

根据民法基本原则所具备的上述特点，并结合《民法总则》第一章"基本规定"的内容，可总结出我国民法的基本原则包括：①平等原则；②意思自治原则；③公平原则；④诚实信用原则；⑤公序良俗原则；⑥绿色原则；⑦权利不得滥用原则。

（一）平等原则

1. 平等原则的含义

《民法总则》第4条确认了平等原则，该条规定："民事主体在民事活动中的法律地位一律平等。"所谓平等原则，是指在一切民事活动中，当事人的法律地位都是平等的，任何一方都不得把自己的意志强加给对方。该原则的实质在于强调主体资格和法律地位的平等，强调主体从事民事活动的机会平等，排斥民事活动和民事关系中任何一方当事人对他方当事人的特权地位。民法是民事主体生活关系、经济关系的法律表现形式，民事主体间地位平等是其基本要求。平等原则集中体现了民法的本质特征，是民法区别于其他部门法的主要标志。

2. 平等原则的体现

（1）民事主体的法律地位平等。民事主体的法律地位平等主要包括两方面的内容：①各主体的法律资格平等。自然人、法人、非法人组织是我国法律确认的三类民事主体，法律赋予每个民事主体以民事权利能力，即民事主体依法享有民事权利、承担民事义务的资格，我国法律认可了各类民事主体的民事权利能力平等。②在具体的民事法律关系中，当事人的地位平等。参加民事活动的当事人，无论是自然人还是法人，无论是政府机关还是私营企业，无论其经济能力是大还是小，都具有平等的法律地位，任何一方都无权将自己的意志强加给对方。在民事法律关系中，当事人之间没有上级与下级的关系，没有行政隶属关系。国家以民事主体的身份参加民事法律关系时，也与其他民事主体处于相同的法律地位。

（2）民事主体在民事法律关系中平等地享有权利、承担义务。民事主体参与到具体的民事法律关系中，平等地享受民事权利和承担民事义务。当事人可以平等协商确立相互间的权利义务，也可以依法平等协商变更或者终止相互间的权利义务。民事法律关系中的民事权利和民事义务是一致的，即当事人相互间的权利义务相对应，每一方享有的权利与付出的义务大致相当。但应注意，平等原则并不意味着民事主体对权利的实际享有没有差别。一方面，这种差别来自法律规定上的合理的限制，例如，由于自然人与法人的性质不同，自然人专属享有的婚姻、亲属、继承、扶养等方面的民事权利就不能为法人享有；另一方面，来自于当事人事实能力上的差别，此时，平等原则强调的是形式意义上的平等可能带来实质上的不平等。因此，现代民法在注重形式平等的同时，也开始关注实质平等，对那些在社会生活中处于弱势地位的群体（如消费者、雇员、残疾人等）给予特殊保护，赋予其特殊的民事权利，从而为平等原则注入了新的内容。

（3）民事主体的民事权益平等地受法律保护。法律并不因主体为自然人、法人还是非法人组织，而对其合法权益予以不同的保护。任何民事主体的合法民事权益受到侵害时，当事人都可请求予以法律救济，法律对其保护是一视同仁的。有人认为，中国是社会主义公有制国家，因此应当对国有企业和私营企业采取区别对待的措施，对国有企业的保护要优于私营企业，这一错误观念是与民法平等原则相违背的。在民法范畴内，各类民事主体的权益应当平等地受到法律保护，获得同类性质的法律救济。

（4）民事主体的民事责任平等。民事主体在民事活动中都须遵守法律，尊重他人的利益。任何一方不法损害他人的利益，都应依法承担相应的民事责任。任何民事主体承担的民事责任范围都以等价赔偿为原则，民事关系的当事人相互间不存在惩罚和制裁关系。

案 例

某市交警队交警于某驾驶单位汽车与某公司邢某驾驶的汽车相撞，经现场勘察，于某应负主要责任。双方对责任性质并无异议，但在协商赔偿事宜过程中，双方未达成一致意见。邢某遂向法院起诉，要求交警队赔偿。交警队辩称，自己本身就是交通事故的处理执法机关，其与邢某是管理与被管理关系，此事应由交警队自己解决，法院不应当受理。交警队遂拒绝出庭。

本案中，交警队是交通事故处理的执法机关固然无异议，但由于其车辆与他人车辆发生相撞，交警队与对方因交通事故的发生而发生民事赔偿关系，交警队也因此成为赔偿关系的一方当事人。在这种损害赔偿关系中，交警队的"身份"不是执法机关，而是与对方当事人处于平等地位,双方不是管理与被管理、隶属与管辖的关系。因为此时双方是处于民事法律关系中而不是行政法律关系中,因此,交警队与原告平等地享有民事权利、承担民事义务,法院受理此民事争议理所应当,交警队的答辩理由违反民法的平等原则,不能成立,交警队应当出庭。

(二) 意思自治原则

1. 意思自治原则的含义

意思自治原则又称自愿原则、私法自治原则,是指民事主体有权在法律允许的范围内根据自己的意愿处理自己的事务,设立、变更和终止民事法律关系。意思自治的核心是确认并保护个人自由。

意思自治为民事主体提供了实现个人意愿的法律手段,而当事人借以实现意思自治的手段则是民事法律行为。《民法总则》第5条规定的"民事主体从事民事活动,应当遵循自愿原则,按照自己的意思设立、变更、终止民事法律关系"就是对意思自治原则的确认。

2. 意思自治原则的体现

(1) 民事主体根据自己的意愿设立、变更或终止民事法律行为。意思自治原则首先表现为民事主体自主处理其事务,不受他人的非法干预。正是以意思自治原则为基础,现代民法建立了民事法律行为制度。民事主体是否进行民事法律行为、以何种方式进行何种内容的民事法律行为、是否变更或撤销该民事法律行为等,均由当事人决定,其他人无权干涉。只要该民事法律行为不违反法律的强制性规定和公序良俗,就会得到法律的认可和保护。

(2) 民事主体应当通过协商进行民事法律行为。绝大多数的民事法律行为都是双方或多方行为,在进行此类民事法律行为时,当事人相互间应当尊重彼此的意愿,通过协商达成一致意见,任何一方都不得把自己的意志强加于他方当事人。

(3) 意思自治原则的核心是合同自由原则。私法自治原则在民法各个制度中都有其具体的表现,例如在法人领域表现为社团自治原则;在合同法领域表现为合同自由原则;在婚姻法领域表现为婚姻自由原则;在继承法领域表现为遗嘱自由等。由于合同是市场经济的纽带,合同法是民法中最为活跃的领域,合同法律关系是在社会生活中发生最为频繁的民事法律关系,因此意思自治原则在合同法中体现得最为明显,并具体化为合同自由原则,包括缔约自由、选择相对人的自由、内容和形式自由、变更或解释合同的自由等。

(4) 当事人的意思表示具有优先于任意性法律规范的效力。民法中的任意性规范是为了弥补当事人意思表示的缺陷而设定的,其作用是在当事人意思表示不明确时,用以拟制当事人的意思表示。因此,在意思表示与任意性法律规范并存的情况下,应当优先适用当事人的意思表示。

3. 对意思自治的限制

尽管意思自治赋予民事主体充分的决定自由和行为自由，但其亦存在明显的缺陷。它仅强调各个民事主体在形式上的平等与自由，但并没有顾及并非人人平等的社会现实。弱势群体可能因难以在民事法律行为中充分地表达和实现其意志，从而在意思自治的表象下承受着被压迫的结果。例如在消费者与商家的交易中，商家可以凭借其在经济实力、信息占有等方面拥有的优越地位而迫使消费者签订权利义务不对等的合同，表面上，消费者签字同意，看似符合意思自治的要求，但是实际的结果却是合同的内容并没有平等地顾及当事人双方的利益。因此，坚持彻底的意思自治可能会损害社会公正性。

为了弥补意思自治的缺陷，法律从各方面限制了它的适用范围：①公法对私法的渗透，许多原本属于私法的领域已经越来越多地出现公法的内容，如《土地管理法》《城市房地产管理法》均以公法手段就民事主体之间的交易行为进行了约束，限制了意思自治的行使。②私法领域中强行规范的增加，如《合同法》关于格式条款的订立有强制性的规定，对格式条款的效力确认也明确倾向于保护非提供格式条款的一方。③法院更多地使用自由裁量权，对当事人民事法律行为中不适当的内容进行调整。另外，在没有当事人意思参与的情况下形成的法定法律关系也得到了很大的扩展，如基于信赖利益保护形成的法律关系或基于交易安全义务而形成的法律关系，《合同法》规定的缔约过失责任和表见代理即属于此类。

（三）公平原则

1. 公平原则的含义

公平既是一种高尚的道德情操，又是法律追求的最高价值目标。民法直接涉及人与人之间利益的协调与平衡问题，因此应当把公平作为其基本原则。公平原则是指民事主体应当本着社会公认的公平观念从事民事活动，立法机关和司法机关在制定民事法律规范和裁判民事纠纷时，也应当遵循公平的观念和要求。《民法总则》第6条确认了公平原则。

2. 公平原则的体现

（1）民事立法以维持当事人的利益平衡为目标。立法者在制定涉及民事主体利益的民法规范时，都尽量维持各方当事人之间的利益平衡，使得每一方当事人的利益都能得到法律的妥当保护。以公司法中的股东权益为例，传统公司法理论与实务认为股东权益是以其所持股份的多少来衡量的，这必然导致大股东控制公司、损害小股东利益，为了在大股东与小股东之间维持利益平衡，现代公司法发展出了不少维护小股东利益的制度，如累积投票制等。

（2）法院可依职权或当事人的请求调整当事人之间失衡的利益。在大多数的民事法律关系中，当事人之间的利益关系因各种原因而出现失衡的状态，如当事人订立了显失公平的合同，或在合同履行过程中因情事变更而出现显失公平的情况。在这些情况下，法院可以根据当事人的请求或者依据法律赋予的权力而调整合同内容，使当事人的权利义务关系重新回到平衡状态。

（3）民事主体应当依据社会公认的公平观念从事民事活动。在各种民事法律关系，尤其是在合同法律关系中，当事人之间应当合理、恰当地配置权利、义务，一方在实现自己利益而享有权利的同时，也为对方实现其利益承担相应的义务。一方的给付与对方的对待给付之间是否符合公平原则的要求，是否具有等值性，民法采纳的判断依据是主观等值原则，即当事人主观上愿意以此给付换取对待给付，即为公平。

（四）诚实信用原则

1. 诚实信用原则的含义

诚实信用原则简称诚信原则，是指民事主体在从事民事活动、行使民事权利和履行民事义务时，应当诚实、守信，在不损害他人利益和社会公共利益的前提下追求自己的利益。《民法总则》第7条规定了"民事主体从事民事活动，应当遵循诚信原则，秉持诚实，恪守承诺"，从而确认了诚实信用原则。

诚实信用原则本为市场经济活动的道德准则，它要求市场参与者在不损害他人利益和社会利益的前提下追求自己的利益，目的是在当事人之间的利益关系和当事人与社会的利益关系中实现平衡，以维持市场道德秩序。

2. 诚实信用原则的体现

诚实信用原则在现代民法中具有重要地位，被称为民法的"帝王条款"。但是，诚实信用是一个高度抽象的概念，其内涵和外延都具有很大的伸缩性，因此又被称为"白地规定"。[1] 也就是说，诚实信用没有确定的含义，其具有广泛的包容性。诚实信用原则在民法中主要体现为三方面：

（1）诚实信用原则是当事人行使权利、履行义务的基本准则。诚实信用原则对当事人从事民事活动具有指导作用，它确立了当事人应以善意方式行使权利、履行义务的行为规则。在现代市场经济条件下，诚实信用原则已经成为市场参与者遵循的基本法律准则。

（2）诚实信用原则是解释民法和意思表示的依据。由于诚实信用原则是市场参与者最基本的行为准则，因此它成为解释当事人意思表示的重要依据。《合同法》第125条第1款规定："当事人对合同条款的理解有争议的，应当按照合同所使用的词句、合同的有关条款、合同的目的、交易习惯以及诚实信用原则，确定该条款的真实意思。"另外，诚实信用原则也是民法的重要解释方法。

---

〔1〕　参见苏号明：《民法总论》，法律出版社2006年版，第47页。

（3）诚实信用原则是填补法律漏洞的工具。诚实信用原则的内容极为概括抽象，立法者正是通过这一极具弹性的基本原则，授予法官自由裁量权，允许他们在法无明文规定或规定不明确时依自己的正义观念作出裁判，填补法律漏洞，使之能够应付各种新型案件。因此，在现代民法中，诚实信用原则意味着承认司法活动的创造性与能动性。不过，法官在能够适用具体规定和采用类推等方法填补法律漏洞时，不得适用诚实信用原则。

案　例

2012 年 6 月 15 日，某外贸公司与某房地产公司签订房屋预购合同，双方对房屋地点、面积、价款等都作了相应规定。2013 年 4 月 2 日，工程完工；同年 4 月 29 日经该市质检站验收合格。施工期间，由于市场建材价格大幅度上涨，该市建委与中国建设银行该市分行联合下文，规定从 2012 年 11 月 1 日起建筑工程结算以原合同所定直接费用 50% ~70% 计取上涨价差。房地产公司按此规定结算后，通知外贸公司追加价款 199 万元，否则不交付房屋。外贸公司不同意，遂向人民法院起诉，要求房地产公司按约定交付房屋。

该外贸公司与该房地产公司订立合同是在平等基础上自愿协商的，但在合同履行过程中，建材大幅度涨价，使成本提高，这一情况对双方来说都是无法防止的外因。这种合同订立基础的客观情况发生变化，且是根本变化的情况，非当初所能预料。如果当事人仍按照原合同履行则显失公平，有违诚实信用原则。因此，法院应当基于诚信、公平原则，平衡双方当事人利益，依情势变更规则，允许当事人变更合同。

（五）公序良俗原则

1. 公序良俗原则的含义

公序是指公共秩序，良俗是指善良风俗，二者合称为公序良俗。公共秩序既包括一个国家的现行法律秩序，也包括作为法律秩序基础的根本原则和根本理念等。善良风俗是指某一社会应有的道德准则和伦理秩序。公序良俗原则主要是指民事法律行为的内容及目的不得违反公共秩序或善良风俗，当事人行使权利的方式亦应遵守公序良俗原则。《民法总则》第8条规定："民事主体从事民事活动，不得违反法律，不得违背公序良俗。"该条就是公序良俗原则的法律依据。

2. 公序良俗原则的体现

公序良俗原则作为民法的基本原则具有高度的抽象性，其作用在于维护公共秩序和公共道德；其功能在于当发生有损国家利益、破坏公共秩序和违背公共道德秩序的民事法律行为时，又无直接的法律强制性和禁止性规定的情况下，授权法官以社会公共秩序和公共道德准则判决该民事法律行为无效。在司法实践中，法官直接援用公序良俗原则判决某个民事法律行为无效，必须以法律确认的公共秩序和社会公众普遍尊崇的社会公共道德为依据，不得随意援用。例如，某甲向某乙购买刀具本为正当的民事买卖行为，但若某甲购买刀具的目的是杀死某丙，某乙明知此事仍予出售，则其民事法律行为违背了公序良俗原则。

案例

卢某有房屋一间，想对外出租，但由于该房的地理位置较偏僻，当地商贸活动也不发达，多次与他人协商出租事宜时，均因租金问题未能达成协议。2010年2月，卢某经朋友介绍与周某洽谈租房事宜，双方达成协议，协议中载明了租金及租房用途（开设游戏厅）。在订立合同过程中，卢某得知周某开游戏厅是借口，周某租房的真正目的是为赌博提供场所，但由于卢某贪图眼前利益，仍与其签订合同并约定一切责任由周某承担。后周某的赌博活动被公安机关查处。卢某要求周某支付后几个月的租金，周某不予理睬，卢某遂向法院起诉，要求周某支付租金。

对于卢某与周某按照平等、自愿、诚信的原则签订的合同，法律应当加以有效的保护，但其前提是该合同内容不得违反国家有关政策和法律、行政法规的强制性规定，不得损害国家、集体和他人的合法利益以及社会公共利益。周某借卢某的房屋作为赌博场所，违反了相关法律法规的规定，也损害了社会公共利益，因为赌博侵蚀了国家健康良好的社会风气，有违社会公德标准。法院应当根据我国民法中的公序良俗原则，对卢某要求周某支付租金的诉讼请求不予支持。

（六）绿色原则

《民法总则》第9条规定："民事主体从事民事活动，应当有利于节约资源、保护生态环境。"这是民法中绿色原则的直接概括。将绿色原则确立为基本原则，既传承了"天地人和""人与自然和谐共生"的我国优秀传统文化理念，又体现了中国新的发展理念，与我国是人口大国、需要长期处理好人与资源生态的矛盾这样的国情相适应。

民法总则中的绿色原则，一方面，是对民事主体自身行为附加保护生态环境的义务，任何民事主体违反这个义务，都要承担法律责任；另一方面，也是给环境保护法或其他资源立法留下一个对接的法律渠道。不过，民法本身不足以实现全面的环境保护，这一任务仍然是环境保护法的任务，民法只对与民事主体活动相关的生态环境部分加以关切保护。"有利于节约资源，保护生态环境"，指的是民事活动涉及资源利用时，当事人还应当力行节约，尽量避免浪费自然资源，不得对生态环境造成破坏。

（七）权利不得滥用原则

权利不得滥用原则又称禁止权利滥用原则，是指民事主体在行使民事权利时不得超越正当界限，损害社会公共利益或他人合法权益，否则即构成权利滥用，应当承担相应的法律后果。

早在古罗马法中，即有"行使自己的权利，无论对于任何人，皆非不法"的观念。在古典自然法学理论盛行时期，权利本位是其理论核心。但到了19世纪后期，古典自然法学理论无法解释因"私权绝对"导致的极端个人主义和私利膨胀的消极现象，代之而起的是以强调社会利益为主要内容的社会法学理论。该理论认为，法律的终极目标不仅在于保护个人的自由与权利，还应兼顾整个社会的发展，从而强调权利的社会性。在这一观念影响下，从19世纪末期开始，各国民法开始对权利的行使施加一定限制，确立了权利不得滥用原则。我国《民法总则》第132条明确规定："民事主体不得滥用民事权利损害国家利益、社会公共利益或者他人合法权益。"

权利不得滥用原则，本质上是一项协调个人利益和社会公共利益的法律原则。人是具有社会性的，人必须参与社会的分工与合作，互换其利益，才能更好地生存和发展，因此人对社会应承担一定的义务，这个义务就是个人权利之行使不得违反法律和损害社会公共利益。民法一方面充分保护私权，另一方面又规定权利不得滥用原则，将权利之行使限制在不违反法律和不损害社会公共利益的范围之内，这就协调了个人利益和社会公共利益。例如，所有权是一种内容非常丰富的民事权利，权利人原则上可以随意处分自己所有的物，但是房屋所有权人在行使权利时要受到相邻权或建筑物区分所有权的限制，有时还会受到公法的限制。

引例分析

引例1：张某与税务局之间因税金定额发生的纠纷不属于民法调整的范围。在社会生活中，人们可能因具体的经济活动而发生各种具体的财产关系，如税务局与个体经营户张某之间产生的财政税收关系、张某经营个体商店与顾客之间产生的财产买卖关系等。税务局要求张某缴纳税款，是代表国家行使行政权力，两者之间是行政机关与行政相对人的关系，该关系及双方的纠纷受行政法律规范调整。民法是调整平等主体之间的财产关系和人身关系的法律规范，只有发生于平等主体之间的财产关系（如财产买卖关系等）才是其所要调整的对象。

引例2：本案的焦点在于判断曾小茗因食用香蕉窒息死亡这一事件是否与苏某、覃某有法律上的因果关系。民事主体的人身权、财产权受法律保护，曾小茗因噎食死亡，不仅其自身的利益受到损害，他的父母蒋某、曾甲也因此遭受精神上的痛苦和财产上的损失，蒋某、曾甲认为是苏某、覃某造成曾小茗死亡，其可以依照民法的规定要求两人承担责任。苏某、覃某是否应当承担责任，同样应当根据民法的规定进行判断。我国《侵权责任法》第6条第1款规定："行为人因过错侵害他人民事权益，应当承担侵权责任。"如果行为人实施了违法行为，并且有故意或者过失，就应当承担责任。虽然曾小茗是被香蕉噎住致死，但苏某送香蕉给覃小新，是一种情谊行为，不具有违法性，也不可能预见覃小新会与曾小茗分享香蕉，因此曾小茗的死与苏某无关。覃某没有故意加害曾小茗的行为，覃小新与曾小茗分享香蕉的行为也不具有违法性，对他们进食香蕉一事，覃某并无未尽合理注意义务的情形。曾小茗已满5周岁，从一般生活经验来看，其已具备独立进食香蕉等常见食物的能力，比曾小茗年幼的覃小新也独立进食香蕉，事发当日上午曾小茗与覃小新一起进食过香蕉也未见异常。可见，曾小茗在当天下午进食香蕉窒息这一后果是覃某无法预见的，事发后覃某也已尽力协助救治。曾小茗的死亡是因咬食香蕉过多、吞咽过急而窒息所致，属于意外事件。苏某、覃某无需对蒋某、曾甲承担侵权损害赔偿责任。

相关法律规范

1. 《中华人民共和国民法总则》第2～12、132条。

2. 《最高人民法院关于贯彻执行〈中华人民共和国民法通则〉若干问题的意见（试行）》第184、190、191、196、197、200条。

3. 《中华人民共和国合同法》第4、22、26、54、60、61、92、125、293、368、428条。

4. 《中华人民共和国立法法》第7、45、50、87～92条。

思考与练习

一、结合本项目原理，回答以下问题：

1. 从实际生活出发，举例说明民法所调整的社会关系。

2. 我国民法的渊源有哪些？除了书中介绍的几种类型外，你认为是否存在其他的民法渊源？

3. 如何在民事活动中贯彻平等原则？香烟销售者拒绝向未成年人出售香烟是否违反平等原则？《婚姻法》规定男性必须年满22周岁、女性必须年满20周岁才能结婚，与民法的平等原则是否构成冲突？

4. 对于素有"帝王条款"美誉的诚实信用原则，你有什么生活案例予以印证？

二、结合本项目原理，分析以下案例：

李某因患心肌炎前往某省立医院就诊。经过一段时间的治疗，已基本痊愈。某日下午李某再次来到该医院复查。因其当时还有一些感冒病状，接诊大夫就为李某开取了药物和针剂。在护士为其进行注射后，李某在十余分钟内出现寒颤等异常现象。经该院抢救后李某脱离生命危险，住院治疗诊断结果为"脑水肿"。李某后经数次治疗仍无良好结果。最后，经该省医疗事故鉴定委员会鉴定，结论为："……发生寒颤、抽风，究其原因，与输液反应有关，……治疗抢救措施不当，造成缺氧性脑病，导致痴呆，……属二级甲等医疗事故。"李某家人遂起诉该医院至法院，要求赔偿医疗费、交通及住宿费、误工工资、生活补助费以及今后医疗费共45万元。该医院承认李某受损之事实，但不愿意依照《民法总则》之规定赔偿，而只愿意根据该省《医疗事故处理条例实施细则》的规定给付李某一次性经济补偿 5000 元。

本案应该适用何种法律规范？

思考方向：

（1）李某因在医院注射针剂致身体受到损害并引起纠纷，这种纠纷属于何种类型的纠纷？当事人之间存在何种社会关系？

（2）医疗事故损害的是患者的生命健康权，这是否属于民法的调整范围？

（3）该省《医疗事故处理条例实施细则》是某一卫生行政部门确认医疗事故及其分类、等级的行政类程序性法律规范，其中关于补偿的规定是进行行政处理时涉及的一个相关问题。其与《民法总则》之间存在什么样的关系？

学习情境一 民法规范的适用

🔫 情境案例

周林和李坚先后在一条街上相邻的位置开了快餐店，周林经营有方，生意红红火火。李坚则门庭冷落，生意无法继续下去，他于是决定改开花圈店。因李坚对周林生意红火有气，便在开店后，将样品花圈放在与周林饭店相邻的一侧。周林发现后，为了不影响自己的生意，用一张薄席拦在中间，使来店吃饭的客人不致直接看到摆放的花圈。但是李坚随即架高花圈，周林只得随之架高薄席。李坚最后将样品花圈吊在屋檐上，使周林无法继续遮挡。周林的生意日渐萧条，遂起诉李坚恶意摆放花圈，影响其正常经营，要求法院判决李坚停止侵害，赔偿损失。李坚认为花圈摆放在自己店里，自己有权决定具体的摆放位置，周林的生意好坏与其无关。[1]

🔫 训练目的

通过实训，使学生进一步理解民法的调整对象，掌握民法规范及其基本原则的适用，能够从法律的角度正确判断民事主体之间纠纷的性质，正确处理民事争议。

🔫 训练方法

1. 课堂讨论。针对案例由教师或者学生提出问题，由学生自主进行探讨、论证，教师进行辅导、点评。

2. 角色模拟。学生分组，每组 2～6 人，分别扮演周林、李坚和法官以及饭店客人等，根据案情模拟周林和李坚产生纠纷和解决争议的过程。

---

〔1〕 案例来源：杨立新："快餐店旁经营花圈影响他人生意被判赔偿——析妨害经营的侵权行为"，载《检察日报》2004 年 2 月 16 日。

工作任务

1. 判断本案是否可以适用民法以及应当适用何种民法规范。
2. 正确解决当事人之间的纠纷。

实训步骤

步骤1. 分析周林和李坚是否具有民事主体资格。明确民事主体的含义，进而判断周林和李坚是否具备民事主体的资格条件。

步骤2. 判断周林和李坚之间的纠纷是否属于民法的调整范围。确定周林与李坚纠纷的具体内容，判断他们之间是否形成受民法调整的财产关系或者人身关系。

步骤3. 确定解决当事人纠纷所应当适用的法律规范。如果周林、李坚之间的纠纷属于民法的调整范围，应当进一步确定可以适用的民事法律规范，是适用民事基本法还是适用民事单行法？是否可以适用民法的基本原则？

步骤4. 判定当事人各自主张是否正确。归纳双方当事人的主张及其依据，根据相关法律规范予以判断，并作出正确的处理。

项目二   民事法律关系

引 例

陈甲之妹陈乙，是娄某的妻子。娄某与陈乙于2010年12月30日登记结婚，2011年5月4日举行婚礼。为使新房更显气派，娄某于4月22日向妻子提出，将其娘家的3件古董借来摆一下，婚礼过后即归还。陈乙同意，随即与娄某一起向父亲陈某华提出上述要求，但遭到其他兄弟姐妹的反对。他们认为，上述3件古董在大哥陈甲2006年结婚时已经作为结婚礼物送给他了，只不过大哥在外地工作，才将古董寄存在父亲处。现大哥不在上海，未经本人同意，不应出借。5月1日，娄某夫妇再次到陈家商借，于是，由陈某华做主，将3件古董借给娄某夫妇1个月。1个月后，陈乙与娄某商量归还古董，娄某借故推辞，提出再借一段时间，遭陈乙反对，双方为此发生口角。6月23日，陈乙暂回娘家居住。7月14日，陈乙回到新房，发现古董不在房内，便向娄某追问，娄某称古董被其母亲朱某藏起，如要拿走，必须先将朱某赠送的金首饰归还。双方因此又大闹一场。次日，两家人共同商议解决办法未果，不欢而散。2011年10月18日，陈甲起诉至法院，要求娄某归还3件古董。

问题：

1. 本案涉及哪几个民事法律关系？
2. 这些民事法律关系的主体、客体和内容各是什么？

3. 这些民事法律关系之间是否有联系？

4. 如果陈甲与娄某发生口角，互相推搡，娄某因而摔伤，他可以向陈甲主张何种权利？

基本理论

民事法律关系是民法对平等主体间的人身关系和财产关系加以调整的结果，是一种以法律形式表现出来的社会关系。民事法律关系的确认既具有实体意义，又具有程序意义。通过确认民事法律关系，可以明确哪些民事主体之间由于何种民事法律事实形成了何种民事法律关系，在该民事法律关系中哪一主体享有何种民事权利、哪一主体承担何种民事义务等。在民事诉讼实践中，民事法律关系是确认民事诉讼法律关系的前提和基础，民事诉讼当事人的确定必须依靠确认民事法律关系来解决。

一、民事法律关系的构成

（一）民事法律关系的含义

民事法律关系是民事法律规范调整的、以民事权利和民事义务为内容的平等的社会关系。它是民法调整的平等主体之间的财产关系和人身关系在法律上的表现。民事法律关系具有以下特征：

1. 民事法律关系是以民事权利和民事义务为内容的社会关系

民事法律关系是一种权利义务关系。任何民事法律关系一经建立，当事人即互享民事权利、互负民事义务；或一方享有权利、另一方则承担相应义务。如日常生活中常见的买卖合同，买方和卖方之间的买卖合同关系一经建立，买方即享有取得标的物所有权的权利，同时承担支付价款的义务；卖方即享有取得标的物价款的权利，同时承担交付标的物的义务。买卖双方之间的买卖合同关系即以双方享有的民事权利和承担的民事义务为内容。

2. 民事法律关系体现了双重意志

首先，民事法律关系体现当事人的意志。除法律规定外，大部分民事法律关系的建立，必须遵循自愿原则，当事人双方不能达成意思表示的一致，则民事法律关系难以建立，如日常生活中最简单的买卖合同关系，买卖双方就标的物的价格、数量、质量等充分表达自己的意愿，达成意思表示的一致，买卖合同关系才能成立。其次，民事法律关系又体现国家意志。国家对民事法律关系通过各种强制性措施加以保障，使当事人的民事权利、权益能够得以实现，对法律关系中不履行义务的一方则科以相应的法律责任进行制裁。

3. 民事法律关系是平等的社会关系

民法调整的社会关系发生在平等主体之间，民法实行的基本原则之一是平等原则，由此也就决定民事法律关系是一种平等的社会关系。无论是个人、法人、国家机关，还是社会团体，在民事法律关系中都是独立的，互不隶属，地位平等，平等地享有民事权利和承担民事义务。

（二）民事法律关系的分类

民法调整平等主体之间的各种财产关系和人身关系，因此也会形成各种各样的民事法律关系。为了正确区分和把握各种民事法律关系，可根据不同的标准，作如下分类：

1. 财产法律关系和人身法律关系

根据民法的调整对象，民事法律关系可分为财产法律关系和人身法律关系。

财产法律关系指民事主体在物质资料的生产、分配、交换和消费过程中形成的，以满足人们的财产利益需要的民事法律关系。它包括财产所有关系和财产流转关系，前者如所有权法律关系，后者如买卖合同债权法律关系。

人身法律关系指与当事人的人身不可分离、以人格利益、身份利益为客体的民事法律关系。它包括人格关系和身份关系，前者如生命权法律关系、姓名权法律关系、肖像权法律关系、名誉权法律关系，后者如监护权法律关系、亲属权法律关系、荣誉权法律关系。

区分财产法律关系和人身法律关系的法律意义在于：两种民事法律关系中权利主体所享有的权利性质不同。财产法律关系中，权利主体所享有的是财产权，一般具有可让与性，如所有人可将自己的财产所有权通过买卖、赠与等转让给他人。而人身法律关系中，权利主体所享有的是人身权，人身权具有人身依附性，一般不具有可让与性，如权利主体所享有的生命权、健康权等，必须依赖于特定的人身存在，不得转让。

2. 物权关系和债权关系

财产法律关系根据权利人实现权利方式的不同，可分为物权关系和债权关系。

物权关系指权利人可以按照自己的意思直接支配物，无需义务人的积极配合即可行使并实现其权利的民事法律关系。如所有权法律关系，所有人行使并实现所有权，无需义务人的积极作为，其对自己的物可直接进行占有、使用、收益和处分。

债权关系指权利人必须依赖义务人的一定行为，才能行使和实现其权利的民事法律关系。如买卖合同法律关系，买方取得标的物所有权的权利必须借助于卖方交付标的物的积极作为才能实现，卖方取得价款的权利必须借助买方支付价款的积极作为才能实现。

区分物权关系和债权关系的法律意义在于：掌握物权关系和债权关系的不同特点，有助于正确理解和把握民法中物权法和债权法这两大基本的财产权法律制度。

3. 绝对民事法律关系和相对民事法律关系

根据民事法律关系中义务主体的范围，民事法律关系可分为绝对民事法律关系和相对民事法律关系。

绝对民事法律关系指法律关系的义务主体是权利人以外的一切不特定人的民事法律关系。如物权法律关系、人格权法律关系。在绝对民事法律关系中，不特定的义务人所承担的是消极的不作为的义务。

相对民事法律关系指法律关系的义务主体是具体的即特定的人的民事法律关系，如债权法律关系。在相对民事法律关系中，特定义务人所承担的主要是积极的作为义务。

区分绝对民事法律关系和相对民事法律关系的法律意义在于：①有助于准确确定民事法律关系中的义务主体及其所承担的义务，绝对法律关系中的义务主体是不特定的任何人，而相对法律关系中的义务主体则为特定的人；②有助于明确民事法律关系中权利主体行使并实现的权利特点，绝对法律关系中权利主体享有的权利是支配权，权利主体可凭自身的意志行使并实现权利，而相对法律关系中权利主体享有的权利是请求权，权利主体必须请求对方当事人为或不为一定行为，才能实现自己的权利；③有助于区分侵权行为法和合同法所保障的权益范围，前者保障的是绝对法律关系，后者保障的是相对法律关系。

4. 单一民事法律关系和复合民事法律关系

根据民事法律关系内容的复杂程度，民事法律关系可分为单一民事法律关系和复合民事法律关系。

单一民事法律关系指只有一组相对应的权利义务内容的民事法律关系。如在所有权法律关系中，所有人享有占有、使用、收益和处分的权利，非所有人承担不得妨碍的义务，当事人之间只此一组对应的权利义务关系。

复合民事法律关系指由两组或两组以上相对应的权利义务共同构成的民事法律关系。如买卖合同关系中，存在两组相对应的权利义务，一为买方享有取得标的物所有权的权利，卖方承担交付标的物的义务；二为卖方享有取得价款的权利，买方承担支付价款的义务。买卖合同关系就是复合民事法律关系。

区分单一民事法律关系和复合民事法律关系的法律意义在于：有助于合理确定当事人的权利、义务和责任。

（三）民事法律关系的构成

任何一个民事法律关系的构成都需要有主体、内容和客体三项要素，缺一不可，要素发生变化，具体的民事发生法律关系也发生变化。

1. 民事法律关系的主体

民事法律关系的主体，又称民事主体，指参与民事法律关系、享受民事权利和承担民事义务的人，即民事法律关系的当事人。

民事法律关系是一种社会关系，社会关系发生在人与人之间，因此法律关系的构成必须有作为法律关系主体的人参加，民事主体是构成民事法律关系不可缺少的一个要素。民事法律关系必须有双方主体，任何一方主体可以是单一的，也可以是两个或者两个以上的多数。

依照我国民法的规定，可以作为民事法律关系主体的包括以下几类：

（1）自然人。指因出生而获得生命的人类个体，即生物学意义上的人，是民事法律关系的最重要的参与者。

（2）法人。指由法律赋予民事权利能力和民事行为能力的社会组织。法人有自己的名称、组织机构和场所、独立的财产和独立承担民事责任的能力，因此法人也可以参与民事法律关系，独立享受民事权利和承担民事义务。

（3）非法人组织。指不具有法人资格，但可以以自己名义从事民事活动的社会组织，如合伙企业。但非法人组织只是拥有相对独立的财产，因此非法人组织虽然可以以自己名义参与民事活动而成为民事法律关系的主体，但其并不能独立地承担民事责任。

（4）国家。在特定的情况下，国家也可以成为民事法律关系的主体，因为国家不仅是国家主权的代表，同时又是国家财产的所有者。当国家参与民事活动时，它就成了民事法律关系的主体，如国家作为受赠人承受自然人或法人赠与的财产等，国家发行国债等。

2. 民事法律关系的内容

民事法律关系的内容指民事主体所享有的民事权利和承担的民事义务。民事法律关系是一种权利义务关系，如果仅有法律关系的主体，而主体之间没有权利义务，仍不能发生民事法律关系。因此民事法律关系的内容要素是构成民事法律关系的必备要素。

民事权利和民事义务是任何民事法律关系都不可缺少的两方面内容，权利和义务是相对应而存在的，权利的内容通过相应的义务来表现，义务的内容则由相应的权利来限定，一方的权利就是他方的义务，一方的义务就是他方的权利，没有无义务的权利，也没有无权利的义务。如买卖合同关系中，卖方所享有的取得标的物价款的权利就是买方所负的支付价款的义务，而买方所享有的取得标的物所有权的权利就是卖方所负的交付标的物的义务。交付标的物和支付价款的权利义务就是买卖合同关系的内容。

民事法律关系的内容要素会直接决定民事法律关系的性质和类别，是划分各类民事法律关系的重要依据，因此，民事法律关系的内容要素在民事法律关系构成的三要素中居于主导地位。如一方支付价款、取得标的物所有权，另一方交付标的物并取得价款，该民事权利民事义务的内容决定双方当事人之间产生的是有偿的买卖合同；一方无偿取得标的物所有权，另一方承担交付标的物的义务，该民事权利民事义务的内容决定当事人之间产生的是无偿的赠与合同。

3. 民事法律关系的客体

民事法律关系的客体指民事权利和民事义务所指向的对象。民事法律关系的客体是民事法律关系的依托，没有客体，也就谈不上民事法律关系的建立，民事主体的权利和义务也就无从体现，因此客体也是构成民事法律关系必不可少的要素。

可以作为民事法律关系客体的主要有：物、行为、人身利益、智力成果和其他财产。

（1）物。物是指存在于人身之外、能为民事主体控制和支配并能满足主体需要的物质资料。物主要是物权法律关系的客体，如所有权法律关系的客体就是所有人所有的物。

作为民事法律关系的客体，物与物理学上的物既有联系又有区别。物理学上的物（物体、物质）是由物的自然属性决定的，而民法上的物不仅具有自然属性，而且还具有法律属性。民法上的客体物具有以下法律特征：

第一，物存在于人身之外。人类虽然属于高级动物，但人是享有独立人格的民事主体，所以人不能成为民事法律关系的客体物，能作为民事法律关系客体物的只能是存在于人身之外的物。

第二，物能够满足人们社会生活的需要。物只有具有一定的经济价值，能够满足人们的社会生活需要，人们才希望占有并使用它，才会为此而建立一定的法律关系，所以作为民事法律关系的客体物必须具有可使用性，即具有价值和使用价值。

第三，物能够为人力所实际控制或支配。物只有能为人所控制或支配，人们才能按照其意思通过建立一定的民事法律关系来对其进行处分，才能以物为客体建立各种权利义务关系。

知识链接

实践中常见的物的分类：

1. 不动产与动产。所谓不动产，指不能移动或一经移动即损害其使用价值的物，如土地及地上的定着物。所谓动产，则指可以移动且不会损害其使用价值的物，如汽车。

2. 主物和从物。根据两个物在效用方面的关系，可将物分为主物和从物。所谓主物，指具有独立的经济上的效用的物。所谓从物，指具有经常地补助主物的效用，且与主物属同一主体，并不属于主物的成分。如汽车与备胎之间就是主物与从物的关系。

3. 原物与孳息。原物指能产生收益的物，孳息指原物孳生的收益。孳息分天然孳息和法定孳息，前者指依据物的自然属性或用法而获得的收益，如母鸡所生的鸡蛋。后者指因法律关系所得的孳息，如存款所生的利息。

4. 特定物与不特定物。根据交易当时当事人的意思是否具体指定，可将物分为特定物和不特定物。特定物指当事人意思具体指定的物，如徐悲鸿的奔马图。不特定物指当事人仅以种类、品质、数量等抽象地指定的物，如 10 斤泰国香米、1 部华为 P10 手机。

5. 流通物、限制流通物与禁止流通物。根据物能否为交易的标的可将物分为流通物、限制流通物和禁止流通物。流通物指可以作为权利的客体物且可以为自由处分的物。限制流通物指法律对其流转给予一定程度的限制或者禁止私相转让的物。我国法律根据物的属性以及它对生产、生活的影响程度，规定下列物分别为禁止流通物和限制流通物：专属于国家的财产（如矿藏、水流、海域）、假币、淫秽物品、毒品等为禁止流通物；金银、文物、麻醉品、枪支弹药等为限制流通物。其他法律未作限制流通或禁止流通规定的，则为流通物。

6. 可分物和不可分物。根据分割是否导致物的性质或价值明显毁损，可将物分为可分物和不可分物。可分物指物的性质不因分割而变更，且物的价值也不因分割而减少的物，如大米、白糖等。反之，则是不可分物。

（2）行为。行为是民事主体有意识的活动。行为主要是债权法律关系的客体，如保管合同关系就是以保管人对被保管财产的保管行为作为客体的。

（3）人身利益。人身利益是人身权法律关系的客体，如生命、健康、肖像、名誉等人格利益和荣誉等身份利益。

（4）智力成果。智力成果是指脑力劳动所创造的精神财富，是知识产权法律关系的客体，如著作权法律关系的客体就是作品，作品是智力成果。

（5）其他财产。财产在民法上是一个多含义的词汇，有时专指物，有时包括物和财产权利，有时指物、财产权利及财产义务。这里的财产是指物以外的财产。例如：建设用地使用权可以作为抵押权法律关系的客体，股权可以作为质权法律关系的客体，非专属债权债务可以成为继承权法律关系的客体等。

二、民事权利和民事义务

（一）民事权利

1. 民事权利的含义

权利一词，是外国法律名词的意译。权利在拉丁文中称为 jus，在法语中称为 droit，在英语中称为 right，在德语中称为 recht。以上各个语种中的不同称法都含有"正义、直道"的意思。日本学者开始译为"权理"，取合理之意，后来才改译为"权利"，取利益之意。人与人共处，各有主张，涉及不同的利益，便难免发生冲突。要维护社会生活的正常秩序，就必须对所涉主体的不同利益加以界定，这一界定需要借助法律来完成。这样，法律就在一定的要件之下，就其认为合理正当者，赋予个人某种力量，

29

以享受其利益。因此，所谓权利，就是指经由法律确认的、得以享受特定利益的能力。

民事权利是指民事主体为实现某种利益而依法为某种行为或不为某种行为的可能性。其内涵具体包括：权利主体依法直接享有某种利益或实施一定行为的可能性；权利主体有权在法定或约定范围内请求义务主体为一定行为或不为一定行为，以保证其享有或实现某种利益的可能性；权利主体在权利受到侵犯时，有权请求国家机关予以保护。

民事主体能够享有何种民事权利，由法律规定，但具体是否享有某一项权利，则决定于其是否参与民事法律关系，因为民事主体享有的具体民事权利是民事法律关系内容的组成部分。

2. 民事权利的分类

（1）法律上的基本分类。民法上一般把具体民事权利分为五类：人身权、物权、债权、知识产权、继承权。

人身权，指民事主体依法享有的与其人身不可分离而且没有直接财产内容的民事权利。如生命权、健康权、姓名权、肖像权、名誉权、隐私权、荣誉权等。

物权，指民事主体依法直接支配特定的物并排除他人干涉的民事权利。如所有权、国有土地使用权、宅基地使用权等。

债权，指民事主体（债权人）享有的请求债务人为特定行为的民事权利。如合同债权、不当得利债权、无因管理债权、侵权行为债权等。

知识产权，指民事主体对智力创造成果和工商业标记依法享有的民事权利。如著作权、专利权、商标权等。

继承权，指继承人依照法律的规定或者被继承人所立合法有效的遗嘱取得被继承人遗产的权利。

（2）财产权与人身权。根据民事权利内容的性质，民事权利可分为财产权和人身权。

财产权，指以财产权益为内容直接体现财产利益的权利。财产权主要包括物权、债权、继承权。

人身权，指与权利主体的人身不可分离而无直接财产内容的权利。人身权分为人格权和身份权。

财产权可以用金钱计价，不具有人身依附性，可以在权利主体之间自由转让，可以继承，财产权受侵害后一般以财产责任的方式予以救济。而人身权不能用金钱来衡量其价值，具有人身依附性，一般不能转让、继承，受到侵害主要以非财产的责任方式予以救济。

（3）支配权、请求权、抗辩权、形成权。根据民事权利的作用不同，民事权利可分为支配权、请求权、抗辩权、形成权。

支配权指对标的物直接支配，并排除他人干涉的权利。物权是典型的支配权。支配权的特点是：①权利人可以自己直接支配权利客体，不需要他人的协助；②权利人有权禁止他人妨碍其对权利客体的支配。如物权中的所有权，一方面，所有人有权对自己的物直接支配（包括占有、使用、收益和处分），不需要义务主体的积极配合就能实现自己的权利；另一方面，所有人可禁止他人妨碍其支配自己的物，具有排他性。

请求权指请求他人为一定行为或不为一定行为的权利。债权是典型的请求权。请求权的特点是：权利人权利的实现必须依赖特定的义务人的行为，即通过义务人为一定行为或不为一定行为，权利人的权利才能实现。如买卖合同中，买方享有请求卖方交付标的物的权利，如果卖方不履行交付标的物的义务行为，买方的权利无法实现；卖方享有请求买方支付价款的权利，如果买方不履行支付价款的义务行为，则卖方的权利也无从实现。

抗辩权指对抗请求权的权利。抗辩权的作用在于阻止对方请求权的效力，或否认对方权利的存在从而使抗辩权人能够在一定条件下拒绝向其债权人履行义务，但债权人的权利并不因此而消灭。抗辩权分为永久性抗辩权和延期抗辩权，前者如诉讼时效期间届满的抗辩权，后者如双务合同履行中的同时履行抗辩权、先履行抗辩权、不安抗辩权。

形成权指依照权利人的单方意思表示就能使权利发生、变更或消灭的权利。在无权代理中，本人所享有的追认权、合同保全中债权人所享有的撤销权都属于形成权。形成权的特点是：权利主体作出单方的意思表示就产生相应的法律效果，不需要对方相应的行为或意思表示。如无权代理中，本人对无权代理行为作出追认的意思表示就可使无权代理转化为有效代理，行为效果由本人承受，而不需要行为相对人意思表示。

（4）绝对权与相对权。根据民事权利的效力范围不同，民事权利可分为绝对权与相对权。

绝对权，又称对世权，是指效力及于一切人的权利。绝对权的特点是：权利人可向任何人主张权利，与权利人相对应的义务主体是不特定的任何人，其承担的是消极的不作为的义务。如物权、知识产权均属于绝对权。

相对权，又称对人权，是指效力仅及于特定人的权利。相对权的特点是：与权利主体相对应的义务主体是特定的，权利人只能向特定的义务人主张权利，权利主体的权利必须依赖义务主体积极履行义务的行为才能实现。如债权就是典型的相对权。

（5）主权利与从权利。根据民事权利的相互关联、相互依存的程度，民事权利可分为主权利与从权利。

主权利指在两个相互关联的民事权利中，可以独立存在的权利。从权利指在两个以上的民事权利中，须以其他权利的存在为前提的权利。从权利处于从属的地位，它随主权利的存在而存在，随主权利的消灭而消灭。如债权与担保债权实现的抵押权之间相互关联，这两种权利中，能独立存在的是债权，其为主权利；抵押权依赖于债权而存在，债权消灭抵押权也随之而消灭，抵押权则为从权利。

（6）专属权与非专属权。根据民事权利有无转移性，民事权利可分为专属权与非专属权。

专属权指专属于权利人自身享有，不得转让和继承的权利。如人身权就是典型的专属权利。非专属权指非专属于权利人自身享有，可以转让和继承的权利。如财产权原则上都是非专属权。

（7）既得权与期待权。根据权利的实现要件是否完全具备，民事权利可分为既得权与期待权。

既得权指权利的实现要件完全具备，权利人实际享有的权利。一般的民事权利都是既得权。期待权指实现要件尚未全部具备，须待其余要件发生后才能实际享有的权利。如附延缓条件和附始期的民事法律行为中所设定的民事权利就是期待权，权利主体要实际享有该权利，必须等到民事法律行为中所附的延缓条件成就或所附的始期届至。

案 例

甲向乙购买一房屋，甲受让房屋所有权后向丙借款，并以该房屋向丙设定抵押，但丙的债权到期未获得清偿。在甲、乙、丙之间存在不同的民事法律关系，各享有不同的民事权利。

甲向乙购买房屋，订立房屋买卖合同，在该合同中，甲乙二人均享有合同债权（该权利按上述民事权利的分类看，属财产权、相对权、请求权、非专属权、既得权），甲有权请求乙交付房屋并过户登记，乙有权请求甲支付房屋的价款；甲的债权因乙履行义务而获得实现后，甲即享有该房屋的房屋所有权（该权利属物权、财产权、绝对权、支配权、非专属权、既得权）。甲向丙借款，丙对甲享有债权，为确保该债权的实现，甲将房屋抵押给丙，丙即对甲的该房屋享有抵押权，到期甲没有清偿债务，丙就可以将该房屋拍卖、变卖，并从所得的价款中优先受偿。丙所享有的债权和抵押权相互关联，债权属主权利、抵押权属从权利。

3. 民事权利的行使

民事权利不会自动实现，必须通过权利主体的一定行为。民事权利的行使是指权利人为实现自己的权利而实施的一定行为。权利的行使是权利人实现其权利的过程，其结果是权利实现，从而满足了自身的需要。

（1）民事权利行使的方式。权利主体行使权利的方式有事实方式和法律方式。事实方式是指权利主体通过一定的事实行为行使权利，如房屋所有人对自己的房屋进行占有、使用等。法律方式是指权利主体通过民事法律行为的方式行使权利，如房屋所有人对自己的房屋进行出租而获取租金，进行出卖而获取价金。

一般情况下，民事权利由权利主体自己行使，但多数民事权利并不要求权利人自己行使权利，即法律允许权利主体通过代理人来行使其权利。同时法律也规定某些民事权利只能由权利主体自己行使，如立遗嘱等与人身相关的权利。

（2）民事权利行使的限制。民事权利是私权利，因此民事权利的行使一般由权利主体按自己的意志决定。但任何权利的行使都不是毫无限制的，民事主体行使民事权利也会受到相应的限制。

我国《宪法》第51条规定："中华人民共和国公民在行使自由和权利的时候，不得损害国家的、社会的、集体的利益和其他公民的合法的自由和权利。"《民法总则》第7条规定："民事主体从事民事活动，应当遵循诚信原则，秉持诚实，恪守承诺。"第8条规定："民事主体从事民事活动，不得违反法律，不得违背公序良俗。"这些规定，一方面鼓励民事主体正当行使权利，另一方面为民事主体行使权利划定了明确的界限，禁止权利人超出这些界限滥用权利而侵犯他人和社会的利益。因此，民事主体在行使自己的民事权利时，应在法律规定的范围内正当行使权利，讲诚实守信用，禁止滥用权利。

民事主体行使权利时滥用权利，将承担不利的后果。实践中确定民事主体是否滥用权利，应坚持主客观条件。从客观上看，条件有二：①民事主体必须享有某种民事权利，这是滥用权利行为产生的前提，没有权利的存在，不可能构成滥用权利；②行为人行使权利须造成了对他人或社会的损害，即必须有客观结果。从主观上看，民事主体构成滥用权利，其主观必须有过错，该过错在多数情况下表现为故意，有时也表现为过失。由于滥用权利的行为超越了法律所规定的界限，因此该行为不受法律保护，滥用权利行为人应承担相应的法律责任。如租赁合同中，承租人对租赁物享有对租赁物的使用权，但承租人在行使该使用权时应当按照约定的方法或租赁物的性质使用，这一限定就是承租人使用权的范围。超越了这个范围，即未按约定的方法或租赁物的性质使用，就构成了对租赁权的滥用，这会损害出租人的权利，因此而致使租赁物受到损失的，出租人可以解除合同并要求赔偿损失。

案 例

赵某与周某分别系204室和304室的业主，两户系上下相邻关系，房屋结构两户一致。周某购买304室房屋后对房屋进行了装修，几乎拆除了连接阳台和房间之间的全部墙体，并将原先的房间改建成卫生间，安装的马桶位于204室业主卧室的上方。赵某认为周某滥用权利，其改造装修侵犯了自己的相邻权，诉诸法院，要求周某恢复原状。

相邻关系是两个以上相互毗邻的不动产所有人或使用人在使用不动产时，相互之间应当给予便利或接受限制而发生的权利义务关系。赵某与周某作为不动产的相邻各方，应当按照方便生活、团结互助的精神，正确处理双方相邻关系。尽管房屋所有权人有权按照自己的意愿使用住房，但权利行使必须合理、适当，不得滥用，给相邻方生活造成影响。建设部《住宅室内装饰装修管理办法》第38条规定禁止拆除连接阳台的砖、混凝土墙体，周某对自己房屋内部进行的改造违反了相关法规、规章的禁止性规定，给赵某房屋的质量及居住安全带来了一定的隐患；马桶的位置在楼下业主卧室的上方，该房间原来又不具备防水功能，无论从善良风俗还是从房屋的正常使用安全考虑，都将影响楼下居民的相邻权。故周某的行为属滥用权利，影响了相邻方的相邻权，其应该对改造装修的房屋恢复原状。

4. 民事权利的保护

民事权利的保护是指民事权利受到侵害时，用民事保护方法，防止或减少权利所受到的侵害或使受到的侵害得到恢复。

民法不仅规定和确认了民事主体所能享有的各种民事权利，同时也规定了民事主体违反民事义务、侵害民事权利时所应承担的民事责任以及必要的制裁方式。民事主体在其民事权利受到侵害时，可以采取民法规定的各种方法和措施对自己的权利进行保护。

民法在赋予权利人享有的民事权利内容中，给予权利人以保护其权利不受侵犯的权能。这种权能表现为权利人在其合法权益受到他人妨碍或侵害时，有权运用法律提供的手段进行自我保护，或者请求有关国家机关对违法者适用法律的强制性措施予以制裁。因此，民事权利的保护方法可分为自我保护和国家保护两种。

（1）自我保护。自我保护也称私力救济，是指民事权利受到侵害时，民事主体自己采取法律所许可的必要措施保护其权利。

某些情况下，民事主体的权利受到侵害，来不及请求国家机关予以保护，如不及时制止或躲避侵害，不仅会使权利遭受损害，而且会造成社会危害。因此，各国民法均规定，民事主体可在一定程度上进行私力救济。私力救济包括自卫行为和自助行为，前者又包括正当防卫和紧急避险。

第一，正当防卫，指权利人为了保护本人或者他人的人身或财产权益免受不法侵害，可以对正在进行不法侵害的违法行为人予以适度的还击，以制止正在进行的违法行为或减轻违法行为可能造成的损害。《民法总则》第181条规定："因正当防卫造成损害的，不承担民事责任。正当防卫超过必要的限度，造成不应有的损害的，正当防卫人应当承担适当的民事责任。"

正当防卫行为应注意四个关键要件：①正当防卫行为所针对的行为只能是不法行为，对合法行为的防卫应承担民事责任。②该不法行为是正在进行的。如果不法行为尚未发生而予以防卫，则构成假想防卫；如不法行为已经结束仍予以防卫，则构成事后防卫，在这两种情况下，行为人均应承担民事责任。③防卫反击的对象只能是不法行为人本人，对其他人的"防卫"行为会构成侵权，应承担民事责任。④防卫反击的限度为必要，超过该必要限度，则构成防卫过当，防卫人应承担适当的民事责任。

案　例

焦某亮与同事吴某、王某等在佛山市南海区某公园路边派发佛山市南海某门诊部（以下简称门诊部）宣传单时，被害人陈某春伙同多名老乡上前拿焦某亮手中的宣传单，焦某亮不给，陈某春便与多名老乡用拳脚殴打焦某亮，将其打倒在地上。焦某亮掏出工作时放在裤袋内的剪刀，向围殴自己的陈某春等人刺去，刺中陈某春左颈部，陈某春被送医院经抢救无效死亡。死者陈某春的父母陈某礼、刘某连向人民法院提起诉讼，要求焦某亮和门诊部承担民事赔偿责任。

佛山南海区人民法院认为：被告焦某亮故意伤害陈某春身体致其死亡，其行为已构成故意伤害罪，除依法承担刑事责任，还应承担民事赔偿责任。由于被告焦某亮在遭受死者陈某春等人围殴过程中，为保护其人身权利免受正在进行的不法侵害而行使正当防卫权，只是其正当防卫行为较不法侵害明显超出必要限度，因此，死者陈某春对本案损害的发生负有主要的过错，故可减轻被告焦某亮的赔偿责任。根据本案的实际，酌定减轻被告焦某亮的赔偿责任比例70%。因被告焦某亮是被告门诊部雇请的员工，且在履行职务过程中致人损害，故焦某亮的民事赔偿责任依法应由其所在单位门诊部替代承担，被告焦某亮无需在本案中承担连带赔偿责任。依照《最高人民法院关于审理人身损害赔偿案件适用法律若干问题的解释》及《广东省×年度人身损害赔偿计算标准》的有关规定，核定本案的赔偿范围包括丧葬费 9489.5 元、死亡补偿费 87 317.4 元、误工费 322.95 元，共 97 129.85 元。法院判决由被告门诊部承担30%即 29 138.96 元，对原告超出核定范围的诉讼请求不予支持。

原告不服上诉至佛山市中级人民法院，二审法院维持原判。

第二，紧急避险，指为了使公共利益、自身或他人的合法权益免受正在发生的紧急危险将造成的更大损害，在别无选择的情况下，采取的造成他人较少损害的紧急措施。《民法总则》第 182 条规定："因紧急避险造成损害的，由引起险情发生的人承担民事责任。危险由自然原因引起的，紧急避险人不承担民事责任，可以给予适当补偿。紧急避险采取措施不当或者超过必要的限度，造成不应有的损害的，紧急避险人应当承担适当的民事责任。"

紧急避险应注意两个最关键的要件：①迫不得已，该措施的采取是在别无选择的情况下所采取的；②丢小保大，损失了较小利益，保存了较大利益。一般而言，当人身利益与财产利益并存时，人身利益大于财产利益；财产利益并存时，则以财产的价值进行判断。在紧急避险中，较小利益的损失者，其损失由引起险情发生的人承担；如险情由自然原因而引起，紧急避险人采取措施无不当的，则由紧急避险措施中的受益人给予适当补偿；紧急避险人采取紧急避险措施不当或者超过必要的限度造成不应有的损害的，紧急避险人应当承担适当的民事责任。

案 例

原告田某承包的顺义区杨镇小店村的四个鱼池位于被告北京青龙公司的墙外。某年1月6日夜里24时许，被告北京青龙公司生产车间因电路短路而发生火灾，北京市公安消防总队顺义中队在接到报警后赶到火灾现场进行扑救，因救火车所带水量不够，即用其中一辆消防车将水管直接送入原告田某承包的四个鱼池北数第二个鱼池中破冰取水，至火被扑灭，从该鱼池取水持续40分钟，取水量约25立方米。3月份，天气逐渐转暖，冰层融化，田某在该鱼池中饲养的鲤鱼苗全部死亡，浮到水面上，造成经济损失，而未被抽水的其他三个鱼池没有大量死鱼现象。原告曾多次找有关单位及被告，均未得到解决。田某承包的该鱼池面积为5亩，于前年从北京市平谷区张某玉处购买鲤鱼夏花鱼苗10万尾。顺义区水产养殖服务中心技术人员李某潮证实：在一般条件下，夏花鱼苗成活率在80%以上，根据本地区的一般饲养条件，鲤鱼苗每亩产量在1500千克，每千克销售价格在6元左右。

北京市顺义区人民法院根据上述事实及相关证据认为：被告北京青龙公司因电路短路失火，北京市公安消防总队顺义中队采取紧急避险行为为被告救火，从原告田某的鱼池中破冰取水，造成原告鱼池中饲养的鲤鱼苗死亡的事实清楚，证据充分，被告作为受益人对因此给原告造成的经济损失，应当承担赔偿责任。被告北京青龙公司辩解原告的鱼死亡是因为鱼生病等其他原因，其未能提供相关证据，因此不予采信。原告要求被告赔偿损失60 000元，请求赔偿额过高，可根据当地在一般饲养条件下鲤鱼苗的产量及销售价格，酌情确定。

北京市顺义区人民法院依法判决被告北京青龙公司赔偿原告田某经济损失45 000元。被告不服上诉至北京市第二中级人民法院，二审法院维持原判。

第三，自助行为，指民事主体为保护自己的权利而自行采取的保全措施。自助行为的采取必须是为了保护自己的民事权利，而且必须采取法律所许可的方式。我国《物权法》第230条规定："债务人不履行到期债务，债权人可以留置已经合法占有的债务人的动产，并有权就该动产优先受偿。"此规定表明，对于依合同约定预先占有对方财产的合同当事人，在自己的合同债权未获如期实现时，可按照法律规定采取相应的自助行为，以保护自己的合同债权。如加工承揽合同中，定作人拒绝支付加工费，加工人可行使留置权而暂时扣留加工物，要求定作人在不少于2个月的期限内履行债务，到期定作人仍未履行债务，加工人可将留置物拍卖、变卖，从所得的价款当中优先受偿，以实现自己的债权。

案　例

许某刚与许某友、许某双系邻居关系，双方因出路问题发生纠纷，许某友、许某双将许某刚宅基地上的厨房南院墙、厨房、厨房北院墙推倒，厨房后坡及烟囱遭到毁坏。许某刚多次找许某友、许某双调解处理此事无果，诉至法院，要求许某友、许某双对推倒的院墙、毁坏的厨房及烟囱恢复原状，并赔偿财物损坏及误工费等各项损失共计1500元。

一审法院认为，原告许某刚作为宅基地使用权人依法对集体分配的宅基地享有占有和使用的权利，有权依法利用该地建造住宅及附属设施，原告在自己合法的宅基地上建造的院墙、厨房及烟囱，应当受法律保护，被告许某友、许某双毁坏原告财物的行为实属不该，故支持原告要求二被告恢复原状的诉求，原告要求二被告赔偿经济损失无证据佐证，不予支持。

许某友、许某双不服判决，提起上诉称：一审程序违法，本案不应作为民事案件受理；许某刚的围墙、房檐属违法建筑，不应恢复原状，上诉人的行为属自助行为，原审认定事实不清。许某刚答辩称一审判决正确，应予维持。

在二审庭审中，上诉人向法庭提交该村规划图、政府信访事项处理意见书及现场照片，用于证明被上诉人的厨房及院墙占用规划道路，被上诉人认可上述证据的真实性，但并不承认占用道路。

二审法院查明的事实与原审相同，并认为：被上诉人许某刚的厨房及围墙等均建于20世纪90年代，属历史形成的农村村民的财产，基于当时农村乡村建设管理的实际，政府部门也未认定其为非法建筑，上诉人提交的规划图系2000～2010年的规划，且政府信访意见书明确提出规划道路因两家建房都有不同程度占用，乡村研究的处理意见是按新规划待统一打通道路时予以解决，故二上诉人无权擅自毁损被上诉人的财产。二上诉人毁坏被上诉人院墙及厨房的事实，原审法院对证人有明确的调查笔录可以证明，故上诉人上诉称自己行为为自助行为，理由不能成立，原审认定事实清楚，适用法律正确，于是维持原判。

（2）国家保护。国家保护又称公力救济，指当民事权利受到侵害时，权利主体请求国家机关通过法定程序予以保护。

公力救济是最主要的保护民事权利的方法，其最常见的方式就是通过诉讼来保护民事权利。由于民事权利的种类不同，受到侵害的方式不同，权利人提起诉讼的目的和要求也不同，一般而言，民事诉讼的请求有三种：

第一，确认之诉，即请求人民法院确认某种民事法律关系是否存在的诉讼。如确认财产所有权的归属，确认合同的有效无效，确认某种身份关系的存在等。

第二，给付之诉，即请求人民法院责令对方履行某种行为，以实现自己的权利的诉讼。如请求债务人履行债务，支付违约金、赔偿损失等。

第三，形成之诉，即请求人民法院通过判决变更现有的民事法律关系的诉讼。如请求分割共有财产、请求解除合同关系、请求解除夫妻关系等。

（二）民事义务

1. 民事义务的含义

民事义务是指义务主体为满足权利人的利益需要，在权利限定的范围内必须为一定行为或不为一定行为的必要性。其具体含义表现在：

第一，民事义务具有利他性。义务主体必须依据法律规定或合同约定，为一定行为或不为一定行为，以满足权利人的利益。

第二，民事义务具有限定性。义务人只承担权利限定范围内的义务，即只承担法律规定或合同约定范围内的义务。

第三，民事义务具有约束性。义务主体必须履行自己所承担的义务，否则将依法承担民事责任。

2. 民事义务的分类

民事义务从不同的标准分类，就有不同的类别。主要有以下几种：

（1）法定义务和约定义务。根据民事义务的发生原因不同，可将其分为法定义务和约定义务。法定义务，是指直接根据法律规定而产生的义务。如物权关系、人身权关系中不特定的义务主体所承担的消极不作为义务即属于法定义务。约定义务，是指由当事人自行协商而确定的义务。如合同关系中债务人所承担的合同义务即为约定义务。

（2）积极义务和消极义务。根据民事义务履行的方式不同，可将其分为积极义务和消极义务。积极义务又称作为义务，是指义务人必须作出积极行为的义务。如买卖合同关系中，买方支付价款、卖方交付标的物的义务都属于积极义务。消极义务，是指义务人不作为的义务。如所有权关系中，义务人所承担的不得妨碍所有人行使所有权的义务。

（3）专属义务和非专属义务。根据民事义务对义务主体的依附性不同，可将其分为专属义务和非专属义务。专属义务，是指义务人必须亲自履行而不得由他人代为履行的义务。如加工承揽合同中，加工人所承担的加工完成定作物的义务。非专属义务，是指义务人不必亲自履行而可以由他人代为履行的义务。如买卖合同中买方支付价款和卖方交付标的物的义务都属于非专属义务。

3. 民事权利和民事义务的关系

民事权利和民事义务共同构成民事法律关系的内容，两者相互联系、相互制约、相互适应、同时并存，形成对立统一的关系。一方面，民事权利和民事义务互相依存，有民事权利必有民事义务，反之有民事义务必有民事权利。民事权利靠民事义务辅佐得以实现，民事义务的履行就是民事权利的实现。民事义务不履行，民事权利也就无从实现。另一方面，民事权利与民事义务又相互对立，民事权利是为满足权利人自己利益的需要，具有利己性，而民事义务是为满足他人即权利人的利益的需要，具有利他性；民事权利是一种"可为"，而民事义务是一种"必为"，民事权利体现了当事人的自由，民事义务则体现了对当事人的约束。

案　例

农民李某向某保险公司购买了 10 万元的房屋财产保险。春节期间，小孩子放爆竹，不慎将其屋后的柴草引着，大火烧着了李某的新房。这时李某正在朋友家喝酒，邻居叫他回家救火，醉醺醺的李某说："我家保了险啦，随便烧！反正保险公司得赔我。"由于李某对救火不积极，其房屋家具全部被烧毁，事后李某去保险公司领保险金。可保险公司通知李某说，由于他没有履行法律规定的投保人应承担的防损扩大义务，在弄清由此造成的扩大损失数额前，保险公司拒绝理赔。双方为此发生纠纷。

保险是一种合同法律关系。根据保险合同的约定，投保人向保险人支付保险费，保险人在保险标的遭受约定事故时承担经济补偿责任或履行约定的给付义务。保险合同关系是复合民事法律关系，其中存在着几组相对应的权利和义务：①保险公司承担着一旦保险事故发生，就应按保险合同规定的赔偿数额给付保险金的义务，反过来看，这是投保人的权利；②投保人承担着缴纳保险费的义务，反过来看，这是保险公司的权利；③《保险法》第 57 条第 1 款规定："保险事故发生时，被保险人应当尽力采取必要的措施，防止或者减少损失。"防损扩大义务是法律规定投保人应承担的义务，反过来看，这是保险公司的权利。在保险合同法律关系中，当事人的权利和义务是相互联系、相互制约、相互适应、同时并存的，投保人和保险公司均须履行自己的义务，以使对方享受权利和利益。权利的内容总是通过与其相适应的义务表现出来的，义务的内容又总是由权利的实质所决定的，权利和义务从不同的角度表现着同一个民事法律关系。

李某享有遭受火灾时要求保险公司赔偿的权利，保险公司承担赔偿义务，两者之间都是以对方的存在作为自己存在的条件的。同时，保险公司享有要求李某作为投保人履行施救义务的权利，而李某承担着防损扩大的义务。由于李某违反了自己的防损扩大义务，保险公司就可以行使就扩大损失而拒绝赔偿的权利。

三、民事法律事实

作为民事主体之间的一种社会关系，民事法律关系均有一个产生、变更、终止的过程，而这种变动的过程必然是由一定的原因引发的。这个原因就是民事法律事实。

（一）民事法律事实的含义及特征

民事法律事实，是指民事法律规范规定的能够引起民事法律关系产生、变更和消灭的客观现象。民事法律规范本身并不能在民事主体之间引起民事权利义务关系的产生，只是赋予民事主体享有民事权利、承担民事义务的可能性，只有在客观上出现了一定的事实条件，民事主体之间才能实际形成相应的权利义务关系，才能引发民事法律关系产生、变更或消灭。例如，法律规定父母有抚养未成年子女的权利和义务，只有在孩子出生这一事实出现后，才在父母和未成年子女之间产生亲子关系，父母才实际取得法律所规定的亲权，并实际承担抚养的义务。由此可见，民事法律关系是民事法律规范的规定和实际发生的民事法律事实共同作用的结果。

1. 民事法律事实具有客观性、法定性

（1）民事法律事实是一种客观现象，是存在于人的主观意识之外的并且可以为人所认识的客观存在。

（2）不是所有客观现象都是民事法律事实，客观现象能否成为民事法律事实取决于民事法律的规定，只有合乎民法规范的客观现象，才能引起民事法律关系的产生、变更和消灭。例如，刮风下雨这样的自然现象一般不会引起民事法律关系的变动，但如果是台风、洪水等自然灾害，依照法律的规定构成不可抗力的，则属于民事法律事实，可以成为当事人不履行相应民事义务的免责事由，从而引起相关民事法律关系的变更甚至消灭。

案 例

2016 年 2 月，在某宾馆工作的傅某某与到该宾馆住宿的鲁某相识，后来发展成恋人关系。当年 9 月，傅某某怀孕，双方发生分歧，傅某某坚持要将孩子生下来，鲁某则坚决不同意。为了说服傅某某去做人流手术，鲁某表示自己愿意拿钱补偿，并给傅某某打了一张 10 万元的欠条。欠条上写着："傅某某把孩子打掉，鲁某给 10 万元""鲁某今生只爱傅某某一个人"，鲁某还答应 3 个月内和傅某某结婚。傅某某拿到这张欠条兼保证书后，便到医院做了引产手术。不料做完手术，鲁某就消失了。2017 年 6 月，傅某某经多方寻找，找到了鲁某的家，得知鲁某因与他人斗殴而重伤，已于 2017 年 1 月死亡。傅某某认为鲁某虽然已经死亡，但他有遗产，鲁某的父母应该兑现鲁某生前许诺给她的 10 万元。鲁某的父母拒绝了傅某某的要求。

鲁某给傅某某打下欠条并作出付款的承诺，这种承诺以傅某某实施涉及人身权益的行为作为前提，不符合法律有关合同订立的规定，不构成民事法律事实，因此不能够据此在双方当事人之间形成民事法律关系，鲁某的父母无须支付 10 万元给傅某某。

2. 民事法律事实出现时，分别产生如下法律效果

（1）引起民事法律关系的产生。只有通过民事法律事实，才能使民事法律所规定

的权利义务转化为当事人实际享有的权利和承担的义务。

（2）引起民事法律关系的变更。因法律事实的出现导致民事法律关系变更的情形有：①主体变更，即权利主体或者义务主体发生变化；②内容变更，指主体享有的民事权利和承担的民事义务在范围或者性质上发生变化；③客体变更，如客体的类型发生变化等。

（3）引起民事法律关系的消灭，使主体之间的权利义务不再存在。

（二）民事法律事实的基本类型

民事法律事实多种多样，根据其是否与当事人的意志有关，可以分为事件和行为两种基本类型。

1. 事件

事件，是指与当事人的意志无关的、能够引起民事法律效果的客观现象。与当事人的意志无关，指的是该现象本身不直接包含民事法律关系主体的意志，并非指该现象的发生或出现与人的意志毫无关系。

事件包括自然事件、社会事件和状态。

（1）自然事件是指某种偶发的不能归因于人的客观现象。常见的自然事件有：①人的出生、自然死亡，它能引起民事主体资格的产生或消灭、继承法律关系的产生等；②自然灾害，如地震、洪水、台风、瘟疫等，它能够引起合同关系的变更、解除，或者导致保险合同所附条件成就，引起保险金的赔付，或者免除侵权行为人的民事责任等。

（2）社会事件包括战争、罢工、动乱或者由人为事故、人为原因引起的死亡、失踪等。虽然是由人的行为引起的事件，作为事件的原因与人的行为有关，但事件本身与民事法律关系主体的意志无关。例如，罢工是由劳动者的群体性行为引发的事件，因罢工导致交通中断，承运人与托运人解除运输合同，引发该运输合同法律关系终止的原因与双方当事人的意志无关，事件本身不含有承运人与托运人的意志属性。再如，某人在车祸中丧生，引起婚姻法律关系的终止，意外死亡这一事实与死者及其配偶的意志完全没有联系。

（3）状态是指某种客观现象的持续，如时间的经过，一定时间的经过可以依法导致一定法律效果的发生。例如，正常人年满18周岁就具有完全民事行为能力，可以独立地进行民事活动；再如，根据时效制度的规定，时效期间届满，可以使权利人取得一定的权利或者使其权利归于消灭。

2. 行为

行为是指与民事主体的意志有关的能够引起一定民事法律效果的客观现象。

作为民事法律事实的行为，根据不同的标准，可以分为：

（1）合法行为和违法行为。合法行为是指符合法律规定或者为国家法律认可的行为，合法行为的实施产生有利于行为人的民事法律效果。凡是违反法律规定、侵害他人合法权益的行为就是违法行为，违法行为人应当依法承担相应的民事责任，如损坏他人的物品、侵害他人物权的，依法应当承担赔偿责任；违反合同约定的，应当承担违约责任。

（2）当事人的行为和他人的行为。当事人的行为是指当事人自己实施的产生民事法律效果的行为，如订立合同，引起当事人之间合同法律关系的产生。他人的行为指非由当事人实施却在当事人之间发生民事法律效果的行为，如人民法院或仲裁机构作出裁决，裁决生效后，可导致当事人之间产生、变更或者消灭一定的民事法律关系。

（3）民事法律行为和事实行为。民事法律行为，是指民事主体通过意思表示设立、变更、终止民事法律关系的行为，具体包括合法的民事法律行为、无效的民事法律行为、可撤销的民事法律行为、效力待定的民事法律行为。事实行为，指民事主体实施的、没有预期目的但能够依法直接产生一定民事法律效果的行为。事实行为人主观上并无设立、变更或终止某一民事法律关系的意思表示，但其行为符合法律规定的构成要件，从而引起相应的民事法律效果。例如，拾得遗失物、发现埋藏物、先占、著作、无因管理、侵权行为等，都是事实行为。

（三）民事法律关系的事实构成

民事法律关系的事实构成，是指引起民事法律关系的产生、变更或消灭的两个以上的民事法律事实的总和。一般情况下，一个民事法律事实足以构成一个民事法律关系产生、变更或消灭的原因，但在某些情况下，一个民事法律关系的变动需要两个或两个以上的民事法律事实相互结合为依据。例如，遗嘱继承关系的发生，必须以被继承人立有合法有效的遗嘱、被继承人死亡和继承人在继承开始时未死亡以及继承人没有放弃继承权四个法律事实同时存在为前提。这样的民事法律关系，只有在事实构成具备的情况下，才能产生、变更或者消灭民事法律关系；仅有部分民事法律事实出现，则不会发生变动的结果。

案　例

程某与林某为夫妻。2012年5月程某父亲去世时，在市内留有住房一套，一直未继承分割，由程某的母亲居住。2016年2月16日林某起诉离婚，24日程某即以公证的方式放弃继承该房产，3月底两人调解离婚。离婚后，林某以放弃继承的房产应是婚姻关系存续期间已由程某继承取得、属夫妻共同财产等为由，起诉到法院，请求判令程某的放弃行为无效，并对争议房产及其他尚未分割的财产进行分割。程某认为放弃继承父亲财产，无需征得原告同意，且继承遗产与否，并不影响其应尽的义务，其放弃继承的行为应是合法有效的。

法院认为，被告的放弃行为虽然会影响到原告可主张的夫妻共同财产的多少，但这只涉及被告对自己权利的处分，却不涉及被告对原告法定义务的履行，应属合法有效，且在双方离婚时被告并未实际取得可继承房产的份额，故原告要求分割上述房屋的诉讼请求不能得到支持。

本案中，林某是否对程某可以继承的房产享有共同财产权，关键在于是否具有形成该物权法律关系的民事法律事实。根据《婚姻法》的规定，婚姻关系存续期间，一般情况下夫妻一方继承所得的财产为夫妻共有财产，但是从遗产转化为夫妻共同财产需要满足下列要件：①夫或妻一方有继承权；②继承人没有放弃继承权；③遗产分割完成；④动产登记在继承人名下。程某在遗产分割前放弃继承权，同时相关遗产也未分割，不论是程某还是林某都对其不享有所有权。

作为社会的一员，不管是自然人还是法人、非法人组织，在从事社会活动时必然会与其他社会成员产生各种各样的关系，对于这些关系的性质应当根据法律的相关规定进行判断。形成民事法律关系的，应当注意当事人各自的民事权利和民事义务，依法行使权利、履行义务，以利于民事活动的有序开展。

📖 引例分析

本案涉及两种民事法律关系：一是陈甲与娄某之间的借用关系，二是陈乙与朱某之间的赠与关系。这两个民事法律关系均属于财产关系，因为两个法律关系都是在物的使用流转过程中为满足权利人利益需要而发生的民事法律关系；二者均属于债权法律关系，因为在该两个民事法律关系中权利人权利的实现都必须依赖特定义务人的积极作为；二者均属于相对民事法律关系，因为两个民事法律关系的义务主体都是特定的人；二者均属于单一民事法律关系，因为这两个民事法律关系中都只存在一组相对应的权利义务关系。

在借用关系中，陈甲、娄某是该民事法律关系的主体，陈甲是出借人、娄某是借用人；客体是借用行为，3件古董是该民事法律关系的标的物；内容是陈甲享有要求娄某返还原物（3件古董）的权利，借用人娄某承担着到期返还原物的义务。在赠与关系中，朱某、陈乙是该民事法律关系的主体，朱某是赠与人、陈乙是受赠人；客体是赠与行为，金饰品是标的物；内容是陈乙享有的取得赠与物的权利，朱某承担着交付赠与物的义务。这一赠与关系因为交付行为的完成而消灭。

上述借用关系与赠与关系是相互独立的，其中一种民事法律关系的发生、变更、消灭，不会影响另一民事法律关系的发生、变更和消灭。双方发生争议的是借用关系，娄某通过陈甲之父借用原告3件古董，应当妥善保管，按期归还，不能以与该借用关系无关的理由拒绝归还，否则就侵害了陈甲的财产所有权。陈甲与娄某争议的民事法律关系的标的物3件古董，系特定物，不可替代，而且在娄某处，因此，娄某必须返还原物，而不应以金钱来抵偿。

如果陈甲与娄某互相推搡导致娄某摔伤，娄某的人身权为陈甲所侵害，娄某对陈甲享有因侵权行为而生的损害赔偿债权，可向陈甲主张赔偿人身伤害的损失，包括财产损失和精神损害。

相关法律规范

1. 《中华人民共和国宪法》第51条。

2. 《中华人民共和国民法总则》第2~3、5~9、109~132、176~187条。

3. 《最高人民法院关于贯彻执行〈中华人民共和国民法通则〉若干问题的意见（试行）》第84~147条。

4. 《中华人民共和国合同法》第2、7、8、66~68条。

5. 《中华人民共和国婚姻法》第17条。

6. 《中华人民共和国继承法》第25条第1款。

7. 《最高人民法院关于适用〈中华人民共和国婚姻法〉若干问题的解释（三）》第15条。

思考与练习

一、结合本项目原理，作出正确选择：

1. 下列哪种情形成立民事法律关系？（　）

A. 甲与乙约定某日商谈合作开发房地产事宜

B. 甲对乙说：如果你考上研究生，我就嫁给你

C. 甲不知乙不胜酒力而极力劝酒，致乙酒精中毒住院治疗

D. 甲应同事乙之邀前往某水库游泳，因抽筋溺水身亡

2. 甲殴打乙致乙死亡，为此甲赔偿乙的家属2万元。乙家属料理其后事之后，分割了乙的财产。引起上述侵权赔偿关系和财产继承关系产生的法律事实分别是（　）。

A. 事件、行为　　　　　B. 行为、事件

C. 事件、事件　　　　　D. 行为、行为

3. 关于民事法律关系类别的表述，正确的有（　）。

A. 任何民事法律关系中都必须有义务主体

B. 物权关系和债权关系都属于民事法律关系的财产关系

C. 民事法律关系的权利主体都是特定的

D. 民事法律关系的义务主体都是特定的

4. 下列选项中，既属于绝对法律关系，又属于财产法律关系的是（　）。

A. 物权法律关系　　　　B. 知识产权法律关系

C. 人身权法律关系　　　D. 债权法律关系

5. 以下民事法律关系中属于绝对法律关系的是（　）。

A. 甲将乙打伤，乙要求赔偿

B. 甲目前拥有的财产包括汽车、房屋和若干现金

C. 乙对"力康"商标享有商标权

D. 甲公司卖给乙公司300台冰箱

6. 甲公司与乙公司订立一买卖合同，甲将5辆汽车卖给乙，此民事法律关系的客体是（　　）。

A. 买卖合同　　　　　　B. 5辆汽车

C. 买卖行为　　　　　　D. 汽车所有权

7. 甲乙签订合同，由甲出售一头水牛给乙，乙已经付款，现履行期已到，则乙对甲享有的权利为（　　）。

A. 绝对权　　　　　　　B. 相对权

C. 期待权　　　　　　　D. 既得权

8. 下列可以为民事法律关系的主体有（　　）。

A. 聋哑人　　　　　　　B. 合伙企业

C. 机关法人　　　　　　D. 个体工商户

二、结合本项目原理，回答以下问题：

1. 在社会生活中，应当如何行使及保护自己的民事权利？

2. 举例说明民事权利和民事义务的关系。

3. 精神病人打伤他人，能不能引起民事法律关系的产生？为什么？

三、结合本项目原理，分析以下案例：

1. 2013年4月10日，郑某将其一套房屋卖给李某、王某楠夫妇，约定价款为98万元。由于郑某购买该房时办理了按揭，其尚有银行贷款16万元未清偿，双方遂约定李某夫妇先替郑某偿还银行贷款，同时给付房款24万元，在办理房屋产权过户手续后再结清余款。同年4月25日，在银行及房产部门工作人员的见证下，李某夫妇为郑某偿还了16万元银行欠款。一个月后，房产部门为李某夫妇办理了房产过户手续，李某夫妇取得了房屋产权证，将剩余的58万元房款转账给了郑某。李某、王某楠对购得的房屋进行装修，装修完毕准备入住的时候，房屋却被李某磊强行占住。李某磊声称：2011年1月郑某向其借款80万元，郑某在借条上写明不能清偿债务时以该套房屋抵债。而郑某一直没有偿还这笔债务，李某磊认为该套房屋用于折抵债权，应该归其所有。李某夫妇认为自己是该套房屋的所有权人，郑某的债务与自己无关。2013年9月3日，李某夫妇带了几个朋友，将李某磊在房中的物品搬出，双方发生冲突，李某被李某磊殴打导致脑震荡。

本案中存在哪几个民事法律关系？各民事法律关系属于何种类型？各民事法律关系的主体、内容、客体各是什么？

思考方向：

（1）明确民事法律关系的判断标准，正确区分郑某、李某、王某楠、银行、李某磊之间的关系，找出其中的民事法律关系。

（2）明确民事法律关系的分类标准，正确判断案例中民事法律关系的类型，进而确定其主体、内容和客体。

2. 赵某对李某提起离婚诉讼，法院开庭审理之后未当庭作出判决。赵某乘出租车回家，出租车司机杨某超速驾驶，在十字路口与一货车相撞，杨某与赵某当场死亡。李某因离婚和赵某之死受到刺激，精神异常。出租车公司支付赵某死亡赔偿金25万元。赵某和李某的儿子赵某东年仅10岁，赵某的哥哥赵甲认为赵某东年小不懂事，要求出租车公司将死亡赔偿金直接转入自己的账户，由其替赵某东保管。赵某与李某的银行存款30万元也被赵甲取出并存入他自己的账户。赵某东的外祖父李丁认为赵甲企图侵吞赵某东的财产，要求赵甲把死亡赔偿金和30万元存款还给赵某东。此时，法院向李某送达离婚判决书，判决她与赵某解除婚姻关系。

本案中，有几个民事法律事实？这些民事法律事实引起哪些民事法律关系的发生、变更和消灭？

思考方向：

（1）明确什么是民事法律事实、其基本类型有哪些。

（2）找出案例中存在的客观现象，判断这些客观现象是否为民事法律事实，进而确定本案中有哪些民事法律关系产生、变更或者消灭。

学习情境二　民事法律关系的认定

情境案例

东方公司（供方）与振兴公司（需方）签订一份购销10 000条塔山牌香烟的合同，约定单价每条100元，总货款100万元。合同签订后，振兴公司到茂源公司联系推销香烟，茂源公司提出看货后再定。于是双方到东方公司的仓库看货，茂源公司提出订购2000条，但东方公司声明自己的香烟只卖给振兴公司一家，凡振兴公司带来的客户一律视为东方公司在同振兴公司履行合同。鉴此，振兴公司与茂源公司签订购销2000条塔山牌香烟的合同，单价上浮为每条120元。合同签订后，茂源公司派员携带10万元的特种转账支票，随振兴公司的业务员到东方公司，要求提货。东方公司提出预付款先入账再发货。当茂源公司到银行办理转账手续时，银行以茂源公司与东方公司之间没有直接的合同关系而不同意转收支票款。于是，茂源公司便在特种转账支票上写上"代振兴公司付香烟货款10万元"后，银行方同意将此款项转至东方公司的账户。款进账户后，东方公司毁约，拒绝发货。经交涉未果，茂源公司以东方公司为被告提起诉讼，请求退回货款。东方公司认为自己与茂源公司没有业务往来，也没有收取茂源公司的货款，不应当成为被告。法院受理后查明，东方公司、振兴公司及茂源公司均无经营烟草的业务范围。

训练目的

通过实训，使学生进一步理解民事法律关系的构成，掌握民事法律关系产生、变更、终止的条件，能够正确判断不同社会关系的法律性质，正确处理涉及民事权利、民事义务的争议。

训练方法

1. 课堂讨论。针对案例由教师或者学生提出问题，由学生自主进行探讨、论证，教师进行辅导、点评。

2. 角色模拟。学生分组，每组4~6人，分别扮演东方公司、振兴公司、茂源公司和银行，根据案情模拟振兴公司分别与东方公司及茂源公司签订合同、茂源公司到银行办理转账手续、茂源公司请求东方公司退回货款的过程。

工作任务

1. 准确判断三方当事人之间存在的民事法律关系，明确相关民事法律关系的权利义务内容。

2. 正确认定相关民事法律关系的法律效力，对当事人的争议作出正确处理。

实训步骤

步骤1. 确认民事法律关系。确定案例中有哪些民事主体，各个主体之间存在什么样的民事法律关系，各个民事法律关系分别是由哪些民事法律事实引起的；在各民事法律关系中，主体享有何种民事权利承担何种民事义务。

步骤2. 判断茂源公司付款行为的性质。对茂源公司付款行为的性质认定影响其与东方公司、茂源公司之间的关系，也决定着各方当事人的民事权利及民事义务。

步骤3. 判断诉讼当事人是否适格。应当具备相应资格条件才能成为民事诉讼的当事人，分析判断茂源公司、东方公司、振兴公司是否为适格的当事人。

拓展阅读

1. ［德］鲁道夫·冯·耶林著，郑永流译：《为权利而斗争》，法律出版社2007年版。

2. 申卫星："溯源求本道'权利'"，载《法制与社会发展》2006年第5期。

3. 易军："民法公平原则新诠"，载《法学家》2012年第4期。

4. 黄诗怡："人人贷模式下各方主体民事法律关系探究"，载《法制与社会》2014

年第 5 期。

5. 李婵媛、朱孜："关于伪卡盗刷案件的民事法律关系解析"，载《中国信用卡》2014 年第 5 期。

6. 石水元："论绿色原则在民法中的体现"，载《法制博览》2018 年第 3 期。

单元二

民事主体

　　民法是调整平等主体之间的人身关系和财产关系的法律规范的总和，受民法调整的平等主体即民事法律关系的主体，包括自然人、法人和非法人组织。我国民法分别对上述三种主体从其民事能力的取得、消灭到其民事权利、义务的内容等方面予以规范，制定了基本适应我国民事活动及民事交易习惯的民事主体制度。

知识目标

　　1. 理解自然人民事权利能力和民事行为能力的含义，掌握自然人民事权利能力开始与终止的标准，掌握我国民法对自然人民事行为能力的划分。

　　2. 熟悉监护制度的基本内容，了解自然人户籍和住所的有关规定。

　　3. 掌握宣告失踪和宣告死亡的适用条件及其法律效果。

　　4. 理解法人的民事能力，掌握法人的成立条件，了解其变更和终止的法律规定。

　　5. 理解非法人组织的含义，掌握合伙的内外关系和责任承担，了解其他非法人组织的相关规定。

能力目标

　　1. 能准确认定各种民事主体的民事能力，正确判断其是否具备实施某一具体民事法律行为的主体资格。

　　2. 能够为无民事行为能力人和限制民事行为能力人正确地选定监护人。

　　3. 能正确处理宣告失踪和宣告死亡的申请与判决等实务问题。

　　4. 能够为法人的成立准备必需的材料，正确判断法人的责任范围。

　　5. 能正确处理合伙债务的承担。

项目一　自然人

引例1

胡某7岁的儿子小强平时非常淘气，经常用石头砸别人的窗户、攀摘树木花草等。一日，小强在马路边玩耍时，遇见有人用三轮车拉着镜子。邻居盛某见状说："你有本事把那个镜子砸碎，算你厉害。"小强听完当即就拿起石头砸过去，致使价值400多元的镜子被砸碎。事后，镜子的主人找到胡某要求赔偿，胡某支付了相当的价款，但随即得知是盛某唆使小强，便要盛某赔偿。盛某说"自家小孩调皮惹祸当然由自己负责"，以此拒绝赔偿。

问题：

1. 小强平时砸坏的东西应由谁赔偿？为什么？

2. 镜子的损失最后应由谁来承担？

引例2

余某（女）与赵某（男）于2010年结婚，婚后生育一女孩。赵某自2012年外出打工回来后，经常整天在外吃喝玩乐，甚至与其他女性发生不正当关系，对余某母女不尽任何家庭义务。2014年2月，赵某再次外出打工，此后再也没有回来，也未跟家中有任何联系。2017年4月，余某向法院起诉，要求与赵某离婚。案件审理期间，赵某经公告传唤仍未到庭参加诉讼。

问题：

1. 法院能否宣布赵某为失踪人？

2. 法院应否判决余某与赵某离婚？

基本理论

自然人是基于自然规律出生而取得民事主体资格的人。

首先，自然人是生物学意义上的人。民法上所称的自然人必须是基于自然规律出生并存活的人。不是生物学意义上的人的生命体，不能成为自然人；无生命的人体或丧失生命的人体以及存活于母腹而尚未出生的胎儿，也不是自然人。这里有必要指出的是，为法律所许可并且在社会生活中常见的通过人工授精形成胚胎后移于母腹所孕育生产的"试管婴儿"以及通过剖腹产方式出生的婴儿，均当然属于民法上所称的自然人。这是因为借助医学手段而自母体出生的并不违背自然规律。[1]

---

〔1〕 刘士国主编：《民法总论》，上海人民出版社2001年版，第1页。

其次，自然人是被赋予民事主体资格的人。人因出生而作为一种生命体存在，是人的自然属性；可以作为民事主体而享有民事权利、承担民事义务则是人的法律属性。现代民法均赋予生物学意义上的人以民事主体资格。

自然人具有民事能力，是法律赋予自然人这一民事主体进行民事活动、谋求自身利益的合法资格。民事能力包括民事权利能力和民事行为能力。民事权利能力的认定，必须把握自然人出生与死亡的时间和标准，实现对胎儿利益的保护从理论到实务都要深刻理解民事权利能力的内涵。民事行为能力的分类，虽然在各国民法中规定不同，却基本上是以抽象的技术性标准为未成年人和精神病患者的利益保护以及社会利益的维护设定了合理的界限。自然人的户籍和住所问题，在很大程度上是自然人的民事能力落实到实践中所展现的法律性技术处理的两个方面，不仅关乎民法的规范，还涉及行政法甚至刑法等规范的适用。

一、自然人的民事能力

（一）自然人民事权利能力

1. 自然人民事权利能力的含义与特征

（1）自然人民事权利能力的含义。自然人的民事权利能力是法律赋予自然人享有民事权利、承担民事义务的资格。主体之所以成为主体，就是因为其能够在法律上享有权利和承担义务，离开对权利义务的享有和承担，主体就不能成为主体。因此，主体必须有权利能力，有权利能力是主体资格的标志，是具有人格的内容。因而这里所谓的权利能力，是主体资格、人格或地位的意义，而不是一般意义上的人们做事的能力大小或强弱问题。民事权利能力为自然人享有民事权利、承担民事义务提供了可能性。不过，自然人要将这种可能性转化为现实性，还必须具有相应的民事行为能力，参加相应的民事活动，形成具体的民事法律关系。因此，仅具有民事权利能力并不能当然使自然人通过自己的行为取得权利，也无法通过自己的行为行使权利。

（2）自然人民事权利能力的特征。自然人的民事权利能力具有平等性、不可剥夺性及不可转让性。

第一，平等性。《民法总则》第14条规定："自然人的民事权利能力一律平等。"根据这一规定，自然人享有平等的民事权利能力，不受民族、种族、性别、年龄、职业、职务、宗教信仰、教育程度、家庭出身、财产状况等因素的影响。

自然人民事权利能力一律平等指的是参与机会的平等，它赋予自然人同样的参与民事活动的机会，而不是结果的平等。

关于外国人和无国籍人在本国的民事法律地位，各国经历了由不承认主义到有限承认主义、相互对等主义，再到平等主义的发展过程。现今，多数国家采取平等主义的立法政策，但这并不意味着两者的民事权利能力范围完全一致，现实中由于各种复杂的原因，两者之间还存在诸多差别。

第二，不可剥夺性。现代社会中，从事民事活动是自然人维持生存并图谋发展的重要途径，而民事权利能力则是从事民事活动的前提和基础。民事权利能力与主体的生存须臾不可分，剥夺其民事权利能力无异于将其放逐于社会之外，有关当事人将无法生活。因此，任何自然人的民事权利能力均不受限制和剥夺。

第三，不可转让性。现代社会致力于承认并保障每个人的主体地位，反对将人视为客体的做法。为了确保这种秩序，法律对主体的自由范围作了限制，即民事权利能力不得放弃与转让。即使当事人要转让、抛弃民事权利能力，法律亦不承认其效力。

知识链接

民事权利能力与民事权利的区别

自然人的民事权利能力与其享有的民事权利是两个既有内在联系又有重要区别的概念，两者的区别主要是：

第一，民事权利能力是享有民事权利的资格和前提；而民事权利是基于这种资格参加民事法律关系而取得的利益，是自然人的民事权利能力得以实现的结果。

第二，民事权利能力包括享有民事权利和承担民事义务的资格两方面内容；民事权利和民事义务则是两个不同的概念，它们在民事法律关系中互相独立，民事权利本身并不包含义务。

第三，民事权利能力与自然人的人身不可分离，不得转让、抛弃，也不得被剥夺；而民事权利，除专属权外，自然人可以依自己的意志转让、抛弃，并且也可以依法受到限制。

第四，民事权利能力作为一种抽象的资格，具有平等性；而民事权利则因各人的条件不同、参加的民事法律关系各异，每个人享有的具体民事权利千差万别。

2. 自然人民事权利能力的开始

《民法总则》第13条规定："自然人从出生时起到死亡时止，具有民事权利能力，依法享有民事权利，承担民事义务。"由此可见，自然人的民事权利能力始于出生，终于死亡。

对出生的标准，民法理论上有多种观点，比较重要的有阵痛说、一部露出说、全部露出说、啼哭说、独立呼吸说等。[1] 我国采用了医学上公认的标准，即胎儿完全脱离母体且具有生命，这实际上采用的是独立呼吸说。出生的要件有两个：一为"出"，即胎儿完全脱离母体；一为"生"，即胎儿脱离母体后有独立的生命，能够独立呼吸。出生的婴儿只要有生命，不论存活的时间长短，均在该时间内具有民事权利能力。这

---

[1] 王利明：《民法总则研究》，中国人民大学出版社2003年版，第335页。

一点在继承法上尤其有意义，例如，母亲甲因难产而死亡，如果婴儿是死产，则该婴儿无权继承母亲的遗产，而应由其父亲乙及其他合法继承人（如甲的父母）继承；如果该婴儿是活着出生，即使仅仅活了很短的时间，仍然有权继承甲的遗产，在该婴儿死亡后，乙作为第一顺序继承人继承该婴儿的遗产。

值得注意的是，上述关于出生的标准以及时点的判断只是一种理论上的应然，而实践中能否对这一时点进行正确认知则是另一问题。实践中涉及某一自然人的出生时间问题时，往往由于时隔很久或存在利益冲突，有关当事人在该问题上会存在争执，因此司法实践中需要借助一定的证据来证明出生时间，这就是出生证明制度。《民法总则》第15条规定："自然人的出生时间和死亡时间，以出生证明、死亡证明记载的时间为准；没有出生证明、死亡证明的，以户籍登记或者其他有效身份登记记载的时间为准。有其他证据足以推翻以上记载时间的，以该证据证明的时间为准。"出生证明多数是由第一时间接触新生儿的医院出具，是自然人出生时间最直接也最具有可信度的证据；有出生证明的，当以其所记载的时间为准。户籍登记是国家机关依法对自然人身份的确认和记载，是出生时间最具公示性和公信力的证据，在没有出生证明的情况下，其是认定出生时间的最有效证明。当然，现实中出生证明、户籍登记也可能出现错误，如果有足以证明前两者错误的证据，则依该证据确认自然人的出生时间。

此外，还应注意另一个问题——胎儿的民事权利能力及其利益的保护。胎儿作为一种独特形态的生命体，在母体里可以感受外界的刺激，也可能遭受来自外界的伤害，在其出生前也可能存在某些与之相关的法律行为或者法律事实。对于胎儿是否具有民事权利能力，是否从法律层面保护胎儿的利益以及如何给予保护，不同国家、地区有不同的规定，主要有三种立法例：第一种是总括保护主义，即只要其出生时尚生存，胎儿就被视为出生前即具有权利能力。第二种是个别保护主义，即胎儿原则上无民事权利能力，但在个别情况下，视胎儿为已出生者，其具有民事权利能力，对其利益予以保护。法律所列举的胎儿利益，主要是损害赔偿请求权、继承权和受遗赠权。第三种是绝对贯彻自然人民事权利能力始于出生的原则，不承认胎儿有民事权利能力，但考虑到其出生后的利益，法律设有特别的保护性规定，主要见于遗产继承领域。

我国以往采取第三种立法例，如《继承法》第28条就规定："遗产分割时，应当保留胎儿的继承份额。胎儿出生时是死体的，保留的份额按照法定继承办理。"但从《民法总则》开始，采取了个别保护主义，该法第16条规定："涉及遗产继承、接受赠与等胎儿利益保护的，胎儿视为具有民事权利能力。但是胎儿娩出时为死体的，其民事权利能力自始不存在。"也就是有条件地给予胎儿民事权利能力，条件包括两个方面：①出生时是活体；②仅适用于遗产继承、接受赠与等与其出生后的利益相关的特定情况。如果娩出的是死体，则无保护的必要，当然不具有民事权利能力。

3. 自然人民事权利能力的终止

（1）自然人的民事权利能力终于死亡。法律上所称的"死亡"，包括自然死亡与宣告死亡。因年老寿终正寝、因疾病死亡、因事故死亡等都是自然死亡。无论何种原因，只要客观地导致自然人生命终止的事实发生都是自然死亡。关于宣告死亡问题详见后述。自然人的民事权利能力终止后，其本人不再是民事主体，无所谓死者的民事权利。死者的人格遗留利益实质上关乎死者亲属或人类社会生活秩序的利益。因此，对死者人格遗留利益的侵害实质是对其亲属利益和社会利益的损害。

（2）自然人死亡时间的认定及推定。自然人的死亡事关民事权利能力的终止，其法律后果主要有死亡人原来享有或承担的民事权利义务的变更、终止，婚姻关系的终止，以及继承的发生等，因此正确认定死亡时间具有重大的法律意义。关于自然死亡的标准与时点，民法学说主要存在三种学说：心脏停止跳动说、呼吸停止说及脑电波消失说。[1] 我国司法实践中仍采取传统医学上公认的呼吸和心跳均告停止作为自然人死亡的标准。与出生时间相同的是，实践中也会对死亡时间发生争议，因此需要采用一定的证据予以证明。实践中以医院或其他机关出具的死亡证明书载明的死亡时间为准，但死亡证明书记载的时间应与自然死亡的实际时间相一致，否则就不具有法律效力。

几个自然人在同一事件中死亡又不能确定死亡先后时间的，如何确定死者的先后顺序？这涉及死亡时间推定的问题。《最高人民法院关于贯彻执行〈中华人民共和国继承法〉若干问题的意见》第2条规定："相互有继承关系的几个人在同一事件中死亡，如不能确定死亡先后时间的，推定没有继承人的人先死亡。死亡人各自都有继承人的，如几个死亡人辈分不同，推定长辈先死亡；几个死亡人辈分相同，推定同时死亡，彼此不发生继承，由他们各自的继承人分别继承。"这一规定主要是从保护继承人的权益出发，依据自然顺序来解决该问题的。

知识链接

脑死亡

脑死亡，是指包括脑干在内的全脑功能丧失的不可逆转的状态。不少国家过去一直把"心跳停止"和"呼吸消失"作为死亡的标准。随着医学科技的发展，病人的心跳、呼吸、血压等生命体征都可以通过一系列药物和先进设备加以逆转或长期维持，但是如果脑干发生结构性破坏，无论采取何种医疗手段均无法挽救患者。脑死亡有别于"植物人"。"植物人"脑干功能存在，昏迷只是由于大脑皮层受到严重损害或处于突然抑制状态，病人可以有自主呼吸、心跳和脑干反应，而脑死亡则无自主呼吸，是永久、不可逆性的。

自1968年美国哈佛大学死亡定义审查特别委员会提出脑死亡判断指标以来，世界上已有80多个国家和地区陆续建立了脑死亡标准，一些国家还制定了相应的脑死亡

---

〔1〕 王利明：《民法总则研究》，中国人民大学出版社2003年版，第341页。

法，也有国家采用脑死亡和心脏死亡标准并存方式。

毕竟人类对大脑的了解还知之甚少，近年来一些脑死亡后重新恢复自主呼吸甚至意识的"奇迹"似乎表明脑死亡并不足以证明一个人真正死亡。有鉴于此，多数承认脑死亡为死亡依据的国家还保留有传统的"自主呼吸停止，心脏停跳，瞳孔放大，血压为0"等作为判定死亡的标准，脑死亡仅仅是辅助判定。

（二）自然人民事行为能力

1. 自然人民事行为能力的含义和特征

（1）自然人民事行为能力的含义。自然人的民事权利能力只是自然人成为民事主体、享有民事权利、承担民事义务的资格，而要实施法律保护的民事法律行为，则要具备相应的民事行为能力。

自然人的民事行为能力，是指自然人能够以自己的独立行为取得民事权利和承担民事义务的能力。

（2）自然人民事行为能力的特征。比较与自然人民事行为能力相关的几个概念，自然人民事行为能力的特征表现如下：

自然人的民事权利能力与民事行为能力密切相关，民事权利能力是自然人具有民事行为能力的前提。不过，自然人的民事行为能力和民事权利能力仍然存在如下区别：其一，任何自然人均平等地拥有民事权利能力，但并非每个自然人均具有民事行为能力。其二，自然人的民事权利能力始于出生，终于死亡，而自然人只有在达到一定年龄并具备正常的精神状态的情况下，才能具有民事行为能力。

民事行为能力以意思能力为前提。所谓意思能力，是指自然人可以认识自己的行为及判断自己行为后果的能力。虽然意思能力是自然人具有民事行为能力的基础，但两者并不完全相同。意思能力的有无属于纯粹的事实判断，民事行为能力的有无则是以事实判断的结论为前提，从而进行价值判断的产物。所以自然人有无意思能力通常应结合具体情形进行判断，但有无民事行为能力通常应依据法律确立的一般标准进行判断。因此，可能会出现有健全的意思能力却无民事行为能力的情形，如早慧的儿童；也可能会出现有民事行为能力却无相应意思能力的情形，如处于昏迷状态的完全民事行为能力人。

2. 自然人民事行为能力的分类

自然人要从事民事法律行为必须具有相应的认识能力、控制能力和判断能力，这些能力存在着程度上的差别和逐步发展的过程。自然人只有智力发展到一定程度，有一定的社会经验且精神状态正常，才能正确地识别事物，准确地表达自己的意思，判断行为的后果，理智审慎地处理自己的事务。因此，法律并没有平等地赋予自然人民事行为能力，而是根据一定的标准作了区分。我国民法以年龄和精神健康状况为标准，将自然人的民事行为能力分为完全民事行为能力、限制民事行为能力和无民事行为能力三种。

（1）完全民事行为能力。完全民事行为能力是指自然人能独立从事民事法律行为的能力。各国民法都以成年作为自然人具有完全民事行为能力的标准。属于完全民事行为能力的自然人包括两类：

第一，年满18周岁的成年人。自然人年满18周岁为成年人是我国法律的通制，这也符合我国自然人的智力及判断能力的发育状况。《民法总则》第17条规定："18周岁以上的自然人为成年人。不满18周岁的自然人为未成年人。"第18条第1款规定："成年人为完全民事行为能力人，可以独立实施民事法律行为。"我国民法确定自然人年满18周岁为完全民事行为能力人，是基于对其智力状况的判断，而不是对自然人经济状况的考虑。年满18周岁的自然人即使没有经济收入，也是完全民事行为能力人。《民通意见》第161条第2款规定："行为人致人损害时年满18周岁的，应当由本人承担民事责任；没有经济收入的，由扶养人垫付，垫付有困难的，也可以判决或者调解延期给付。"

第二，16周岁以上但不满18周岁，以自己的劳动收入为主要生活来源的人，即劳动成年制。《民法总则》在制定时，考虑到我国法律以16周岁为就业及参军的最低年龄，现实中也有年满16周岁以自己的劳动收入维持生活的人存在，因此规定了劳动成年制。《民法总则》第18条第2款规定："16周岁以上的未成年人，以自己的劳动收入为主要生活来源的，视为完全民事行为能力人。"根据《最高人民法院关于贯彻执行〈中华人民共和国民法通则〉若干问题的意见（试行）》（以下简称《民通意见》）第2条的规定，以自己的劳动收入为主要生活来源是指能够以自己的劳动取得收入并能维持当地群众一般生活水平。以自己的劳动收入为主要生活来源的未成年自然人视为完全民事行为能力人，有利于这些自然人自主从事生产经营和各种民事活动，有利于对其合法行为及利益进行法律保护，以实现其民事生活目的利益。

我国法律还对自然人从事某些类型的民事法律行为规定了特殊的年龄要求，此即特殊民事行为能力。例如，《婚姻法》第6条规定，结婚年龄，男不得早于22周岁，女不得早于20周岁。根据《收养法》第6条的规定，收养人必须年满30周岁，才可以收养未成年人。

（2）限制民事行为能力。限制民事行为能力又称不完全民事行为能力，是指自然人只能在法律限定的范围内独立从事民事法律行为的能力。限制民事行为能力人所实施的与其年龄、智力和精神健康状况相适应的民事法律行为有效，而其他的民事法律行为则只能由其法定代理人代理或经过法定代理人的同意才能进行。

按照《民法总则》第19条、第22条的规定，限制民事行为能力人包括两类：

第一，8周岁以上的未成年人。一般说来，8周岁以上的未成年人应为在校中、小学生，具有从事民事法律行为的需要，已经具备一定的识别能力和判断能力，其智力发育程度能够理解和判断自己社会生活中的一定方面的行为性质及其利害，在与他人的社会交往中具有相应的意思能力，因此，法律赋予其与年龄智力状态相适应的民事法律行为能力，允许其以自己的独立意志实施与其年龄智力状况相应的民事法律行为，为自己设定权利和承担义务。但8周岁以上的未成年人毕竟处在生长发育阶段，还不能完全充分地理解社会生活各方面民事法律行为的性质及其法律上的各种利害后果，因此，法律从维护未成年人利益和民事社会生活关系安全出发，对8周岁以上的未成年人的民事行为能力又给予必要的限制，除与其年龄智力状况相适应的民事法律行为外，对其他民事法律行为的实施，则不认定其有民事行为能力，须经法定代理人同意方可实施或者由法定代理人代为实施。

第二，不能完全辨认自己行为的成年人。不能完全辨认自己行为的成年人，是指因患有精神疾病，不能完全正确认识和判断自己实施的民事法律行为的性质及其利害后果，但又没有完全丧失意思能力，只是其意思能力受到限制的人。法律为了保护这些精神病人的利益，维护民事社会生活秩序，对其行为能力给予限制，认可其具有实施与其精神健康状况相适应的民事行为的能力，即在其可以辨认的自己行为部分范围内具有民事行为能力，在因精神疾病障碍而不能辨认的行为部分范围内则不具有行为能力。精神病人是否为限制民事行为能力人，应依利害关系人或有关组织的申请，由人民法院依据医学鉴定的结论进行宣告。

对于限制民事行为能力人可以独立从事的民事法律行为的范围，《民法总则》只作了原则性的规定，即只能进行纯获利益的民事法律行为或与其年龄、智力、精神健康状况相适应的民事法律行为，其他比较复杂的民事法律行为应由他的法定代理人代理或征得他的法定代理人的同意。实践中判断限制民事行为能力人可以独立实施的民事法律行为时，应考虑如下因素：行为与其生活的相关程度，本人的智力或精神状况是否能够理解其行为并预见该行为的后果，行为涉及的财产数额，行为的性质，等等。

（3）无民事行为能力。无民事行为能力是指自然人不具备独立从事任何民事法律行为的能力。无民事行为能力人既不能自己独立从事民事法律行为，也不能在经其法定代理人的同意后自己从事民事法律行为。各国民法均规定，无民事行为能力人所为的民事法律行为无效，其目的在于保护这些人不致因自己的行为发生对己不利的后果，而与无民事行为能力人订立合同或对之作出意思表示的人则不受保护。这是因为，根据法律的评价，对无民事行为能力人的保护优先于对交易的保护。无民事行为能力人要从事民事法律行为，只能由其法定代理人代理进行。通过这种方式，无民事行为能力人仍然可以享有权利，承担义务。

根据《民法总则》第20条、第21条的规定，无民事行为能力人包括不满8周岁的未成年人以及完全不能辨认自己行为的成年人。有些国家和地区的民法将禁治产人规定为无民事行为能力人。至于精神病人是否不能辨认自己的行为而为无民事行为能力人，也应经利害关系人或有关组织申请，由人民法院依法进行宣告。

无民事行为能力人所为的民事法律行为无效只是一般规则，实践中也有例外情形，如无民事行为能力人接受奖励、赠与、报酬的，他人不得以其无民事行为能力为由主张该行为无效。另外，我国儿童一般于6周岁起就要接受义务教育，在此过程中需要进行一些数额不大的民事法律行为，如购买文具等，这个年龄段的人一般能够预见这种行为的后果。此外，日常生活中有很多定型化的行为，其法律后果相当确定，未成年人实施此种行为时，一方面不会对其利益造成损害，另一方面也不会对社会交易秩序造成损害。

3. 特殊成年人民事行为能力状态的宣告

自然人取得完全民事行为能力之后，可能因精神疾病等原因导致不能辨认或者不能完全辨认自己的行为，其民事行为能力状态发生改变，可依《民法总则》的规定和《民事诉讼法》规定的特别程序由人民法院予以宣告。《民法总则》第24条第1款规定："不能辨认或者不能完全辨认自己行为的成年人，其利害关系人或者有关组织，可以向人民法院申请认定该成年人为无民事行为能力人或者限制民事行为能力人。"可见确定精神病人为无民事行为能力人或者限制民事行为能力人，必须具备以下条件：①该自然人患有精神疾病。②须经利害关系人或有关组织的申请，利害关系人是指精神病人的配偶、父母、成年子女及其他亲属，也可以是同其有民事权利义务关系的其他民事主体；有关组织包括居民委员会、村民委员会、学校、医疗机构、妇女联合会、残疾人联合会、依法设立的老年人组织、民政部门等。③须经人民法院认定并宣告。根据《民事诉讼法》第187条的规定，申请认定精神病人无民事行为能力或者限制民事行为能力，应当向该精神病人住所地基层人民法院提出。

人民法院在依特别程序审理此类案件时，认定被申请人是否患有精神病，应当根据司法精神病学的鉴定或者参照医院的诊断、鉴定确认。在不具备诊断、鉴定条件的情况下，也可以参照群众公认的当事人的精神状态认定，但应以利害关系人没有异议为限。精神病人（包括痴呆症患者）如果没有判断能力和自我保护能力，不知其行为后果的，可以认定为不能辨认自己行为的人；对于比较复杂的事物或者比较重大的行为缺乏判断能力的和自我保护能力，并且不能预见其行为后果的，可以认定为不完全辨认自己行为的人。在普通的民事诉讼中，当事人及利害关系人提出一方当事人患有精神病（包括痴呆症），人民法院认为确有必要认定的，应当裁定中止诉讼，先按照《民事诉讼法》规定的特别程序，作出当事人有无民事行为能力的判决，然后再恢复诉讼，如确认精神病人（包括痴呆症患者）为限制民事行为能力或无民事行为能力人，应当按照民事诉讼法的规定由其法定代理人代为参加诉讼。

自然人因患有精神病被宣告为无民事行为能力人或限制民事行为能力人的，其行为能力只是因精神障碍而被否定或限制，但随着精神病的治疗、精神健康的恢复，逐渐恢复其意思能力，对其行为有部分或全部辨认能力的，可以经本人、利害关系人或有关组织的申请，由人民法院宣告其为限制民事行为能力人或完全民事行为能力人。

知识链接

禁治产人

所谓禁治产人，是指在事实上缺乏自决能力，需要对其采取保护措施，以免其人格遭受重大侵害的人。例如，我国台湾地区"民法"第 14 条规定："对于心神丧失或精神耗弱致不能处理自己事务者，法院得因本人、配偶、最近亲属二人或检察官之声请，宣告禁治产。禁治产之原因消灭时，应撤销其宣告。"该法第 15 条规定："禁治产人，无行为能力。"其制度类似于《民法总则》所规定的精神病人无民事行为能力或限制民事行为能力的认定并宣告。

二、监护

（一）监护的含义和目的

所谓监护，是指对未成年人和精神病人的人身、财产及其他合法权益进行监督和保护的法律制度。依法对未成年人和精神病人的人身、财产及其他合法权益进行监督和保护的主体称为监护人，被监督保护的自然人称为被监护人。

监护制度的目的在于直接保护被监护人的人身、财产和其他合法权益，进而维护社会利益。被监护人是未成年人和精神病人，他们是无民事行为能力人或限制民事行为能力人，很难通过自己的独立行为去实现和维护自己的人身财产权益和其他权益。监护制度为他们设置监护人，对其人身、财产和其他合法权益进行监督和保护，这就弥补了被监护人行为能力的欠缺，可以充分有效地保护其合法权益。

（二）监护人的设立

根据监护人设立方式的不同，监护可以分为法定监护、委托监护、遗嘱监护和指定监护等。在我国，主要依监护对象的不同，分为未成年人的监护和特殊成年人的监护。特殊成年人指无民事行为能力或者限制民事行为能力的成年人，包括精神病人、智障人士等。

1. 未成年人的监护

（1）法定监护。父母对未成年子女负有抚养、教育和保护的义务，是民法规定的未成年子女的法定监护人。父母的监护资格从未成年人出生时当然取得，并且不因双方婚姻关系的消灭而消灭。当然，父母担任法定监护人是以其具有监护能力为前提的。监护人的监护能力，主要根据监护人的身体健康状况、经济条件，以及与被监护人在生活上的联系状况等因素确定。如果父母不具备监护能力，则应当由其他人担任监护人。

未成年人的父母双亡或者丧失监护能力或被取消监护资格的，由下列有监护能力的人按顺序担任监护人：①祖父母、外祖父母；②兄、姐。他们担任监护人是法定义务。监护人可以是一人，也可以是同一顺序中的数人。

（2）遗嘱监护。《民法总则》第 29 条规定："被监护人的父母担任监护人的，可以通过遗嘱指定监护人。"遗嘱监护的规定是考虑父母担心由于年老、疾病和意外等原因导致自身过世后，最适合照顾子女的个人或者组织无法通过合理合法的途径成为自己子女的监护人，故由父母本人通过适当的遗嘱程序，预先安排适合的监护人进入遗嘱监护的名单。这一规定体现了父母意志的延续，民法上推定这种做法也是符合未成年的被监护人的最大利益的。遗嘱所指定作为监护人的，应当具有监护能力。该监护关系在遗嘱生效时成立。

（3）协议监护。当二人以上都具有监护资格又均具有监护能力时，为了更好地照顾、管理、教育被监护人，民法允许监护人之间订立协议从而确定由其中一人或数人担任未成年人的监护人。这样做的前提是未成年人的父母双亡或者丧失监护能力或被取消监护资格。《民法总则》第 30 条规定："依法具有监护资格的人之间可以协议确定监护人。协议确定监护人应当尊重被监护人的真实意愿。"依据该条规定，监护人订立监护协议时还应当尊重被监护人的真实意愿，这是因为即便被监护人较为年幼，从符合被监护人最大利益的角度上考虑，监护人与被监护人的情感交流、管育方式是非常重要的考虑因素。只要被监护人能够通过某种方式表达出自己的意愿，应当尊重被监护人的真实意愿。

（4）指定监护。对监护人的确定有争议的，根据《民法总则》第 31 条的规定，未成年人的住所地的居民委员会、村民委员会或者民政部门可在其具有监护资格的近亲属中指定监护人。指定监护人在两种情况下发生：一是依法具有监护资格的人争当未成年人的监护人；二是其都不愿担任监护人。有关当事人对指定不服的，可以向人民法院提起诉讼，由人民法院裁决。有关当事人也可以直接向人民法院申请指定监护人。在确定监护人之前，如果被监护人的人身权利、财产权利以及其他合法权益处于无人保护状态的，由被监护人住所地的居民委员会、村民委员会、法律规定的有关组织或者民政部门担任临时监护人。

当居民委员会、村民委员会、民政部门或者人民法院进行指定监护时，应当尊重被监护人的真实意愿，按照最有利于被监护人的原则在依法具有监护资格的人中指定监护人。监护人被指定后，不得擅自变更；擅自变更的，不免除被指定的监护人的责任。

没有上述的法定监护人或者法定监护人丧失监护能力时，如果未成年人的其他亲属或者社会组织愿意承担监护责任，经未成年人住所地的居民委员会、村民委员会或民政部门同意，可以担任监护人。他们担任监护人不是法定义务。没有法定监护人，也没有其他亲属、朋友愿意担任监护人的，根据《民法总则》第 32 条的规定，由民政部门或者具备履行监护职责条件的被监护人住所地的居民委员会、村民委员会担任监护人。

2. 特殊成年人的监护

（1）法定监护。特殊成年人的法定监护人的范围和顺序是：①配偶；②父母、子女；③其他近亲属，包括兄弟姐妹、祖父母、外祖父母、孙子女、外孙子女。他们担任监护人是法定义务。与未成年人的监护人相比，法律强调的是特殊成年人的法定监护人的顺序，即当该特殊成年人结婚后，配偶是他（她）的第一顺序的监护人。同样，特殊成年人的监护人可以是一人，也可以是同一顺序中的数人。

（2）遗嘱监护。依据《民法总则》第29条的规定，特殊成年人作为被监护人，其父母担任监护人时可以在遗嘱中为其指定个人或者组织担任监护人，以保障该特殊成年人在遭遇父母过世的情境下能够得到照顾、看管，其人身权利、财产权利以及其他合法权益不会处于无人保护的状态。遗嘱指定个人或者组织作为监护人的，同样应当具有监护能力。该监护关系在遗嘱生效时成立。

（3）协议监护。当特殊成年人处于无婚姻状态下可能出现多人有资格担任其监护人的状况，同样根据《民法总则》第30条的规定，依法具有监护资格的人之间可以协议确定监护人。该特殊成年人为限制民事行为能力人的，监护人订立监护协议时还应当尊重被监护人的真实意愿。

（4）指定监护。对担任特殊成年人监护人有争议的，同样适用《民法总则》第31条的规定，由被监护人住所地的居民委员会、村民委员会或者民政部门指定；也可以由有关当事人向人民法院申请指定监护人。指定监护人时，应尊重被监护人的真实意愿，以最有利于被监护人为原则。在确定监护人之前，应视情况由居民委员会、村民委员会、其他组织或者民政部门担任特殊成年人的临时监护人。监护人被指定后，不得擅自变更；擅自变更的，不免除被指定的监护人的责任。

没有上述的法定监护人或者法定监护人丧失监护能力时，如果其他个人或者组织愿意承担监护责任，经特殊成年人住所地的居民委员会、村民委员会或民政部门同意，可以担任监护人。他们担任监护人不是法定义务。没有法定监护人，也没有其他个人或组织愿意担任监护人的，由民政部门或具备履行监护职责条件的被监护人住所地的居民委员会、村民委员会担任监护人。

3. 完全民事行为能力人的意定监护

具有完全民事行为能力的成年人可能因疾病或者意外事件等因素，导致其部分甚至全部丧失意思能力，成为限制民事行为能力人或者无民事行为能力人。为保障自身在失能状态下的利益，完全民事行为能力人可以事先与他人协商以选任自己需要被监护时的监护人。《民法总则》第33条规定："具有完全民事行为能力的成年人，可以与其近亲属、其他愿意担任监护人的个人或者组织事先协商，以书面形式确定自己的监护人。协商确定的监护人在该成年人丧失或者部分丧失民事行为能力时，履行监护职责。"这就是意定监护。意定监护的形成有三个关键要素：①监护关系根据委托监护契约而产生；②订立监护契约的一方当事人是完全民事行为能力人，另一方为有监护意愿及监护能力的个人或者组织；③监护契约是否生效取决于该完全民事行为能力人在未来是否丧失或者部分丧失意思能力。监护契约应当以书面形式确定，具体内容则由双方当事人在法律许可范围内协商确定。

（三）监护人的职责

根据我国《民法总则》第26条、第34条和第35条规定以及《民通意见》第10条等规定，监护人的职责包括：

1. 保护被监护人的人身、财产及其他合法权益

监护人应保护被监护人的人身权益，保护其生命安全和身体健康，使其人身安全不受侵害，同时保护其姓名权、肖像权、名誉权、荣誉权不受侵犯。监护人对被监护人的财产要以善良管理人之注意进行管理和保护，除为了被监护人的利益外，不得处理被监护人的财产。未成年人的监护人在作出与被监护人利益有关的决定时，应当根据被监护人的年龄和智力状况，并尊重被监护人的真实意愿。成年人的监护人履行监护职责，应当最大限度地尊重被监护人的真实意愿，保障并协助被监护人实施与其智力、精神健康状况相适应的民事法律行为；对被监护人有能力独立处理的事务，监护人不得干涉。

2. 担任被监护人的法定代理人

根据《民法总则》第34条的规定，代理被监护人实施民事法律行为是监护人的一项法定的职责，因此监护人也是被监护人的法定代理人，法定代理主要发生在被监护人的对外民事活动和民事诉讼活动中。

3. 照顾、管理、教育被监护人

监护人应照顾被监护人的日常生活，给予其衣食温饱、疾病疗养和精神关怀，不得虐待和遗弃被监护人。对未成年的被监护人应当关心其身心健康的成长，教育其品德，对其行为进行监督和管理，防止其受到侵害或者侵害他人。

4. 承担应当由监护人承担的民事责任

被监护人造成他人伤害的，如果监护人未尽到监护职责的，由监护人承担民事责任；如果监护人尽到监护职责的，可以适当减轻其民事责任。在监护人将其监护职责部分或全部委托给他人监护期间，被监护人给他人造成的损害需要承担民事责任的，除另有约定的外，由监护人承担，但受托监护的人确有过错的应负连带责任。[1]

---

〔1〕《侵权责任法》第38条规定："无民事行为能力人在幼儿园、学校或者其他教育机构学习、生活期间受到人身损害的，幼儿园、学校或者其他教育机构应当承担责任，但能够证明尽到教育、管理职责的，不承担责任。"如果加害人是无民事行为能力人，在符合此法条规定的情况下，其监护人不是首要责任人。

（四）监护的变更、撤销和终止

1. 监护人的变更

监护人的变更，是指在监护过程中原监护人丧失监护能力或者其监护对被监护人不利，或者有法定监护资格的人协定变更，承担监护责任的监护人发生变动。主要包括以下几种情况：

（1）原监护人死亡或丧失监护能力的，法定监护人范围的人依据法律规定直接成为新的监护人，或者法定监护范围的人协议确定新的监护人。

（2）原由法定监护人范围的人协议确定的监护人，又经他们协议予以更换。

（3）因情况变化由有权指定的单位为被监护人重新指定监护人，或对指定有争议的由人民法院裁决确定新的监护人。

（4）原监护人被人民法院撤销监护资格，重新指定监护人。

我国法律没有就辞去监护人作出规定，但在除父母以外的其他监护人有合理理由时，应准许其辞去监护之职。

2. 监护的撤销

根据《民法总则》第 36 条的规定，监护人有下列情形之一的，人民法院可根据有关个人或者组织的申请，撤销其监护人资格：①实施严重损害被监护人身心健康行为的；②怠于履行监护职责，或者无法履行监护职责并且拒绝将监护职责部分或者全部委托给他人，导致被监护人处于危困状态的；③实施严重侵害被监护人合法权益的其他行为的。

有权向人民法院申请撤销监护人资格的个人和组织包括：其他依法具有监护资格的人，被监护人住所地的居民委员会、村民委员会，未成年人所在的学校，医疗机构，妇女联合会，残疾人联合会，未成年人保护组织，依法设立的老年人组织和民政部门等。人民法院撤销原监护人资格时应当安排必要的临时监护措施，并按照最有利于被监护人的原则依法指定新的监护人。

依法负担被监护人抚养费、赡养费、扶养费的父母、子女、配偶等监护人，被人民法院撤销监护人资格后，应当继续履行负担的义务。被监护人的父母或者子女被人民法院撤销监护人资格后，除对被监护人实施故意犯罪的外，确有悔改表现的，经其申请，人民法院可以在尊重被监护人真实意愿的前提下，视情况恢复其监护人资格，人民法院指定的监护人与被监护人的监护关系同时终止。

3. 监护的终止

一旦被监护人可以自我保护和具有正常的生活能力，或者没有保护的必要时，监护关系应当终止。这些情形主要包括以下几种情况：

（1）被监护人取得或者恢复完全民事行为能力；

（2）监护人丧失监护能力；

（3）被监护人或者监护人死亡；

（4）人民法院认定监护关系终止的其他情形。

监护关系终止后，被监护人仍然需要监护的，应当依法另行确定监护人。

三、自然人的户籍和住所

（一）自然人的户籍

户籍是以户为单位记载自然人的姓名、性别、民族、出生、住所、结婚、离婚、收养、失踪和死亡等事项的法律文件。在我国，户籍是证明自然人身份的重要文件，它对于确定自然人何时开始和终止民事权利能力和民事行为能力、明确自然人家庭状况和财产继承关系、确定自然人姓名权等都有重要的法律意义。

我国自 1984 年起开始实行居民身份证制度。2004 年 1 月 1 日起实施的《中华人民共和国居民身份证法》第 2 条规定，居住在中华人民共和国境内的年满 16 周岁的中国公民应当申请领取居民身份证；未满 16 周岁的中国公民也可以依法申请领取居民身份证。居民身份证登记项目包括姓名、性别、民族、出生日期、住址等信息，它是证明自然人个人身份的法律凭证。

（二）自然人的住所

自然人的住所，是指法律认可的自然人民事生活的中心处所和经常居住所在的地方。我国《民法总则》第 25 条规定："自然人以户籍登记或者其他有效身份登记记载的居所为住所；经常居所与住所不一致的，经常居所视为住所。"可见《民法总则》是以自然人户籍登记或者其他有效身份登记记载的居所为住所，或住所与经常居所不一致的，则以经常居所的客观事实确定其住所。《民通意见》第 9 条规定："公民离开住所地最后连续居住 1 年以上的地方，为经常居住地。但住院治病的除外。公民由其户籍所在地迁出后至迁入另一地之前，无经常居住地的，仍以其原户籍所在地为住所。"

自然人的住所确定后，在法律上引起以下效果：

（1）作为确定自然人下落不明的前提。自然人最后离开住所，处于下落不明的状态达到法定的期限，才可以对其进行失踪宣告或者死亡宣告。

（2）作为确定债务履行地的标准。例如，根据《合同法》第 62 条的规定，当事人就履行地点约定不明的，依照《合同法》第 61 条的规定仍不能确定的，给付货币的，在接受货币一方所在地履行；交付不动产的，在不动产所在地履行；其他标的，在履行义务一方所在地履行。在这里所谓的一方所在地就是指当事人的住所地。

（3）作为合同订立等法律行为成立地。例如，要约到达受要约人时生效，承诺到达要约人时合同成立。除非当事人有特定的要约承诺地点，一般以其住所为意思到达的地点。

（4）作为法律意义的登记行为管辖地。例如，婚姻登记、收养登记等，一般应当在当事人的住所地进行。

（5）作为单位监护人或监护指定单位的确定依据。《民法总则》第 32 条规定："没有依法具有监护资格的人的，监护人由民政部门担任，也可以由具备履行监护职责条件的被监护人住所地的居民委员会、村民委员会担任。"

（6）作为确定诉讼管辖法院和司法送达地的标准。如《民事诉讼法》第 21 条第 1、2 款规定，对公民提起的民事诉讼，由被告住所地人民法院管辖；被告住所与经常居住地不一致的，由经常居住地人民法院管辖。对法人或者其他组织提起的民事诉讼，由被告住所地人民法院管辖。

四、宣告失踪与宣告死亡

在社会生活中，有时会出现自然人下落不明的情形，这种情形，称为自然人的失踪。自然人失踪后，与其相关的民事法律关系将会处于不确定的状态。为了合理调整因自然人失踪而带来的各方当事人的利益，尤其是为了妥善处理失踪人权利义务的不确定状态，各国都进行了失踪人立法。我国采取了宣告失踪与宣告死亡并存的立法模式。

宣告失踪，是为了解决失踪人长期下落不明而导致本人财产关系的不稳定状态，以维护失踪人利益和相对人利益的制度，即宣告失踪程序的设置以失踪人财产利益的稳定为目的。宣告死亡，是为了解决失踪人长期生死不明而导致的与其本人相关联的民事法律关系的不稳定状态，以维护利害关系人的利益，即宣告死亡程序的设置以利害关系人利益的保护为目的。两种程序的启动与撤销、法律效果的设计，与这两种制度中涉及的各种民事主体的民事能力息息相关。

（一）宣告失踪

1. 宣告失踪的含义

宣告失踪是指自然人下落不明达到法定期间，经利害关系人申请，由法院宣告其为失踪人并设立财产代管人的法律制度。自然人离开自己的住所，长期处于下落不明的状态，从而使以其为一方的民事关系长期处于不稳定状态，产生不利影响。宣告失踪的主要法律意义在于为失踪人设立财产代管人，其目的是结束因自然人下落不明而导致的财产关系的不稳定状态，保护失踪人的财产。

2. 宣告失踪的法律要件

（1）须有自然人下落不明的事实状态且满法定期间。这是宣告自然人失踪的前提条件。包括两方面：①自然人最后离开自己的住所或居所处于下落不明的状态。所谓下落不明也就是没有任何音讯，不知去向所在。②自然人下落不明状态持续达到法定的期间。我国《民法总则》第 40 条规定："自然人下落不明满 2 年的，利害关系人可以向人民法院申请宣告该自然人为失踪人。"关于下落不明期间的起算，依《民法总则》第 41 条的规定，自然人下落不明的时间从其失去音讯之日起计算；战争期间下落不明的，下落不明的时间自战争结束之日或者有关机关确定的下落不明之日起计算。

（2）须有利害关系人的申请。利害关系人的申请是引起失踪宣告程序的条件。没有利害关系人的申请，即使发生了自然人失踪的事实，人民法院也不得进行失踪宣告；只有利害关系人提出申请，人民法院才可以进行失踪宣告。所谓利害关系人，是指失踪自然人的近亲属或监护人以及其他与其有民事权利义务关系的民事主体。申请宣告失踪的利害关系人为自然人的，应当具有完全民事行为能力。根据《民法总则》第42条的规定，失踪人的财产由其配偶、成年子女、父母或者其他愿意担任财产代管人的民事主体代管。有权申请宣告自然人为失踪人的利害关系人的申请资格没有先后顺序，只要是上述范围的近亲属或其他利害关系人都有权申请宣告；其他近亲属或利害关系人不申请或不同意宣告，不影响人民法院对提出申请的受理与宣告。

（3）须由人民法院依特别程序进行宣告。宣告失踪关系到被宣告失踪的自然人的财产关系状态的变化，对其有重大利害关系，因此只能由人民法院作出判决。这是失踪宣告的条件和程序。根据《民事诉讼法》第183条和《民通意见》第28条的规定，宣告失踪案件由被宣告失踪人住所地的基层人民法院管辖；住所地与居住地不一致的，由最后居住地基层人民法院管辖。人民法院依法受理宣告自然人失踪的申请后，依照民事诉讼法规定的特别程序审理，首先应发出寻找失踪人的公告，公告期限为3个月。公告期满，被宣告失踪的人仍无音讯，其失踪事实得以确认的，人民法院作出宣告失踪的判决，被宣告的自然人即为失踪人。

3. 宣告失踪的效力

自然人被宣告失踪，只是对其下落不明即失踪事实的确认，并不影响其主体资格的存在，因而只是引起对失踪人财产的管理和财产义务的履行等法律效果。主要包括两方面：一是为失踪人的财产设定财产代管人；二是失踪人所欠的税款、债务和应付的其他费用，由代管人从失踪人财产中支付。

失踪人的财产由其配偶、成年子女、父母或者其他愿意担任财产代管人的民事主体代管。代管有争议的、没有上述规定的人或者上述规定的人无能力代管的，由人民法院指定的人代管。人民法院指定失踪人的财产代管人，应当根据有利于保护失踪人财产的原则指定。财产代管人一般应在失踪人的配偶、父母、成年子女或者关系密切的其他亲属、朋友中指定。没有上述关系人，或者上述关系人没有能力作为代管人或不宜作为财产代管人的，法院可以指定其他自然人或有关组织为失踪人的财产代管人。无民事行为能力人或限制民事行为能力人失踪的，其监护人为财产代管人。财产代管人可以因为无力履行代管职责而申请变更，也可以因为财产代管人不履行代管职责、侵害失踪人财产权益或者丧失代管能力而由失踪人的利害关系人申请变更。

财产代管人有以下两项职责：①代失踪人管理其财产。管理的内容包括保管、维护、收益以及必要的经营行为和处分行为。在为保管、维护、收益时，财产代管人应当尽到与处理自己事务相同的注意；在为经营处分行为时，应当尽善良管理人的注意义务。[1]财产代管人有权从失踪人的财产中支付失踪人所欠税款及应付的其他费用，包括赡养费、扶养费、抚育费和因代管财产所需的管理费等必要的费用，以及履行失踪人被宣告失踪前签订的合同及其他义务等。代管人为失踪人清偿债务应以失踪人的全部财产为限，代管人管理失踪人财产所支出的费用，可以从失踪人的财产中支付。代管人追索失踪人的债权所取得的财产，应为失踪人所有，由代管人管理。②代为被告或原告。失踪人的财产代管人拒绝支付失踪人所欠的税款、债务和其他费用，债权人提起诉讼的，人民法院应当将代管人列为被告；失踪人的财产代管人向失踪人的债务人要求偿还债务的，可以作为原告提起诉讼。此外，代管人不履行代管职责或者侵害失踪人财产权益的，失踪人的利害关系人可以向人民法院请求财产代管人承担民事责任。

4. 失踪宣告的撤销

失踪宣告是依据自然人失踪的事实对该自然人失踪状态依法作出的确认，如果该自然人重新出现或确知他的下落，即其失踪的事实消除时，在法律上继续认定该自然人为失踪人就失去了事实依据，因此，当失踪自然人重新出现或确知他的下落时，应依法撤销对其失踪宣告。《民法总则》第45条第1款规定："失踪人重新出现，经本人或者利害关系人申请，人民法院应当撤销失踪宣告。"

所谓重新出现，即失踪人重新出现在其住所、居所或工作场所，为人们所看到；所谓确知其下落，是指确定地知道其所在。撤销失踪宣告的程序条件就是由失踪人本人或者利害关系人向人民法院提出撤销失踪宣告的申请。这里所谓利害关系人的范围同于前述申请宣告失踪人的范围，但不一定要由原申请人申请，各个利害关系人都有权申请。人民法院对撤销失踪宣告的申请进行审核，确认了失踪人失踪事实状态的消除后，依法作出撤销失踪宣告的判决。法律对撤销宣告失踪的效力作出规定，即失踪人重新出现，有权要求财产代管人及时移交有关财产并报告财产代管情况。

（二）宣告死亡

1. 宣告死亡的含义

宣告死亡是指自然人下落不明达到法定期间，经利害关系人申请，由法院宣告推定其死亡的法律制度。宣告死亡的制度价值在于维护与长期下落不明的自然人有民事法律关系的主体的利益，其目的在于结束因自然人长期处于下落不明、生死不知状态而导致的以其为一方的民事关系的长期不稳定状态，保护利害关系人的利益。因此，它必然要引起相应的法律效果，这种法律效果类似于自然人生理死亡的法律效果，即自然人民事主体资格的丧失、民事权利能力和民事行为能力终止，其所参加的民事法律关系归于消灭，婚姻关系解除，其财产作为遗产开始继承等。

---

[1] 梁慧星：《民法总论》，法律出版社2001年版，第120页。

宣告死亡是生理死亡的对称，是法律对自然人死亡的一种推定，即依据自然人下落不明已满法定期限的客观事实，推定出该自然人已经死亡的事实，这种推定只是一种可能，也许被宣告死亡的自然人还在某个地方生存着，进行着各种民事活动。

2. 宣告死亡的法律要件

（1）须自然人下落不明满法定期间。一般情况下，自然人下落不明满4年的，或因意外事件下落不明满2年的，利害关系人可以申请宣告其死亡。下落不明的起算时间，从自然人音讯消失的次日起计算；战争期间下落不明的，则应当从战争结束之日起计算。根据《民法总则》第46条第2款的规定，因意外事件下落不明，经有关机关证明该自然人不可能生存的，申请宣告死亡不受2年时间的限制。

（2）须经利害关系人申请。下落不明者的近亲属及其他与之有民事权利义务关系的人可以申请宣告其死亡。《民通意见》第25条第1款规定："申请宣告死亡的利害关系人的顺序是：①配偶；②父母、子女；③兄弟姐妹、祖父母、外祖父母、孙子女、外孙子女；④其他有民事权利义务关系的人。"这种顺序为一种排斥顺序，顺序在先的利害关系人不提出申请时，顺序在后的利害关系人不得提出。设置这种顺序的目的是优先保护配偶、父母和子女的身份利益、伦理利益和情感利益。《民法总则》没有明确利害关系人的申请顺序，自该法施行之日起，前述有关申请人顺序的规定能否继续适用需要深入研究。

有学者指出，死亡宣告制度的立法目的在于保护其利害关系人的利益，而利害关系人在地位上一律平等，不应有先后之分，没有必要设置申请宣告死亡的当事人顺序。[1] 本书编著者认为，宣告死亡的制度价值在于尽快解决因失踪人下落不明导致的民事法律关系不确定的状态，它不仅涉及财产法律关系当事人的利益保护，更主要的是涉及婚姻、亲属等身份关系当事人的利益保护，对于失踪人的配偶、子女和父母的情感，法律不能不予以照顾，而非近亲属的利害关系人的合法权益通过宣告失踪制度也足以保障，因此各利害关系人享有的申请权应加以区分，并列明先后顺序。如果不再适用顺位的要求，则对于利害关系人的范围应该予以限缩解释，仅有财产利益而无身份利益的利害关系人应不再具有申请宣告死亡的资格；在一般意义上，如果配偶、父母或子女尚有人生存的，则兄弟姐妹应不再具有申请宣告死亡的资格。[2]

宣告失踪不是宣告死亡的必经程序，自然人下落不明符合申请宣告死亡的条件时，利害关系人可以不经申请宣告失踪而直接申请宣告死亡。但利害关系人只申请宣告失踪的，法院应当仅进行失踪宣告。同一顺序的利害关系人，有的申请宣告死亡，有的不同意宣告死亡或者申请宣告失踪的，符合宣告死亡条件的，则应当按申请宣告死亡

---

〔1〕 参见尹田："论宣告失踪与宣告死亡"，载《法学研究》2001年第6期。

〔2〕 参见沈德咏主编：《〈中华人民共和国民民法总则〉条文理解与适用（上）》，人民法院出版社2017年版，第383～384页。

处理。

（3）须由人民法院依特别程序宣告。宣告死亡由下落不明人住所地的基层人民法院管辖。根据《民事诉讼法》第 185 条的规定，法院受理宣告死亡申请后，先要发出寻找失踪人的公告，公告期为 1 年；因意外事故下落不明经有关机关证明不可能生存的，公告期为 3 个月。公告期届满，被申请人仍然没有音讯的，法院判决宣告该自然人死亡。

3. 宣告死亡的效力

被宣告死亡的人，人民法院宣告死亡的判决作出之日视为其死亡的日期；因意外事件下落不明宣告死亡的，意外事件发生之日视为其死亡的日期。

宣告死亡原则上发生与自然死亡相同的法律效果，这主要包括被宣告死亡人丧失民事主体资格，其民事权利能力和民事行为能力终止；其原来参加的民事法律关系归于消灭；其婚姻关系自然解除；其个人合法财产变为遗产由其法定继承人继承。

但是，宣告死亡毕竟只是一种法律推定，现实生活中被宣告死亡的人可能还生存于他方。自然人被宣告死亡但是并未死亡的，不影响该自然人在被宣告死亡期间实施的民事法律行为的效力。

案 例

谢某自 2008 年 5 月离开住所地 A 市后下落不明，其妻祖某于 2013 年 1 月向 A 市法院申请死亡宣告，2014 年 2 月法院判决宣告谢某死亡。实际上谢某并未死亡，而是居住在另一省份的 B 市，并与蓝某结了婚。2016 年 3 月，谢某与冯某签订了购房合同，以 88 万元购买冯某的两居室住房，约定一个半月后交付。在此期间，冯某到 A 市出差，得知谢某已被宣告死亡。此时 B 市房价开始大幅度上涨，冯某拒绝交房。谢某遂向 B 市法院起诉，要求冯某履行合同。冯某称，谢某已经被宣告死亡，已无民事权利能力，因而与其签订的买卖合同是无效的。由于谢某迟迟不能解决住房问题，蓝某经常与之吵架，在谢某与冯某打官司期间，蓝某也向法院起诉要求与谢某离婚。

对于谢某与冯某的合同纠纷案，法院经审理认为，谢某是具备完全民事行为能力的自然人，虽然在 A 市被宣告死亡，但其仍然具备从事民事活动的法律资格；该买卖合同是双方自愿订立，并未违反法律的强制性规定，不存在法律规定的无效情形，因此是有效的，双方应当依法履行。在蓝某诉谢某的离婚案中，法院则认定，谢某未解除与祖某的婚姻关系就与蓝某结婚，构成重婚，谢某与蓝某的婚姻无效，故判决解除双方的同居关系。

4. 死亡宣告的撤销

被宣告死亡的人重新出现或者确知其没有死亡时，经本人或者利害关系人申请，人民法院应当判决撤销对他的死亡宣告。有权申请撤销死亡宣告的利害关系人与可以申请死亡宣告的利害关系人范围相同。

撤销死亡宣告具有溯及力，原则上应当回复到死亡宣告前的状态；但法律为了维护第三人的合理信赖利益，对宣告死亡的效果作了一些变通。具体说来，撤销死亡宣告的效力包括：

（1）被宣告死亡人的婚姻关系自撤销死亡宣告之日起自行恢复，但是其配偶再婚或者向婚姻登记机关书面声明不愿意恢复的除外。

（2）被宣告死亡人在被宣告死亡期间，其子女被他人依法收养的，在死亡宣告被撤销后，不得以未经本人同意为由主张收养关系无效。

（3）被撤销死亡宣告的人有权请求依照继承法取得其财产的民事主体返还原财产。无法返还的，应当给予适当补偿。利害关系人隐瞒真实情况，致使他人被宣告死亡而取得其财产的，除应当返还财产外，还应当对由此造成的损失承担赔偿责任。

（三）宣告失踪与宣告死亡的比较

宣告失踪与宣告死亡虽然都要有自然人下落不明达到法定期间的事实，都要由利害关系人提起申请，都须由人民法院依特别程序进行宣告，都能够产生一定的法律效果，但二者仍然存在如下重要区别：

1. 制度设计的目的不同

宣告失踪制度旨在解决失踪人财产处于无人管理的状态以及财产债务的不能及时履行状态，由代管人代管失踪人财产维护失踪人的财产利益，履行其财产义务，维护利害关系人的利益，而并不涉及失踪人的民事主体资格和行为能力，并不从根本上解决自然人长期下落不明、生死不知而引起的民事社会关系不稳定的状态，因而不能从根本上维护利害关系人的利益。而宣告死亡制度则要从根本上解决自然人长期下落不明、生死未知引起的民事社会关系不稳定的状态，以维护利害关系人的利益，它引起被宣告死亡的自然人民事主体资格的丧失。

2. 具体适用条件、程序及其法律效果不同

如下落不明的期限要求不同，宣告死亡的自然人下落不明的期限要比宣告失踪的自然人下落不明的期限长；宣告失踪的公告期为3个月，而宣告死亡的公告期一般为1年；自然人被宣告失踪后，其民事主体资格并未消灭，仅产生为失踪人设置财产代管人的法律效果，自然人被宣告死亡后，其民事主体资格消灭，产生与自然死亡基本相同的法律效果。

在同时设定宣告失踪和宣告死亡制度的国家，这两种制度是并行的，应特别注意自然人下落不明的事实状态符合宣告死亡条件的，申请人可以申请宣告失踪，申请人也可以直接申请宣告死亡，宣告失踪不是宣告死亡的必经程序。

五、个体工商户和农村承包经营户

（一）个体工商户

《民法总则》第54条规定："自然人从事工商业经营，经依法登记，为个体工商户。"个体工商户由自然人个人或其家庭经营，但不是以自然人或者其家庭的名义，而是以工商户的名义从事工商业经营。

个体工商户必须经其住所地工商行政管理机关核准登记，领取营业执照后方告成立。如果其经营内容、经营方式和具体经营人等登记事项发生变更，都应依法办理相应的登记变更手续。个体工商户的经营范围限于法律允许个体经营的工商业；其经营活动应当在工商登记的生产经营范围内，必须遵守国家的法律法规及相关政策的规定，并接受国家管理部门的监督。

个体工商户在核准登记的经营范围内充分享有自主经营权，可以起字号、刻印章，可以在银行开立账户，有权申请商标专用权，有权签订劳动合同及请帮工、带学徒。个体工商户享有合法财产权，包括对以"户"名义所有的合法财产享有占有、使用、收益和处分的权利，以及依据法律和合同享有各种债权；当个体工商户的合法权益受到侵犯时，其可作为独立的诉讼主体请求人民法院予以保护。

个体工商户的经营者对个体工商户在经营中产生的债务承担无限责任。按照《民法总则》第56条的规定，个体工商户的债务，个人经营的，以个人财产承担；家庭经营的，以家庭财产承担；无法区分的，以家庭财产承担。

（二）农村承包经营户

《民法总则》第55条规定："农村集体经济组织的成员，依法取得农村土地承包经营权，从事家庭承包经营的，为农村承包经营户。"农村承包经营户以家庭或个人为基本单位，根据承包合同承包经营集体所有的或者国家所有而由集体使用的土地或者集体的其他财产，以"户"的名义从事生产经营活动。

农村承包经营户的经营者应当是农村集体经济组织的成员，如果转为非农业户口的，则失去承包农村土地的资格。

农村承包经营户依照承包合同的规定从事经营。农村承包合同是农村集体经济组织与农村承包经营户之间为完成某项农业生产任务所签订的确认承包关系的书面协议。农村承包经营户的经营权根据法律和承包合同产生，在合同约定的范围内，承包经营户自主地安排生产经营，并依据合同享有各项权利、承担相应义务。

农村承包经营户承包人对其经营中产生的债务承担无限责任。根据《民法总则》第56条第2款的规定，农村承包经营户的债务，以从事农村土地承包经营的农户财产承担；事实上由农户部分成员经营的，以该部分成员的财产承担。

农村承包经营户在诉讼中具有独立的诉讼主体资格。

引例分析

引例 1：小强平时造成他人的损害应由胡某来承担。根据《民法总则》的有关规定，不满 8 周岁的未成年人是无民事行为能力人，小强今年只有 7 岁，属无民事行为能力人；无民事行为能力人、限制民事行为能力人造成他人损害的，由监护人承担民事责任。胡某作为小强的父亲也就是他的法定监护人，当然应对小强的行为负责，而镜子的损失最后应由胡某和盛某共同承担。《侵权责任法》第 9 条第 2 款规定："教唆、帮助无民事行为能力人、限制民事行为能力人实施侵权行为的，应当承担侵权责任；该无民事行为能力人、限制民事行为能力人的监护人未尽到监护责任的，应当承担相应的责任。"本案中小强砸镜子的行为是由盛某教唆所致，所以盛某才是真正的侵权人，此时小强充当了盛某实施侵权行为的工具。小强一贯淘气爱搞破坏，可见胡某作为监护人对其教育存在严重不足，因此镜子的损失应当由盛某承担主要责任，胡某承担次要责任。

引例 2：根据《民法总则》第 40 条的规定，自然人下落不明满 2 年，利害关系人可以向人民法院申请宣告其为失踪人。非经利害关系人的申请，人民法院不得主动宣告失踪。本案中，虽然赵某已经符合宣告失踪的条件，但其配偶余某只向法院提起离婚诉讼，没有申请宣告失踪，赵某的其他利害关系人也没有申请，因此人民法院不能依职权主动宣告赵某为失踪人。《最高人民法院关于人民法院审理离婚案件如何认定夫妻感情确已破裂的若干具体意见》中提到，夫妻一方下落不明已满 2 年，对方起诉离婚且经过公告查找确无下落的，可以判决准予离婚。赵某离家出走已有 3 年多，完全符合上述规定；而且从余某与赵某间的关系来看，赵某长期不尽夫妻义务，不珍惜夫妻感情，放弃对子女的养育，现在余某提出离婚，显然夫妻感情确已破裂，法院应当判决离婚。

相关法律规范

1.《中华人民共和国民法总则》第 13～56 条。

2.《中华人民共和国民事诉讼法》第 183～190 条。

3.《中华人民共和国合同法》第 9 条。

4.《中华人民共和国婚姻法》第 21、23、25～29、36 条。

5.《中华人民共和国农村土地承包法》。

6.《最高人民法院关于贯彻执行〈中华人民共和国民法通则〉若干问题的意见（试行）》第 1～40 条。

7.《最高人民法院关于适用〈中华人民共和国民事诉讼法〉的解释》第 343～349、351、352 条。

8.《最高人民法院关于贯彻执行〈中华人民共和国继承法〉若干问题的意见》第 2 条。

9.《个体工商户条例》。

思考与练习

一、结合本项目原理，作出正确选择：

1. 依据我国现行法规定，自然人的民事权利能力始于（　　）。

A. 受孕　　　　　　　　　　B. 出生

C. 年满 8 周岁　　　　　　　D. 年满 18 周岁

2. 李某 16 周岁，接受了叔叔遗赠 10 万元，靠此款丰衣足食，李某（　　）。

A. 为完全民事行为能力人　　B. 视为完全民事行为能力人

C. 为限制民事行为能力人　　D. 为无民事行为能力人

3. 孙某将其户口从河源市迁出，欲落户到深圳市。入户手续尚未办理，孙某经朋友劝说，往惠州打工。在惠州打工 10 个月，因出事故受伤，被送往广州某大医院治疗已达 1 年零 4 个月。根据法律规定孙某应以（　　）为住所地。

A. 河源市　　　　　　　　　B. 深圳市

C. 惠州市　　　　　　　　　D. 广州市

4. 小明今年 5 岁，下列关于其监护人的论述中错误的是（　　）。

A. 如果小明的父母离婚了，他们仍然是小明的法定监护人

B. 如果小明的父母离婚并且都不愿担任其监护人，人民法院应指定他们中的一个为小明的监护人

C. 如果小明没有父母，其祖父母担任其监护人是他们的法定义务

D. 如果小明只有叔叔和姑姑，他的叔叔和姑姑可以协议担任他的监护人

5. 依照我国现行法律，判断限制民事行为能力人所从事的行为是否与其年龄、智力、精神健康状况相适应，应依据（　　）进行。

A. 行为与本人生活相关联的程度

B. 本人的智力或精神状况能否理解其行为，并预见其行为后果

C. 行为涉及的财产数额

D. 行为的方式

6. 监护终止的原因主要有（　　）。

A. 被监护人获得完全民事行为能力

B. 监护人或被监护人死亡

C. 监护人丧失民事行为能力

D. 监护人自行辞去监护

7. 甲是一精神病人，离家出走 2 年多，下列人员对是否申请宣告其为失踪人意见不一，其中有权作为申请人的有（　　）。

A. 乙，某盲人按摩院的按摩师，甲尚欠其按摩费 200 元

B. 丙，甲之子，14 岁，很懂事

C．丁，甲之父，80 岁，是甲的监护人

D．戊，甲之叔，30 岁，某机关公务员

8．叶某于 2012 年 2 月 1 日失踪，其妻廖某于 2016 年 7 月 5 日向法院申请宣告叶某死亡。法院发出公告后，没有叶某的任何讯息，遂于 2017 年 8 月 4 日判决宣告叶某死亡。根据法律规定，叶某的死亡日期为（　）。

A．2012 年 2 月 1 日　　　　B．2016 年 7 月 5 日

C．2017 年 7 月 5 日　　　　D．2018 年 8 月 4 日

二、结合本项目原理，分析以下案例：

1．岳某年仅 15 岁就学会了绣花和养蚕，每年通过她的劳动就能取得六七万元收入。她父母双亡，和其舅舅、舅妈在一起生活。舅妈虽然在生活上给予岳某一些照顾，但每年都将岳某的收入控制在自己手里，拿去给自己的儿子盖新房准备结婚。17 岁时岳某觉得自己完全可以独立生活了，因此要求和舅舅、舅妈分开过日子。为了帮助岳某独立生活，村农工商联合公司和岳某单独签订了养蚕承包合同，由村里向她提供蚕种和饲料，年底按蚕茧产量提成付钱。到了产茧的时候，由于这一年蚕茧价格看涨，村里是有多少收多少。一天，岳某的舅妈在趁岳某外出时，将岳某养的蚕茧全以自己的名义卖了，而且将全部收入纳为己有。岳某找到村民委员会，要求村里为自己做主。可是其舅妈对村里的人说："这是我们自己的家事，别人最好少管；岳某现在还不到 18 岁，一个女孩子又没有出嫁，签合同不经我们娘家人同意，能算数吗？我们卖的是自己家的茧，至于是自己的还是外甥女的，能分得那么清吗？"村里人见岳某的舅妈这么厉害，都不愿管这件事。岳某没有办法，只好起诉到人民法院，请求人民法院依法保护自己的合法利益。

岳某有独立签订并履行合同的能力吗？依据法律，人民法院应当如何判决？

思考方向：

（1）了解独立签订并履行合同的能力的含义。订立合同是一种民事法律行为，自然人必须具有完全民事行为能力才能独立实施。

（2）明确我国法律有关自然人民事行为能力的规定，包括《民法总则》和最高人民法院的相关司法解释。

（3）根据相关法律规定和本案的具体事实，判断岳某是否具有完全民事行为能力。

（4）如岳某具有完全民事行为能力，则其具备独立签订并履行合同的能力。确定人民法院判决的大致内容。

2．李甲是某工厂的一名汽车司机，2014 年 5 月突发精神病，经过几年的治疗仍无好转，2017 年 11 月其妻与他离婚，因无人照顾，工厂只得把他送到农村其父李乙处加以照料。2018 年 1 月，李甲自己又跑回到工厂，从此，其父李乙对他未再尽监护责任。工厂看他可怜，于是用他每月的病休工资为他开支吃饭、穿衣的费用。李甲因无人监护，成天癫狂、乱跑。2018 年 2 月 23 日中午，赵丙与几位朋友在农贸市场的一家餐馆

喝酒，此时李甲正在该农贸市场游逛。赵丙与几位朋友喝完酒后走出餐馆时与李甲相遇。赵丙看李甲是个疯子，便与他打闹，并用污物打他取乐。李甲被激怒，随手抄起一把铁铲朝赵丙的面部铲去，造成赵丙右面颊软组织裂伤和右鼻穿透伤。赵丙住院半个月，花去医疗费8300元，因受伤误工扣发工资和奖金3765元。赵丙向李甲所在工厂要求赔偿损失无果，便向当地人民法院起诉，要求李甲承担上述损失。李甲所在工厂辩称其并非李甲的监护人，没有责任赔偿赵丙的损失，而且赵丙受伤是因为其挑逗李甲所致，因此必须自己承担所有后果。

此案应当如何处理？

思考方向：

（1）我国现有法律规定哪些人具有担任精神病人监护人的资格？判断谁是李甲的监护人。

（2）明确监护人的职责，特别是精神病人致人损害时，监护人是否应当承担民事责任。

（3）比较当事人的民事行为能力，确定赵丙的损失如何承担。

3. 孟某与萧某是夫妇，2012年孟某辞职开办了一家小卖部。但孟某开店的想法一直都遭到丈夫萧某的反对，所以双方签订了一份协议，协议约定：孟某开店的一切责任自负，双方的各自收入归个人支配。孟某在经营中的效益时好时坏，但萧某从不过问。孟某开店后仍然与萧某共同起居饮食，她还经常以营业收入为家中购置生活用品，但两人的收入的确各自保管。2014年，孟某由于几次进货失误，造成严重积压，并欠下3万多元的债务。2015年初，债主纷纷前来讨债，孟某将全部货物及自己的存款还债，结果仍欠鲁某1万多元。鲁某因向孟某要不到全部欠款，便向法院起诉，请求以萧某的存款偿还。法院经查实，萧某在银行有5万元的存款。

问题：

（1）该小卖部是以个人财产经营还是以家庭财产经营？

（2）小卖部的债务应当由谁承担？

思考方向：

（1）分析小卖部的法律性质，是否属于个体工商户？

（2）判断该小卖部的财产责任形式，并确定责任主体。

学习情境三　监护人的确定

🔹 情境案例

李某老两口由于多年无儿无女，觉得孤单，就收养了一个女儿李桦。李桦14岁的时候，李某老伴因病去世，只剩下李某与李桦相依为命。不幸的是，一年后李某在车祸中受重伤，医治无效死亡。李某死后，除去房产与衣物外，尚留有存款 15 万元。由于李桦还未成年，在一所卫生学校读书，需要为其确定监护人，但在由何人担任监护人的意见上却有了分歧。因李桦失去养父母，有人就去找其亲生父母。李桦的亲生父母认为他们在农村生活条件不好，让孩子回来还不如让她在城市读书就业。他们同时提出，李桦有一同胞兄长王乐与她在同一城市里生活，是一个体户，见多识广，让他担任监护人对李桦有好处。但李桦的一个舅舅（李桦生母的弟弟）说王乐为人不正直、不老实，如果让其担任监护人，其将会不顾李桦的利益，因此不同意让王乐担任监护人，并表示自己愿意担任李桦的监护人。王乐得知后就与其舅舅争执起来，双方各自都说自己能行，争执到了法院，法院判决由王乐担任李桦的监护人。

王乐作为监护人，一开始时还对李桦很好，但后来就开始动用李桦的钱去做生意，而且还赔了本。李桦的一个姑姑（李桦养父的妹妹）听说后，就找到王乐指责他不为其小妹着想，擅自动用她的钱。王乐却说："我做生意赚钱还不是为了让小妹过好日子？我赚了钱之后，还能少了她的钱吗？"双方争执不下，最后李桦的姑姑起诉到法院，要求撤换王乐，由自己担任监护人。

法院经审理查明，王乐确实动用了李桦的财产并且在生意上严重亏损；李桦的姑姑退休后在家无事可做，日子过得还可以；李桦与其姑姑经常来往，感情很好。

训练目的

通过实训，使学生进一步理解自然人民事行为能力的有关规定，掌握我国监护制度的内容，能够正确判断哪些民事主体具有担任监护人的资格，正确处理监护人的设立及变更等问题。

训练方法

1. 课堂讨论。针对案例，由教师或者学生提出问题，并由学生自主进行探讨、论证，教师进行辅导、点评。

2. 角色模拟。学生分组，每组 6～8 人，分别模拟李桦、王乐、李桦的亲生父母、李桦的舅舅及姑姑、法官，根据案情模拟当事人各自的主张和解决纠纷的过程。

工作任务

1. 分析案例中各个当事人的民事行为能力以及彼此间的法律关系，判断本案中哪些当事人具有担任未成年人监护人的资格。

2. 为案中的未成年人确定合适的监护人。

3. 探讨我国现行监护制度的合理性及其不足。

实训步骤

步骤 1. 根据我国现有法律规定，判断哪些当事人具有担任监护人的资格，他们担任监护人的顺序是否有所不同。

步骤 2. 根据材料提供的情节，分析判断李桦的亲生父母、王乐、李桦的舅舅及其姑姑谁更适合担任李桦的监护人；指出法院先后两次指定监护人的法律依据。

步骤 3. 结合案例，查找其他相关资料，加以综合分析，讨论我国目前关于监护人的制度设计是否足够全面、妥当。

学习情境四　宣告死亡的申请与撤销

情境案例

某市工艺美术厂采购员刘某于 2011 年 3 月 20 日外出联系业务一直未归，至 2016 年仍无音讯。5 年来，刘某的妻子马某和刘父刘母以及工艺美术厂多方寻找均无结果。由于刘某是因公外出下落不明的，工艺美术厂按月将刘某的工资发给马某。2016 年 4 月，工艺美术厂准备申请人民法院宣告刘某死亡，给其亲属一次性抚恤金，从而结束目前这种状态。刘某的父母认为不能直接申请宣告刘某死亡，应该先申请宣告失踪。工艺美术厂认为自己有权申请，即向法院提出申请，但遭法院裁决驳回。同年 5 月，马某未经刘某父母同意直接向人民法院申请宣告刘某死亡，人民法院受理了马某的申请，于 2016 年 6 月 15 日发布公告，公告期满仍无刘某的消息。2017 年 6 月 25 日法院判决宣告刘某死亡，其财产被分给马某和他的父母。马某不久便改嫁他人，但由于彼此缺乏了解、性格不合，3 个月后就离了婚。2017 年 11 月，刘某从外地回到家里。原来刘某出差到外地，受他人怂恿，用公款做起了买卖，不料买卖赔了，公款一文不剩。刘某无脸回家，又怕承担刑事责任，于是在外待了 5 年，其因思家心切，终于回来了。刘某回家后得知一切，首先便提出要与马某恢复夫妻关系，被马某拒绝。刘某诉至法院，要求与马某复婚，并要求取回其所有财产。

训练目的

通过实训，使学生进一步理解宣告失踪与宣告死亡两项制度的意义，掌握其不同的适用条件及程序，能够正确判断两项制度的不同法律效果，正确处理宣告失踪与宣告死亡的有关实务问题。

训练方法

1. 课堂讨论。针对案例，由教师或者学生提出问题，并由学生自主进行探讨、论证，教师进行辅导、点评。

2. 角色模拟。学生分组，每组 5～6 人，分别模拟刘某、马某、工艺美术厂负责人、刘某的父母及法官，根据案情模拟当事人申请宣告死亡和申请撤销死亡宣告及解决其他纠纷的过程。

工作任务

1. 确定本案相关纠纷应当适用的法律程序，判断人民法院对宣告死亡的处理是否正确。

2. 为被宣告死亡人恢复其民事主体资格选择正确的方式和途径。

实训步骤

步骤 1. 明确我国宣告失踪、宣告死亡的法律规定，分析本案当事人马某、刘某父母、工艺美术厂的法律地位，以及他们在申请宣告失踪、宣告死亡中各自享有的权利。

步骤 2. 根据法律规定及本案事实，判断人民法院驳回工艺美术厂申请和受理马某申请两项裁判的合法性。

步骤 3. 明确被宣告死亡人重新出现后对其死亡宣告的正确处理方式，判断刘某的请求是否合乎法律的规定。

步骤 4. 依法对刘某的请求进行处理。

项目二　法　人

引例 1

2011 年 5 月，石某、蔡某拟共同投资设立富辉装饰有限责任公司，并就公司的基本问题达成一致意见，制定了公司章程和组织机构并签订出资协议。协议的主要内容是：石某投资 5 万元，蔡某投资 4 万元；出资各方按投资比例分享利润、分担风险；石某任法定代表人并负责筹备公司具体事宜及办理设立的申请登记手续。随后，石、蔡二人都按协议缴纳了出资并交付给石某，石某即开始筹备公司设立登记的有关事宜，并产生了部分费用。石某一直未向公司登记机关办理登记手续，同年 11 月，蔡某得知公司还未办理相关手续，遂要求退还 4 万元投资款。石某认为，双方签订了协议，缴纳了出资，制定章程，并产生了部分费用，只是形式方面有欠缺，事实上已经具备公司成立的基本条件，双方所订协议是合法有效的，蔡某要求退还投资款，属于违约行为。石某主张双方应继续履行出资协议。

问题：

1. 从上述材料看，富辉装饰有限责任公司是否成立？

2. 蔡某要求退还投资款，是否属于违约行为，本案应如何处理？

引例 2

李某为修建东方太极酒店有限公司（以下简称太极公司），于 2009 年 9 月 14 日、10 月 18 日、10 月 20 日、10 月 21 日，与盛弘建筑设备租赁中心（以下简称盛弘租赁）先后签订了 4 份建筑设备租赁合同，双方就租赁的设备类型、数量、租金价格等内容进行了明确约定。合同签订后，盛弘租赁按照约定，出租给李某钢管 79 216.8 米、十字扣 31 800 套、接扣 5349 套、转扣 1650 套、顶丝 1765 套、蝴蝶卡 10 417 个。太极公司工程完成后，李某陆续返还建设设备给盛弘租赁。截至 2012 年 4 月 10 日，李某尚有钢管 16 373 米、扣件 18 645 套、顶丝 268 套未予归还，租赁费 313 343.4 元也未支付。太极公司成立于 2009 年 10 月 22 日，注册资本 50 万元，公司类型是一人有限责任公司，李某系该公司发起人、股东、法定代表人。2010 年 9 月 20 日该公司申请变更工商登记，并修改股东章程，增加宋某为公司股东。2012 年 4 月 20 日，该公司再次变更工商登记，增资 450 万元，注册资本变更为 500 万元。2011 年 6 月 22 日，盛弘租赁与太极公司就租赁设备遗留问题达成协议，约定太极公司在 1 个月内归还设备并支付剩余租金。后太极公司未履行该协议，认为归还设备及支付租金的义务应该由李某个人承担。李某认为该遗留问题处理协议属于债务承担，债权人盛弘租赁应依据该协议向太极公司主张权利。[1]

问题：

1. 李某以自己名义与盛弘租赁签订的 4 份租赁合同所产生的民事责任应该由谁承担？

2. 盛弘租赁是否享有请求李某或太极公司承担责任的选择权？

基本原理

一、法人的含义

法人是世界各国规范经济秩序以及整个社会秩序的一项重要法律制度，在当今社会经济生活中发挥着重要的作用。

法人是相对于自然人而言的另一类重要民事主体。法人作为一种独立的民事主体，在民事活动中与自然人具有同等的法律地位。我国《民法总则》第 57 条规定，法人是具有民事权利能力和民事行为能力，依法独立享有民事权利和承担民事义务的组织。它被称为法律上"拟制的人"。

---

〔1〕　案例来源：焦作市盛弘建筑设备租赁中心诉李某租赁合同纠纷案，载焦作法院网，http://jzzy. hncourt. gov. cn/public/detail. php? id = 11135.

法人的含义包含了以下三个方面的内容。

1. 法人是一种社会组织

这是法人区别于自然人的最本质的特征。法人作为社会组织体，是为了实现特定的目标而有意识地结合起来的社会群体，它不同于基于自然规律出生的自然人个体；它也不同于其单个自然人成员的意思，法人内部具有完备的机构，代表法人行使表达法人的意思，保障法人实施民事法律行为；法人实施的民事法律行为虽然需要借助于自然人的行为，但不等同该自然人个人的行为；法人的权益也不直接归属于作为其法人成员的自然人个人，而是归属于法人这个社会组织体。作为法人，其必须依法成立，得到法律认可或依法获得批准，才能取得法人资格。不是任何社会组织都能取得法人资格，如公司具备法人资格，而公司的分支机构虽然也是一种组织体，却不具有法人资格。

2. 法人具有民事权利能力和民事行为能力

法人作为与自然人相对应的一类民事主体，依法取得独立的法律地位，具有民事权利能力和民事行为能力，有独立的民事主体资格，无须依附其他组织而独立存在；对外能够以自己的名义参加民事活动，取得各种民事权利，承担各种民事义务。法人的民事权利能力和民事行为能力，从法人成立时产生，至法人终止时消灭。这也是法人的人格独立于其成员或创立人人格的证明。

3. 法人依法独立承担民事责任

法人是能够独立承担民事责任的社会组织，这是法人与非法人组织的根本区别。法人的独立责任是指法人在违反义务时，应当以其所拥有或经营管理的全部财产为限对外承担责任，法人的成员和其他人不承担责任。《民法总则》第 60 条规定，"法人以其全部财产独立承担民事责任"。法人应以其拥有的全部财产，独立地对外承担债务或其他民事责任。除法律另有规定外，法人的成员或创立人个人对法人的债务不承担责任。同样，法人也不对法人的成员或创立人个人的债务承担责任。

二、法人的类型

我国《民法总则》依据法人的经济属性将法人分为营利法人、非营利法人和特别法人。

（一）营利法人

1. 营利法人的含义

营利法人是指以取得利润并分配给股东等出资人为目的而成立的法人。营利法人是市场经济活动中最基本的单位，也是社会生产经营活动中最主要的主体。营利法人从事经营活动，应当遵守商业道德，维护交易安全，接受政府和社会的监督，承担社会责任。

2. 营利法人的类型

营利法人包括有限责任公司、股份有限公司和其他企业法人等。

（1）有限责任公司，是指由 50 个以下股东出资设立，股东以其认缴的出资额为限对公司承担责任，公司以其全部财产对公司的债务承担责任的，在中国境内设立的企业法人。

（2）股份有限公司，是指公司全部资本分为等额股份，股东以其认购的股份为限对公司承担责任，公司以其全部财产对公司债务承担责任的，在中国境内设立的企业法人。根据《公司法》的规定，设立股份有限公司的发起人应当在 2 人以上 200 人以下，其中须有半数以上的发起人在中国境内有住所。

（3）其他企业法人，如全民所有制企业法人、集体所有制企业法人、中外合资经营企业、中外合作经营企业、外资企业、商业银行等。

（二）非营利法人

1. 非营利法人的含义

非营利法人，是指为公益目的或者其他非营利目的而成立，不向出资人、设立人或者会员分配所取得利润的法人。所谓公益目的，是指以公共利益为目的，即以满足不特定多数人的利益为目的，如中华慈善总会、中国红十字会、环境保护会、保护妇女儿童组织、各类基金会等就是非营利的公益法人。其他非营利目的，主要指以互助互益为目的，仅面向成员提供服务，如商会、行业协会、学会、俱乐部等就是互益性法人（又称为共益性法人）。

非营利法人不论是以公益目的还是以其他非营利目的成立，均不得向其出资人、设立人或者会员分配利润。

2. 非营利法人的类型

非营利法人包括事业单位法人、社会团体法人、捐助法人等。

（1）事业单位法人，是指国家为了社会公益目的，由国家机关举办或者其他组织利用国有资产举办的，从事教育、科研、文化、卫生、体育、新闻出版、广播电视、社会福利、统计调查、公用设施管理、物资仓储、监测、勘探、测绘、检验鉴定、法律服务、质量技术监督事务、公证与认证、人才交流、就业服务等活动的具有法人资格的社会组织。

（2）社会团体法人，是指具备法人条件，基于会员共同意愿，为公益目的或者会员共同利益等非营利目的设立的社会团体。社会团体法人一般由参加该社团的成员出资或国家资助成立，并以该出资对外承担责任，它通常只能在其章程所定的范围内进行民事活动。社会团体法人又可进一步分为学术性社会团体法人、行业性社会团体法人、专业性社会团体法人和联合性社会团体法人等。

（3）捐助法人，是指基于民事主体的捐助行为，以捐助财产为基础，为公益目的依法设立的具备法人条件的社会组织。为公益目的而以捐助财产设立的具有法人资格的基金会、社会服务机构、依法设立的具备法人条件的宗教活动场所，都是捐助法人。

基金会法人分为面向公众募捐的公募基金会和不得面向公众募捐的非公募基金会；公募基金会按照募捐的地域范围，可分为全国性公募基金会和地方性公募基金会。社会服务机构一般是利用非国有资产设立的，具有非营利性、社会服务性等特征，包括科技服务、生态环境保护、文化、教育、卫生、福利救助等各类行业，如养老院、福利院、民办学校、民办医院、民办博物馆等。

（三）特别法人

《民法总则》未对特别法人的概念作出立法界定。特别法人应该是除了营利法人和非营利法人之外的，具有特殊性的法人组织。

1. 特别法人的分类

特别法人包括机关法人、农村集体经济组织法人、城镇农村的合作经济组织法人、基层群众性自治组织法人。

（1）机关法人，是指从事国家管理或依法行使国家权力，因行使职权的需要而参与民事活动并享有相应民事权利能力和民事行为能力的国家机关。国家机关在代表国家行使管理职能时，并不是民法上的主体，不以法人身份出现，只有在参与民事活动时才能成为民法意义上的法人，与同其进行民事活动的另一方当事人处于平等的地位。机关法人包括权力机关法人、行政机关法人、审判机关法人、法律监督机关法人、军事机关法人等。

（2）农村集体经济组织法人，是指在一定村或乡镇的社区范围内的农民集体成员，利用土地等农民集体所有的资源要素，通过资金联合与劳动联合的方式进行合作并实现共同发展的经济组织。根据《宪法》和《物权法》规定，农村集体经济组织实行以家庭承包经营为基础、统分结合的双层经营体制。

（3）城镇农村的合作经济组织法人，是指同类产品或产业的生产经营者或生产经营服务的提供者、利用者，在资源联合的基础上，通过互助合作、民主管理共同实现成员利益的互助性经济组织。

（4）基层群众性自治组织法人，是指由我国城市居民和农村村民依照宪法、法律赋予的权利，通过民主选举的方式，实现"自我管理、自我教育、自我服务"的基层自治社会组织。在我国，基层群众性自治组织主要是指城镇的居民委员会和农村的村民委员会。

2. 特别法人的特征

（1）机关法人具有非营利性，不得开展商业性活动。机关法人是基于行政管理等政治性目的而依法设立的，其拥有行政权力，具有特殊地位。我国有多项法律规范禁止国家机关经商、办企业，规定其仅可因履行职责的需要进行一般的民事活动，例如购买办公用品、购买社会服务等。

（2）农村集体经济组织法人具有营利性。农村集体经济组织是村民自治的经济经营组织，拥有以家庭承包经营为主的耕地等资源性资产以及以集体统一经营为主的非资源性资产，并负责这些资产及其收益的经营管理，本质上具有营利属性。但农村集体经济组织具有社区性和封闭性，对内并不以利润最大化而以成员利益最大化为目的，不同于一般营利法人，不能简单适用营利法人的规定。

（3）城镇农村的合作经济组织法人具有营利性和自益性。合作经济组织是企业形态的一种，通过联合所有与民主控制等独特的产权结构和运行方式，为社员提供服务，满足社员共同的经济、社会与文化需求。合作经济组织从事营利活动并向社员分配利润，具有自益性，但盈余的分配并非基于社员股份而是基于其与合作社的交易量或惠顾额而予以确定。

（4）居民委员会、村民委员会具有非营利性及适度自益性。居民委员会、村民委员会由居民（村民）选举产生的成员组成，以居民（村民）一定的居住地为纽带和范围，所从事的工作主要是居民（村民）居住范围内社区的公共事务和公益事业，是具有适度的自益性的非营利性组织。[1]

三、法人的成立

（一）法人的设立

个人或者组织可为特定目的设立法人。法人的设立是指为创办、成立法人组织所进行的一系列准备活动。具备法定条件的依法进行登记，才能成立法人，法人于成立时起才具有独立的民事主体资格。设立是法人成立的前提和准备阶段，是法人成立的必经程序；法人的成立则是法人设立行为的结果。

法人的设立，存在五种设立原则：[2]①自由设立主义，又称放任主义，即国家对于法人的设立完全听凭当事人自由，不加以任何干涉或限制。②特许设立主义，又称立法特许主义，即法人的设立须经特别立法或者获得国家元首许可。③行政许可主义，即法人的设立须经行政机关许可。④准则设立主义，又称登记主义，即法律对于法人的设立预先规定一定的条件，其可遵照该条件设立，无须先经行政机关许可；依照法定条件设立后，仅需向登记机关办理登记即可成立。⑤强制设立主义，即国家实行强制设立法人。我国法人设立以法定主义为一般原则，涵盖了准则主义（登记主义）、许可主义、特许主义[3]等原则。

---

〔1〕 参见张新宝：《〈中华人民共和国民法总则〉释义》，中国人民大学出版社2017年版，第186~187页。
〔2〕 梁慧星：《民法总论》，法律出版社2011年版，第135页。
〔3〕 梁慧星：《民法总论》，法律出版社2011年版，第135页。

（二）法人成立的条件

我国《民法总则》第 58 条规定，法人应当依法成立。法人应当有自己的名称、组织机构、住所、财产或者经费。法人成立的具体条件和程序，依照法律、行政法规的规定。

1. 法人应当依法成立

依法成立是指设立中的社会组织必须依照法律的规定才能成立。依法成立包括两个方面：一是法人组织要合法，即法人的设立目的和宗旨、组织机构、经营范围等必须符合国家法律法规和政策的规定；二是法人成立的程序和条件要合法，只有符合法律规定的条件并经过法定程序登记法人才能成立，非经法律程序不能成为法人。

2. 法人应当有自己的名称

名称是一个组织的标志，是其拥有独立于其成员的人格标志，也是区别于其他法人、组织和自然人的标志。法人的名称是其进行正常的活动，确定其主体地位，享有权利并承担义务的前提。法人的名称必须符合法律的规定，不得损害社会公共利益。法人的名称必须依法经过核准登记，在规定的范围内享有专用权和专有权，其他任何组织非经该法人同意，不得使用该名称，不得以任何方式滥用、冒用该名称。

3. 法人应当有自己的组织机构和住所

法人作为社会组织必须有自己的组织机构，对内管理法人事务，对外代表法人从事民事活动。法人的组织机构应当符合法律的规定。

法人进行业务活动，应当有自己固定的住所。在法律上明确法人的住所，对于法人开展正常业务活动，确定债务履行、登记管辖、诉讼管辖、法律文书送达、涉外民事法律关系准据法等地点，便于国家有关部门对法人的监督和管理等方面，都有重要的意义，是法人承担民事责任的前提条件。法人可能有多个生产经营场所，但住所只能有一个。

4. 法人应当有自己的财产或者经费

法人的财产或者经费，是法人作为民事主体享有民事权利和承担民事义务的物质基础，也是法人独立承担民事责任的财产保障。法人的财产或者经费，是指法人独自享有的，独立于其他社会组织、法人内部成员的财产。法人因其经营性质和范围不同，其财产或经费对于资本数额的要求会有不同。法人的财产或经费须与其设立宗旨、生产经营及服务规模或者活动范围相适应，足以支持其进行相应活动。

5. 法律规定法人应当制定章程的，要有自己的章程

不同类型的法人，其成立的实体要件和程序要件存在差异，例如法人的章程并不是所有法人都需要制定，但相关法律、行政法规规定应当制定章程的，则法人须有自己的章程方告成立。《民法总则》第 79 条、第 91 条、第 93 条分别规定，设立营利法人、社会团体法人、捐助法人应当依法制定法人章程。

（三）法人成立的程序

法人的成立除应当具备以上实质要件外，还须符合法律规定的程序要件。法人的类型不同，其成立的程序要件也不完全一样。

1. 营利法人的成立程序

营利法人具备了法律规定的成立条件，依法向登记机关申请登记，符合法律规定的设立条件的，由登记机关发给营利法人营业执照。营业执照的签发日期为营利法人的成立日期。

有限责任公司、股份有限公司的设立以准则主义为原则，以许可主义为例外。只要符合法定的设立条件，直接向登记机关申请登记核对即告成立；但法律、行政法规规定其必须报经批准的，则应当依法办理审批手续，取得行政许可，才能申请登记设立公司。如以募集方式设立的、公开发行股份的股份有限公司，应当先获得国务院证券监督管理机构批准，再向公司登记机关申请登记，申请登记时必须报送相关核准文件；保险公司、证券公司基金管理公司均需要主管机关前置行政许可，否则不能成立。

其他企业法人原则上采取许可主义，如全民所有制企业、集体所有制企业、中外合资经营企业、中外合作经营企业、外资企业、商业银行等需经主管部门或有关审批机关批准才能申请登记。

2. 非营利法人的成立程序

非营利法人的成立采取特许主义和许可主义相结合的原则。

原则上，所有事业单位法人、社会团体法人都需要依法进行登记，但法律、法规另有规定的除外。具备法人条件的事业单位，经依法登记成立，取得事业单位法人资格；依法不需要办理法人登记的，如中国人民大学、中国社会科学院等，从成立之日起，具有事业单位法人资格。具备法人条件的社会团体，经依法登记成立，取得社会团体法人资格；依法不需要办理法人登记的，如中华全国总工会、中华全国妇女联合会等，从成立之日起，具有社会团体法人资格。

具备法人条件的基金会、社会服务机构须经依法登记成立，取得捐助法人资格。依法设立的宗教活动场所，具备法人条件的，可以申请法人登记，取得捐助法人资格。法律、行政法规对宗教活动场所有规定的，依照其规定。

3. 特别法人的成立程序

根据我国现行法律的有关规定，特别法人中的机关法人依特别立法成立；居民委员会的设立由不设区的市、市辖区的人民政府决定；村民委员会的设立则由乡、民族乡、镇的人民政府提出，经村民会议讨论同意，报县级人民政府批准。农村的合作经济组织法人根据《农民专业合作社法》设立，应当向工商行政管理部门申请登记并取得营业执照方告成立。

（四）法人设立人的责任

法人的设立人是指以设立法人为目的，从事设立法人行为的主体。法人从设立到成立，需要一个过程，在这个过程中，设立人为设立法人必须与他人进行交易，法人设立人的责任指的就是设立人为设立法人从事民事活动而承担的民事责任。

设立人为设立法人从事的民事活动，其法律后果由法人承受；法人未成立的，其法律后果由设立人承受，设立人为二人以上的，享有连带债权，承担连带债务。例如在公司不能成立时，股份有限公司的发起人应对设立行为所产生的债务和费用负连带责任，对认股人已缴纳的股款负有返还股款并加算银行同期存款利息的连带责任。

设立人设立法人应以法人的名义从事民事活动，但有些设立人并未认识到法人与自己是两个不同的民事主体，虽然为设立法人从事民事活动，却以自己的名义进行。相对一方的当事人未必能够了解也没有义务去了解设立人实质上是为谁的利益而从事民事活动。如果法人成立，从保护第三人合理信赖利益角度而言，法律允许对方当事人选择成立后的法人承担相应责任，也可以选择设立人承担相应责任。

★ 法条链接

《最高人民法院关于适用〈中华人民共和国公司法〉若干问题的规定（三）》

第2条　发起人为设立公司以自己名义对外签订合同，合同相对人请求该发起人承担合同责任的，人民法院应予支持。

公司成立后对前款规定的合同予以确认，或者已经实际享有合同权利或者履行合同义务，合同相对人请求公司承担合同责任的，人民法院应予支持。

第3条　发起人以设立中公司名义对外签订合同，公司成立后合同相对人请求公司承担合同责任的，人民法院应予支持。

公司成立后有证据证明发起人利用设立中公司的名义为自己的利益与相对人签订合同，公司以此为由主张不承担合同责任的，人民法院应予支持，但相对人为善意的除外。

第4条　公司因故未成立，债权人请求全体或者部分发起人对设立公司行为所产生的费用和债务承担连带清偿责任的，人民法院应予支持。

部分发起人依照前款规定承担责任后，请求其他发起人分担的，人民法院应当判令其他发起人按照约定的责任承担比例分担责任；没有约定责任承担比例的，按照约定的出资比例分担责任；没有约定出资比例的，按照均等份额分担责任。

因部分发起人的过错导致公司未成立，其他发起人主张其承担设立行为所产生的费用和债务的，人民法院应当根据过错情况，确定过错一方的责任范围。

第5条　发起人因履行公司设立职责造成他人损害，公司成立后受害人请求公司承担侵权赔偿责任的，人民法院应予支持；公司未成立，受害人请求全体发起人承担连带赔偿责任的，人民法院应予支持。

公司或者无过错的发起人承担赔偿责任后，可以向有过错的发起人追偿。

四、法人的民事能力

法人与自然人一样，都是民事主体，都具有民事权利能力和民事行为能力。

（一）法人的民事权利能力

法人民事权利能力，是指法律赋予法人享有民事权利和承担民事义务的资格。

法人的民事权利能力是法人作为民事主体参加民事活动的前提，没有这种民事权利能力，法人就不能参加民事活动。法人作为法律拟制的"人"，其民事权利能力与自然人的民事权利能力一样，都是由法律赋予的，而不是由法人自己决定的。但法人的民事权利能力与自然人的民事权利能力存在着不同之处。

1. 法人的民事权利能力因自身性质而有局限性

法人是社会组织，不具有与自然人一样的自然属性。自然人依其自然属性而享有的生命权、健康权、肖像权、隐私权、继承权等，法人均不享有。而法人享有的特殊性的民事权利能力，如银行法人开展信贷业务的权利，自然人也不享有。当然，法人和自然人一样，享有名称权、名誉权、荣誉权等人身权。

2. 法人的民事权利能力起止时间存在程序性差异

根据《民法总则》第59条的规定，法人的民事权利能力从法人成立时产生，到法人终止时消灭。法人作为一种组织体，其成立和终止必须经过一定的法律程序，法律对这些程序的规定不尽相同，因此不同类型的法人成立和消灭的时间各不相同，其民事权利能力的起止时间也就有所不同。营利法人的民事权利能力，从其营业执照签发或领取之日起产生；无需办理法人登记的事业单位法人和社会团体法人，从批准其成立之日起即具有民事权利能力；其他需要依法办理登记的法人，则从登记之日起获得民事权利能力。对于依法需要办理注销登记的法人，其民事权利能力自注销登记之日起消灭；对于依法不需要办理注销登记的，清算终结时即法人终止，其民事权利能力归于消灭。

3. 法人的民事权利能力内容具有差异性

自然人的民事权利能力是平等的、普遍的和无差异的；而法人的民事权利能力因不同法人的设立目的、经营范围及活动领域有所不同，各自享有的民事权利能力也有所区别，它们只能在其核准登记的经营范围内和法律允许的范围内从事民事活动。

（二）法人的民事行为能力

法人民事行为能力，是指法人以自己的意思独立进行民事活动，行使民事权利和承担民事义务的资格。与法人的民事权利能力一样，法人的民事行为能力也由法律所赋予，它是国家通过法律而赋予社会组织或目的性财产得以独立从事民事活动的资格。法人的民事行为能力，不仅包括法人独立行使民事权利和承担民事义务的资格，而且也包括法人对其违法行为承担民事责任的资格。

法人的民事行为能力与其民事权利能力紧密结合在一起。法人民事权利能力是法人民事行为能力的前提，法人的民事行为能力则是民事权利能力实现的条件，具有民事行为能力才能从事民事活动，实现其权利。

法人的民事行为能力具有以下特点：

1. 法人的民事行为能力与其民事权利能力在存续期间上有一致性

法人是否具有民事行为能力，直接取决于主体是否具有意思能力。法人的意思由法人机关作出，它不受年龄和精神状态的影响，因此，当法人具备相应的成立条件，并经由设立程序取得法人资格后，法人即开始享有民事权利能力，也同时开始具有民事行为能力。当法人注销登记终止时，其权利能力和行为能力随之终止。

2. 法人的民事行为能力与其民事权利能力在范围上具有一致性

法人只能在其民事权利能力范围内活动，即民事行为能力范围受民事权利能力范围的限制。不同法人的民事权利能力范围各不相同，而各法人的民事行为能力范围也不一样；同一法人，其民事权利能力与民事行为能力的范围是一致的。

3. 法人的民事行为能力通过法人的机关或代表实现

法人作为社会组织，其自身并不能直接从事民事活动，其民事行为能力只能通过法人机关或代表予以实现。法人机关和代表以法人的名义所从事的民事活动就是法人的行为，其法律后果由法人承担。

法人应在其民事权利能力和民事行为能力范围内从事民事活动，超出其民事权利能力和民事行为能力范围的行为具有违法性。但为了保护交易安全，我国《合同法》规定，法人超越经营范围订立的合同，在一般情况下，如果合同相对方为善意，则该合同仍然具有法律效力；如果法人超越经营范围所实施的行为属于国家限制经营、特许经营或者法律、行政法规禁止经营的范围，则这种超越经营范围的行为无效。

（三）法人的民事责任能力

法人的民事责任能力是法人民事行为能力中的一种特殊形式，是指法人因违反法律规定的或合同约定的义务而独立承担民事责任的资格。法人的民事责任能力与法人的民事权利能力和行为能力同时产生、同时消灭。法人有无民事责任能力，在传统民法上存在不同的学说。我国民事立法肯定了法人的民事责任能力，《民法总则》第60条规定："法人以其全部财产独立承担民事责任。"法人依靠自己独立支配的财产，能够以自己的名义，独立承担自己在民事活动中所产生的民事责任，而法人的投资者对法人的债务不承担责任。以营利法人为例，有限责任公司的股东以其认缴的出资额为限对公司承担责任；股份有限公司的股东以其认购的股份为限对公司承担责任。

法人承担民事责任须具备如下条件：

1. 必须是法定代表人或者其他工作人员执行职务的行为或以法人名义进行的活动

所谓执行职务的行为，包括职务活动本身要求法人机关、法定代表人或工作人员实施的行为，也包括其不正当执行职务活动的行为。在法律上，法人的机关或法定代表人在其代表权限范围内的行为被视为法人的行为，法人机关或法定代表人实施的行为，其后果当然应由法人承担。法人在经营活动中可以授权其他工作人员以法人名义从事活动，此活动属于法人的代理人的行为，其后果也应由法人承担。

2. 必须是法定代表人或者其他工作人员的职务行为违反合同义务或者法定义务

违反民事义务是民事主体承担民事责任的前提，如果法人的法定代表人或者其他工作人员的职务行为符合民事责任的构成要件，并且不存在民法所规定的免责事由，则法人应当对此承担相应责任。

法人就其法定代表人或其他工作人员的职务行为承担民事责任之后，有权依法追究有过错的法定代表人或其他工作人员的个人责任。

如果法人的法定代表人或其他工作人员实施与其业务活动无关的行为致人损害或者违反其他义务，或者纯粹以个人名义实施的行为违反义务，例如法人的工作人员在工作时间擅自外出参与斗殴致他人伤害、法人的法定代表人拒不返还个人名义的借款等，法人无须为之承担民事责任，相关民事责任由实施相应行为的行为人自己承担。

值得注意的是，法人独立承担其从事民事活动所产生的民事责任存在例外，在特殊情况下，法人的投资人等主体须承担连带责任。依照《民法总则》第83条的规定，营利法人的出资人滥用出资人权利给法人或者其他出资人造成损失的，应当依法承担民事责任；滥用法人独立地位和出资人有限责任，逃避债务，严重损害法人的债权人利益的，应当对法人债务承担连带责任。《公司法》第20条也规定，公司股东滥用公司法人独立地位和股东有限责任，逃避债务，严重损害公司债权人利益的，应当对公司债务承担连带责任。

五、法人机关与法定代表人

（一）法人机关

法人机关，是指根据法律或法人章程的规定，形成法人的意思，并代表法人从事民事活动，实现其民事权利能力和民事行为能力的一定机构或者个人的总称。法人机关是法人组织体的核心组成部分，无独立人格，它是法人实现其民事权利能力与民事行为能力的基础。法人作为一种社会组织，不同于自然人，其自身是无法进行意思表示的。法人的意志只能通过法人的意思机关予以形成、表示和实现，法人机关的意志即为法人的意志，法人机关的行为就是法人的行为。法人机关对外以法人名义从事民事活动时，其法律后果由法人承担。

法人机关按其职能可以具体分为意思机关、执行机关、代表机关和监督机关。

意思机关也称权力机关、决策机关，是形成法人意志的机关。它有权决定法人的生产经营和业务管理等重大问题，但通常不代表法人对外进行民事活动。如公司的权力机关为股东（大）会。

执行机关是执行法人意思机关决定的机关。它对法人的权力机关负责，以实现已形成的法人意志，或经权力机关授权就相关事务作出决断。执行机关的主要负责人是法定代表人，有权代表法人对外进行民事活动。如董事会或执行董事为公司的执行机关。

代表机关是法人的意思表示机关，对外代表法人为意思表示，是法人的对外机关。

监督机关是对法人执行机关的行为进行监督检查的机关，保障法人权力机关决定的重大事项得以实现，它通常不得代表法人对外进行民事活动，如监事会就是公司的监督机关。

不同的法人，法律对其法人机关的规范存在一定的不同。《民法总则》规定：①营利法人应当设权力机构、执行机构、监事会或者监事等监督机构。②事业单位法人应当设决策机构，除法律另有规定外，理事会为其决策机构。③社会团体法人应当设权力机构、执行机构，会员大会或者会员代表大会为其权力机构，理事会为其执行机构。④捐助法人应当设决策机构、执行机构、监督机构，理事会、民主管理组织为其决策机构。

（二）法定代表人

法定代表人是指依法律或法人章程规定代表法人行使民事权利、履行民事义务的主要负责人。法定代表人和法人是一个主体，法定代表人是法人的代表机关，法定代表人的行为就是法人的行为，法定代表人以法人名义从事民事活动，其后果都应当由法人承担。法定代表人具有以下特征：

1. 法人的法定代表人是由法律或法人的组织章程规定的

《民法总则》规定，营利法人的董事长、执行董事或者经理按照法人章程的规定担任法定代表人；事业单位法人的法定代表人依照法律、行政法规或者法人章程的规定产生；社会团体法人应当设理事会等执行机构，理事长或者会长等负责人按照法人章程的规定担任法定代表人；捐助法人的理事长等负责人按照法人章程的规定担任法定代表人。

2. 法人的法定代表人是代表法人行使职权的负责人

法定代表人根据法律或章程的规定代表法人，以法人的名义对外进行民事活动和民事诉讼，无须法人特别授权。法定代表人是法人的代表机关，法定代表人直接代表法人从事民事活动。我国《民事诉讼法》第48条第2款规定，法人由其法定代表人进行诉讼。

法定代表人对外的职务行为即为法人行为，其后果由法人承担。如果法人章程或者法人权力机构对法定代表人的职权设有限制，而法定代表人以法人名义实施法律行为超越了该限制，则该越权法律行为是否有效，取决于该法律行为相对人是否善意。

如果相对人实施该法律行为时不知道也不可能知道法定代表人的行为超越其代表权的限制，则该法定代表人的越权行为有效；反之，相对人知道或者应当知道法定代表人的行为超越了其代表权的限制，则该法定代表人的越权行为无效。

3. 法定代表人是代表法人进行民事活动的自然人

法定代表人只能是自然人，且该自然人只有代表法人从事民事活动和民事诉讼活动时才具有这种身份，并不具有独立的民事主体资格。

因法定代表人的特殊地位，法律对担任法定代表人的自然人予以一定的限制。如《企业法人法定代表人登记管理规定》第4条规定了自然人八种不得担任法定代表人的情形：①无民事行为能力或者限制民事行为能力的；②正在被执行刑罚或者正在被执行刑事强制措施的；③正在被公安机关或者国家安全机关通缉的；④因犯有贪污贿赂罪、侵犯财产罪或者破坏社会主义市场经济秩序罪，被判处刑罚，执行期满未逾5年的；因犯有其他罪，被判处刑罚，执行期满未逾3年的；或者因犯罪被判处剥夺政治权利，执行期满未逾5年的；⑤担任因经营不善破产清算的企业的法定代表人或者董事、经理，并对该企业的破产负有个人责任，自该企业破产清算完结之日起未逾3年的；⑥担任因违法被吊销营业执照的企业的法定代表人，并对该企业违法行为负有个人责任，自该企业被吊销营业执照之日起未逾3年的；⑦个人负债数额较大，到期未清偿的；⑧有法律和国务院规定不得担任法定代表人的其他情形。

法人的法定代表人应当依法进行登记。

案　例

2012年3月，船务公司通过债权转让协议取得对钢铁公司的债权8000万余元，为保证钢铁公司能够按时清偿债务，实业公司作为保证人为钢铁公司提供担保，实业公司的法定代表人蔡某在担保协议上签了字。后钢铁公司无力清偿债务，船务公司要求实业公司承担保证责任代为清偿。实业公司以蔡某擅自提供担保违反公司章程为由，主张担保无效。船务公司诉至法院，法院经审理后认定，根据《合同法》第50条以及《最高人民法院关于适用〈中华人民共和国担保法〉若干问题的解释》第11条的规定，对法定代表人代表公司所签合同，除法定代表人系超越其权限且损害公司利益并为相对方所知道或应当知道的以外，该代表行为有效。本案无证据证明船务公司在签订担保协议时对实业公司的章程内容明知，因此蔡某以法定代表人身份在该协议上签字的行为等同于实业公司的行为，其担保责任应由实业公司予以承担。

六、法人的变更和终止

（一）法人的变更

法人的变更，是指在法人的存续期间内，因法人组织机构、性质、经营范围、财产或名称、住所、法定代表人等登记事项发生的变动。登记是民法的主要制度之一，法人的登记事项对社会公众具有公示作用，法律规定重要事项必须要进行登记，确保商事交易的安全。《民法总则》第66条规定，登记机关应当依法及时公示法人登记的有关信息。

1. 法人变更的类型

（1）法人组织机构的变更。法人组织机构的变更包括法人合并和分立两种情形。

法人的合并，是指两个或两个以上的法人合并为一个法人。法人的合并可以分为新设合并和吸收合并。新设合并，即两个或两个以上的法人合并为一个新法人，原所有法人的人格全部消灭，原有法人的权利义务全部由新法人享有和承担。吸收合并，即一个或多个法人归入到一个现存的法人之中，被合并的法人人格消灭，存续的法人人格依然存在，被合并法人的权利义务由存续的法人享有和承担。

法人的分立，是指由一个法人分为两个或两个以上的法人。法人的分立包括新设分立和派生分立两种。新设分立是指一个法人分成两个或两个以上的法人，原法人人格消灭。派生分立是指原法人继续存续，并分出一部分财产设立新法人，原有法人的财产、债权、债务分别由分立后存续的各个法人享受和承担。

法人组织机构的变更，并不意味着法人的一切债权债务关系归于消灭。《民法总则》第67条规定，法人合并的，其权利和义务由合并后的法人享有和承担。法人分立的，其权利和义务由分立后的法人享有连带债权，承担连带债务，但是债权人和债务人另有约定的除外。

（2）法人组织形态的变更。法人组织形态的变更是指在不消灭法人人格的前提下，法人从一种组织形态转为另一种组织形态的现象。如有限责任公司改为股份有限公司或者股份有限公司改为有限责任公司。法人组织形态的变更往往导致法人的责任形式、权利义务等变化，所以须依法报有关部门审批，获得批准后方得变更。法人组织形态的变更是在原法人的基础上创设新法人，因此须办理法人变更登记，变更后的法人依法享有相应民事权利和承担相应民事义务，同时在法定范围内承受原法人的债权债务。

（3）其他重要事项的变更。其他重要事项，是指法人登记中应登记的事项，如法人的名称、法定代表人、场所、住所、注册资本等。这些变动虽不消灭原法人、产生新法人，但影响了法人的民事权利能力和民事行为能力，也可能影响国家的管理和社会利益，因此法人重要事项的变更必须办理变更登记并进行公告。

2. 法人的变更登记

法人存续期间，发生名称、住所、经营场所、法定代表人、经济性质、经营范围、经营方式、注册资金、经营期限，以及增设或者撤销分支机构等变化时，应当依法向有关登记机关申请办理变更登记。如果变更登记事项依照法律、行政法规或者国务院规定在登记前须经批准的，还应当向法人登记机关提交有关批准文件，符合条件予以变更，同时向社会公告。

法人登记制度，要求法人将重要事项向登记机关登记，以便于其他民事主体可以查阅，可以准确获知法人的重要信息，判断其履约能力以及交易风险，从而达到保护交易安全的效力。法人登记事项具有相应的法律效力，如果法人的实际情况与登记的事项不一致的，不得对抗善意相对人。

（二）法人的终止

法人的终止，也称法人的消灭，是指法人民事主体资格的消灭。法人丧失民事主体资格，不再具有民事权利能力和民事行为能力。

1. 法人终止的原因

《民法总则》第 68 条规定："有下列原因之一并依法完成清算、注销登记的，法人终止：①法人解散；②法人被宣告破产；③法律规定的其他原因。法人终止，法律、行政法规规定须经有关机关批准的，依照其规定。"

（1）法人解散。法人解散，是指已经成立的法人，因法人章程规定或法律规定的事由出现而停止经营活动，开始进行清算，是法人民事主体资格消灭的行为。[1] 法人的解散可以分为自愿解散和强制解散。

自愿解散，也称为任意解散，是基于法人的意思或设立人的意思而解散。通常有如下几种情况：①法人章程规定的存续期间届满或者法人章程规定的其他解散事由出现，如投资者在设立法人时，在章程中规定了经营期限，或者规定了解散事由，当法人经营期限届满或者解散事由出现时，投资者可以根据章程决定解散。②法人的权力机构决议解散，即股东会或者股东大会决定解散；法人章程规定了解散事由但没有出现或者章程没有规定解散事由，法人的股东（大）会不想再继续经营时，也可以决定解散。③因企业法人的合并或分立而解散。

强制解散，是法人非因自愿，而是法人在生产经营活动中违反法律、行政法规，被政府行政主管机关或法院裁判而解散。通常有如下几种情况：①法人依法被吊销营业执照、登记证书，被责令关闭或者被撤销。②法院判决解散，指法院依公司股东请求而判决公司解散；判决解散制度有利于解决公司经营管理出现严重困难，继续存续会使股东利益受到重大损失，且无法通过其他途径解决的公司状态，从而保护股东权利。③法律规定的其他情形。

（2）法人被宣告破产。法人破产，是指法人不能清偿到期债务，并且资产不足以清偿全部债务或者明显缺乏清偿能力的，债务人、债权人等相关主体可以向人民法院提出破产清算申请的法定程序。所谓不能清偿到期债务，是指：①债务的清偿期限已经届满；②债权人已要求清偿；③债务人明显缺乏清偿能力。债务人停止支付到期债务并呈连续状态，如无相反证据，可推定为"不能清偿到期债务"。

（3）法律规定的其他原因。《企业法人登记管理条例》第 22 条规定，企业法人领

---

〔1〕　沈德咏：《〈中华人民共和国民法总则〉条文理解与适用（上）》，人民法院出版社 2017 年版，第 514 页。

取《企业法人营业执照》后，满6个月尚未开展经营活动或者停止经营活动满一年的，视同歇业，登记主管机关应当收缴《企业法人营业执照》《企业法人营业执照》副本，收缴公章，并将注销登记情况告知其开户银行。股份有限公司的股东不足法定人数，也属于导致法人终止的原因。

2. 法人的清算

（1）清算及清算义务人。法人因解散、被宣告破产以及法律规定的其他原因而终止时，依法应当进行清算，了结债权债务关系。无论何种类型法人，无论是因何种原因终止，都必须经过清算。法人的清算，是指法人解散时为了结其债权债务关系、分配其剩余财产，依法成立清算组织，处理法人全部财产，并向法人登记机关申请注销登记，使法人资格归于消灭的行为。《民法总则》第70条第1款规定："法人解散的，除合并或者分立的情形外，清算义务人应当及时组成清算组进行清算。"

清算义务人，是基于其与法人之间存在的特定法律关系而在法人解散时对法人负有依法组织清算义务，并在法人未及时清算给相关权利人造成损害时，依法应当承担民事责任的民事主体。[1] 清算义务人依据法律规定或法人章程规定产生。《民法总则》第70条第2款规定："法人的董事、理事等执行机构或者决策机构的成员为清算义务人。法律、行政法规另有规定的，依照其规定。"

清算义务人的义务是组成清算组进行清算，清算义务人也可直接担任清算人。清算义务人未及时履行清算义务，造成损害的，应当承担民事责任。主管机关或者利害关系人可以申请人民法院指定有关人员组成清算组进行清算。

（2）清算组。清算组亦称清算人，是指以清算法人债权债务为目的而设立的执行清算事务的机构，是根据法律规定或者清算主体选任或者是法院指定具体负责清算工作的主体。清算期间法人存续，但是其不得从事与清算无关的活动。清算组在清算期间取得清算法人的执行机关和代表机关的地位，主要负责执行清算事务，对内执行清算事务，对外代表清算法人为意思表示。我国《民法总则》和《公司法》对此都作了明确的规定。

清算组的产生，因法人终止的不同原因而有所不同：①由法律规定的人选组成清算组。在任意解散时，清算组成员依照规定担任或选任；如有限责任公司清算组由股东组成，股份有限公司的清算组由董事或者股东大会确定的人员组成。②由主管部门组织有关机关和有关人员组成清算组。法人在依法被撤销时，清算组成员应由作出撤销决定的主管机关选任，如事业单位应当在审批机关指导下成立清算组织。机关法人被撤销的，法人终止，其民事权利和义务由继任的机关法人享有和承担；没有继任的机关法人的，由作出撤销决定的机关法人享有和承担。③由人民法院指定的人选组成清算组。当法人被宣告破产时，人民法院组织有关机关和有关人员成立清算组织；如

---

〔1〕 沈德咏：《〈中华人民共和国民法总则〉条文理解与适用(上)》，人民法院出版社2017年版，第525页。

果终止的法人逾期不成立清算组进行清算，债权人可以申请人民法院指定有关人员组成清算组进行清算，人民法院应当受理该申请，并及时组织清算组。

清算组的职责包括对终止法人的财产进行保管、清理债权债务、处理剩余财产、参与民事诉讼活动等。依据《民法总则》第71条规定，"法人的清算程序和清算组职权，依照有关法律的规定；没有规定的，参照适用公司法的有关规定"。

法人清算后的剩余财产，根据法人章程的规定或者法人权力机构的决议处理。法律另有规定的，依照其规定。如非营利法人解散或终止后，其剩余资产的分配有所不同，为公益目的设立的非营利法人不得向出资人、设立人或者会员分配剩余财产；为其他目的设立的非营利法人可以分配剩余财产。剩余财产应当按照法人章程的规定或者权力机构的决议用于公益目的；无法按照法人章程的规定或者权力机构的决议处理的，由主管机关主持转给宗旨相同或者相近的法人，并向社会公告。

3. 注销登记

清算组织于清算结束后，应按有关规定向有关部门或人员报告清算情况，并向登记机关注销登记并公告。所谓注销登记，是指登记主管机关根据法人的申请，对符合终止条件的法人，依法定程序消灭其法人资格的活动。法人办理注销登记，应当提交法定代表人签署的申请注销登记报告、主管部门或者审批机关的批准文件、清理债务完结的证明或者清算组织负责清理债权债务的文件；经登记主管机关核准后，收缴《企业法人营业执照》《企业法人营业执照》副本，收缴公章，并将注销登记情况告知其开户银行。公司清算结束后，清算组应当制作清算报告，报股东会、股东大会或者人民法院确认，并报送公司登记机关，申请注销公司登记，公告公司终止。对于宣告破产的法人，管理人应当自破产程序终结之日起10日内，持人民法院终结破产程序的裁定，向破产人的原登记机关办理注销登记。事业单位法人办理注销登记的，应当提交撤销或者解散该事业单位的文件和清算报告，由登记管理机关收缴《事业单位法人证书》和印章并予以公告。

清算结束并完成法人注销登记时，法人终止；依法不需要办理法人登记的，清算结束时，法人终止。法人的民事权利能力和民事行为能力也随之归于消灭了。

但是机关法人被撤销的，法人终止，其民事权利和义务由继任的机关法人享有和承担；没有继任的机关法人的，由作出撤销决定的机关法人享有和承担。

案　例

黄某与吴某系好朋友，他们于2013年共同出资设立了某销售有限公司，注册资本200万元，其中黄某出资90万元，拥有公司45%的股份，吴某出资110万元，拥有公司55%的股份，吴某为公司的法定代表人，黄某为公司监事。起初公司盈利颇丰，但是好景不长，随着时间的推移，二人为公司的经营管理和各自的权益逐渐发生纠纷，直接导致公司于2014年停止经营，黄某提出解散公司，吴某不同意。2015年初，黄某将吴某及公司告上法庭，请求法院判决公司解散并进行清算。法院认为，黄某与吴某为公司的经营管理和各自的权益发生纠纷，直接导致公司停止经营，说明公司已经发生了《公司法》第182条规定的解散事由，而黄某作为占有公司股权45%的股东，符合"持有公司全部股东表决权10%以上的股东可以请求人民法院解散公司"的规定，因此判决支持黄某解散公司的请求。

七、法人的分支机构

（一）法人分支机构的设立

法人的分支机构，是法人的重要组成部分，是以法人财产为基础，在一定区域内设立的开展相对独立活动的业务活动机构。

法人的分支机构不同于法人的机关。法人机关对内形成法人意思、对外代表法人开展民事活动；而法人分支机构只是具有一定独立性的机构，其在参与民事活动时须有法人的授权，才能形成自己的独立意思，而且不得对外代表法人。其主要法律特征如下：

1. 必须依法设立

法人根据业务需要，可以设立分支机构。法人设立分支机构，应当符合法律的规定。《民法总则》第74条第1款规定，法人可以依法设立分支机构。法律、行政法规规定分支机构应当登记的，依照其规定。营利法人的分支机构，还需要领取营业执照。如《公司法》第14条第1款规定，公司可以设立分公司。设立分公司，应当向公司登记机关申请登记，领取营业执照。再如《企业法人登记管理条例》第34条第1款规定，企业法人设立不能独立承担民事责任的分支机构，由该企业法人申请登记，经登记主管机关核准，领取《营业执照》，在核准登记的经营范围内从事经营活动。

2. 有自己的名称和组织机构，有必要的财产和经费

法人分支机构的名称必须标明其与所属法人的隶属关系，其机构由所属法人设置，应当拥有与其经营或活动范围相适应的财产或者经费，以保证其正常运作。

3. 不具有法人资格

法人分支机构是以法人财产设立的、在内部具有相对独立性的组织，它只能为实现其所属法人的宗旨在其所属法人业务范围内进行活动。分支机构虽然有一定的财产或经费，但该财产或经费并不属于其所有，而是其所属法人财产的组成部分。分支机构对外从事民事活动的法律后果，最终由其所属法人承担。

（二）法人分支机构的民事能力

法人分支机构虽然有自己的名称、自己的组织机构、自己的财产或者经费，可以从事经营活动，具有一定的独立性，但不具有法人资格，不能独立承担民事责任。

但法人分支机构依法设立并领取了营业执照，可以在法人授权的范围内以自己的名义参加民事活动，可以刻制公章、开立银行账户，在核准的经营范围内从事生产经营活动。

依法设立、领取了营业执照的法人分支机构具有独立的诉讼主体资格，可以作为当事人参加诉讼。根据《民事诉讼法》第48条规定，其他组织可以作为民事诉讼的当事人，其他组织是指合法成立、有一定的组织机构和财产，但又不具备法人资格的组织。

法人分支机构没有独立的财产，也就没有独立承担民事责任的物质基础，因此其没有独立的民事责任能力。法人分支机构在以自己名义进行的民事活动中产生的债务，由设立它的法人承担；分支机构以自己名义参加的诉讼结果也由其所属的法人承受。《民法总则》第74条第2款规定："分支机构以自己的名义从事民事活动，产生的民事责任由法人承担；也可以先以该分支机构管理的财产承担，不足以承担的，由法人承担。"

引例分析

引例1：本案涉及法人的成立问题。富辉装饰有限责任公司没有成立，只是处于设立之中。公司的设立是指股东为使公司成立、取得公司法人资格而依据法定程序进行的一系列法律行为的总称。包括公司发起、筹建到成立的整个过程。富辉装饰有限责任公司虽然已经具备了法人设立的条件，符合《民法总则》第58条第2款规定的"法人应当有自己的名称、组织机构、住所、财产或者经费"和《公司法》第23条规定的"设立有限责任公司，应当具备下列条件：①股东符合法定人数；②有符合公司章程规定的全体股东认缴的出资额；③股东共同制定公司章程；④有公司名称，建立符合有限责任公司要求的组织机构；⑤有公司住所"等设立公司的实质性条件，但未依法程序办理申请设立登记，公司没有成立。按《民法总则》第58条第2款规定的"法人成立的具体条件和程序，依照法律、行政法规的规定"和《公司法》第6条规定的"设立公司，应当依法向公司登记机关申请设立登记。符合本法规定的设立条件的，由公司登记机关分别登记为有限责任公司或者股份有限公司；不符合本法规定的设立条件的，不得登记为有限责任公司或者股份有限公司"。按照协议石某任法定代表人并负责筹备公司具体事宜及办理设立的申请登记手续，现因石某未履行办理设立的申请登记手续，导致公司一直未成立，蔡某要求退还投资款，不属于违约。依据《民法总则》第75条第1款规定，"法人未成立的，其法律后果由设立人承受，设立人为二人以上的，享有连带债权，承担连带债务"。所以公司在设立中产生的部分费用应由石某、蔡某共同对外承担。如果石某主张双方应继续履行协议，则依法办理设立的申请登记手续，使公司依法成立。

引例2：太极公司于2009年10月22日成立，在成立之前尚不具备独立民事主体资格，李某与盛弘租赁的 4 份租赁合同均在太极公司成立前签订，此时李某为设立太极公司以自己名义与盛弘租赁签订合同，不是法定代表人行为，而是公司发起人的责任问题。2011 年 6 月 22 日太极公司与盛弘租赁签订遗留问题解决协议，属太极公司对相关债务的认可，其自愿承担相关义务并不违反法律规定，但这与公司设立阶段的发起人责任没有直接的关联性，并不能免除作为合同相对人李某的民事责任。根据《最高人民法院关于适用〈中华人民共和国公司法〉若干问题的规定（三）》第 2、3 条之规定，盛弘租赁享有请求太极公司的发起人李某和太极公司承担责任的选择权，盛弘租赁作为合同债权人可以直接要求李某承担相应的民事责任，也可以要求太极公司承担相应责任，履行双方业已签订的协议。

相关法律规范

1. 《中华人民共和国民法总则》第 57～101 条。
2. 《中华人民共和国公司法》。
3. 《中华人民共和国全民所有制工业企业法》。
4. 《中华人民共和国商业银行法》。
5. 《中华人民共和国中外合资经营企业法》。
6. 《中华人民共和国中外合作经营企业法》。
7. 《中华人民共和国外资企业法》。
8. 《中华人民共和国企业破产法》。
9. 《中华人民共和国城市居民委员会组织法》。
10. 《中华人民共和国村民委员会组织法》。
11. 《中华人民共和国农民专业合作社法》。
12. 《中华人民共和国城镇集体所有制企业条例》。
13. 《中华人民共和国乡村集体所有制企业条例》。
14. 《中华人民共和国公司登记管理条例》。
15. 《中华人民共和国企业法人登记管理条例》。
16. 《事业单位登记管理暂行条例》。
17. 《社会团体登记管理条例》。
18. 《基金会管理条例》。
19. 《企业法人法定代表人登记管理规定》。

思考与练习

一、结合本项目原理，作出正确选择：

1. 《民法总则》规定，依法设立的宗教活动场所，具备法人条件的，可以申请法人登记，取得（　　）资格。

A. 特别法人　　　　　　　　B. 事业单位法人

C. 捐助法人　　　　　　　　D. 社会团体法人

2. 《民法总则》明确规定，法人是具有民事权利能力和（　　），依法独立享有民事权利和承担民事义务的组织。

A. 民事行为能力　　　　　　B. 民事法律能力

C. 民事责任能力　　　　　　D. 人格尊严

3. 根据《民法总则》的规定，法人解散的，除合并或者分立的情形外，（　　）应当及时组成清算组进行清算。

A. 登记机关　　　　　　　　B. 利害关系人

C. 主管单位　　　　　　　　D. 清算义务人

4. 《民法总则》规定，股东滥用出资人权利给法人或者其他出资人造成损失的，应当依法（　　）。

A. 承担刑事责任　　　　　　B. 承担民事责任

C. 没收出资财产　　　　　　D. 承担行政责任

5. 《民法总则》规定，依法设立的有限责任公司为（　　）。

A. 营利法人　　　　　　　　B. 社会团体法人

C. 事业单位法人　　　　　　D. 其他企业法人

6. 下列不具有法人资格的是（　　）。

A. 上海市人民政府　　　　　B. 腾讯控股有限公司

C. 工商银行湖南省分行　　　D. 中山大学

7. 法定代表人变更以后，原订立的合同（　　）。

A. 一律无效　　　　　　　　B. 应继续履行

C. 经追认后有效　　　　　　D. 部分有效

8. 法人设立登记具有（　　）。

A. 生效效力　　　　　　　　B. 对抗效力

C. 生效效力或对抗效力　　　D. 生效效力和对抗效力

9. 甲企业系国有企业，经营不善，其上级主管部门市工业局决定撤销该企业，并成立了清算小组，清算时发现乙公司尚欠甲企业货款20万元，如起诉要求乙公司偿还货款，应以谁为原告？（　　）

A. 甲企业　　　　　　　　　B. 市工业局

C. 清算组　　　　　　　　　D. 市国有资产管理局

10. 下列机构为法人机关的是（　　）。

A. 某公司的销售科　　　　　B. 全民所有制企业的厂长

C. 某公司的董事会　　　　　D. 某企业的工会

11. 法人有（　　）情形的，应及时向登记机关申请变更登记并公告。

A. 分立   B. 合并

C. 增加注册资本   D. 减少注册资本

12. 下列法人中，属于中国法人的有（　　）。

A. 中国国有企业在国外设立的公司

B. 在中国境内设立的中外合资企业

C. 在中国境内设立的中外合作企业

D. 外商在中国境内设立的独资公司

E. 依中国法律成立的其他企业法人

二、结合本项目原理，回答下列问题：

1. 举例说明法人的民事权利能力、民事行为能力及民事责任能力的关系。

2. 简要说明法人变更的形式及其变更后的民事责任承担。

3. 试述法人的终止及清算。

三、结合本项目原理，分析以下案例：

1. 张某、李某、王某协商准备成立富丽有限责任公司，主要从事家具的生产，公司办公地点为广州市某区一大厦，三人约定：张某为公司提供厂房和设备，经评估作价25万元；李某以20万元现金作为出资，王某以商标权出资，作价15万元。三人共同起草了公司章程，章程内容包括：①公司的名称和住所；②公司经营范围；③公司的注册资本；④股东的权利与义务；⑤股东的出资方式与出资额；⑥公司的机构及其产生办法、职权、议事规则；⑦公司法定代表人；⑧公司的解散与清算办法。张某、李某、王某均在公司章程上签名、盖章，然后向公司登记机关申请设立登记。

富丽有限责任公司是否取得了法人资格？

思考方向：

（1）明确法人的成立条件，了解设立有限责任公司的有关规定。

（2）张某、李某、王某为成立公司实施了哪些行为？分析这些行为与公司能否成立的关系。

（3）明确成立公司的法定程序，判断本案是否符合相关程序要求。

（4）确认富丽有限责任公司是否取得了法人资格。

2. 甲县建材厂与乙市建筑工程队订立了供应瓷砖4000件的购销合同，货款总额9万余元。双方约定，瓷砖须在第三季度末前交货，建筑工程队于收货后15日内付清货款。8月底，建材厂就备好供货。9月初，建筑工程队分五次拉完了全部瓷砖，每次提货都打了欠条。半个月后，建筑工程队付给建材厂货款4万元，尚欠5万余元。建筑工程队购买了这么多瓷砖，并非用于建筑施工，而是看到市场上瓷砖紧俏，想转手倒卖，从中渔利；没想到瓷砖刚售出一半，行情就发生了巨变，瓷砖过剩。建筑工程队即以瓷砖质量不合格为由要求退货。建材厂答复说这种瓷砖并无国家标准，就行业标准而言，本厂的产品质量还属于较好的，故不同意退货，并要求建筑工程队依合同支付其余5万元货款。建筑工程队继续拖欠货款，建材厂无奈，只好诉至法院。法院在审理中查明，乙市建筑工程队虽然领用《企业法人营业执照》，但它的经营范围是建筑施工，不能经销瓷砖。

本案当事人之间的购销合同是否有效？法院应如何处理？

思考方向：

（1）我国法律对于法人的民事行为能力和经营范围有哪些规定？

（2）如何判断企业法人超越经营范围的行为？

（3）了解合同有效与否的法律标准。

（4）判断本案中的购销合同的效力，据此提出处理方案。

3. 2012年6月，某股份有限公司因为市场行情发生重大变化，导致运营难以继续。为避免公司更大的损失，公司于6月10日召开了股东大会，经出席会议的股东所持表决权的70%通过了公司解散的决议，但是迟至7月1日公司仍然未组成清算组对公司的财产以及债权债务进行清算。7月21日，该公司才由董事会通知了债权人甲和乙，考虑到公司无法通知有些债权人，该公司还拟进行多次公告，但是由于公告费太高，该公司在8月10日前只在报纸上进行了一次公告，告知债权人及时行使权利。8月10日该公司开始清算。

某股份有限公司解散公司的程序是否合法？

思考方向：

（1）明确有关公司解散的法律规定，特别注意解散程序。

（2）分析该公司是否具备解散的条件。

（3）判断该公司解散程序是否存在违反法律规定的问题。

学习情境五　法人民事能力的确认

情境案例

2014年1月，童某、陈某和姜某三人共同在某市设立了一家儿童制衣有限公司（下称制衣公司），公司注册资本为60万元。章程中载明三人的出资分别是20万元、15万元和25万元，但实际上三方的出资都没有缴足，总共只有价值20万元的生产设备和5万元的流动资金，公司的注册是陈某通过欺骗手段获得出资证明办理的。公司成立后，一直运营正常，也与其他企业签订了大量的合同，其中多数合同已经履行完毕；但是由于经营不善，公司一直都没有真正盈利。2015年5月，制衣公司因对市场估计失策，导致严重亏损，童某、陈某和姜某决定解散公司。该市布料厂得知消息后前来追讨被欠的50万元布料款。童某等三人声称公司破产，无法偿还债务。布料厂认为他们是有意逃避债务，遂将该公司的一辆价值8万元的小型货车开走。姜某的一位朋友在某省服装公司工作，知道姜某公司的状况，提出由其所在公司收购制衣公司。童某、陈某、姜某商量后同意，两个月后该制衣公司被服装公司兼并，成为其分公司。制衣公司起死回生，布料厂又向其追讨布料款，姜某等人以制衣公司已经不存在为由，拒绝还款。布料厂要求服装公司偿还该项欠款，服装公司则认为该债务属原制衣公司，与公司业务没有任何关系，也拒绝承担责任。布料厂于是向法院起诉。

训练目的

通过实训，使学生进一步理解法人的性质，掌握关于法人成立、变更、终止的法律规定，能够正确判断法人是否成立，能够正确处理法人债务的清偿问题。

训练方法

1. 课堂讨论。针对案例由教师或者学生提出问题，并由学生自主进行探讨、论证，教师进行辅导、点评。

2. 角色模拟。学生分组，每组5~8人，分别模拟童某、陈某、姜某和布料厂、制衣公司，根据案情模拟当事人各自的主张和解决纠纷的过程。

工作任务

1. 掌握法人成立的条件及程序上的要求，知晓法人解散或破产的原因。

2. 明确法人享有财产权利和承担民事责任的具体要求。

3. 把握处理法人债权债务的方式方法，以及如何通过诉讼途径解决法人的债务纠纷。

实训步骤

步骤1. 判断儿童制衣有限公司是否具有法人资格。根据材料提供的情节，判断童某、陈某和姜某在设立公司过程中是否有违法行为，确认其行为对公司成立与否存在何种影响，了解我国现行法律对此的规定。

步骤2. 分析童某等人拒绝还款和布料厂开走其货车两种行为的性质。法人解散或者破产应当具备相应条件、履行相应手续，童某等三人以此为由拒绝清偿欠款是否具有法律依据？布料厂能否因此开走制衣公司的货车？

步骤3. 分析制衣公司、服装公司、布料厂三者之间的关系。根据法人合并的有关规定判断，制衣公司的债权债务在其被服装公司兼并之后产生什么变化，服装公司与布料厂之间是否因此形成某些民事法律关系。

步骤4. 明确布料厂的起诉对象。了解我国《民事诉讼法》关于当事人资格条件的规定，判断哪一民事主体是适格的被告。

步骤5. 确认原制衣公司财产权利的主张者和债务的承担者。

项目三　非法人组织

引例 1

马某、文某、万某三人各自出资 5 万元、4 万元、3 万元合伙开办一家小食品加工厂，其中万某为有限合伙人，不参与合伙事务的经营活动。2 年后，张某要求加入食品加工厂，投资 1 万元，马某、文某、万某全体同意，并重新订立了合伙协议。6 年后，因经营管理不善，负债 15 万元，万某遂提出退伙，要求取回其投资的 2 万元，另外 1 万元交给马某、文某、张某用于偿还债务。此时加工厂的全部财产只有 10 万元。马某、文某、张某认为 15 万元债务应当按 5∶4∶3∶1 的比例分担，即万某应承担 34 615 元债务，不仅不能拿回已经投资的 3 万元，还要支付 4615 元给他们。

问题：

1. 张某能否成为食品加工厂的合伙人？
2. 万某能否退出食品加工厂？
3. 马某、文某、万某、张某如何承担责任？食品加工厂的 15 万元债务如何清偿？

引例 2

2013 年 3 月，安达皮革有限公司深圳分公司经理刘某持分公司营业执照和合同文本与花田百货公司签订了一份买卖合同，由该分公司提供皮箱 1000 个，每个 800 元，总金额为 80 万元。合同签订后，花田公司立即按合同约定支付了定金 8 万元。一个星期后，安达公司深圳分公司按合同规定的期限交货，但经花田公司检验，皮箱的质量不符合合同约定，花田公司当即提出质量异议，且要求双倍返还定金并支付违约金。安达公司深圳分公司则坚持要求花田公司按合同要求如期付款，双方发生纠纷。花田公司以安达公司和其深圳分公司为被告诉至法院。安达认为，该深圳分公司长年在深圳经营，平时的经济效益都留在分公司，只上交约定的承包金额；按其公司章程规定，下属分公司经理的委任需经董事会决定、董事长签字，而深圳分公司经理刘某却是本公司总经理王某未经董事会决定，擅自以公司的名义委任的，因而拒绝承担责任。

问题：

1. 安达皮革有限公司深圳分公司是什么性质的组织？
2. 安达皮革有限公司应否承担民事责任？

基本原理

一、非法人组织概述

非法人组织作为一种组织形式，广泛存在于大陆法系和英美法系，但其具体称谓则不尽相同。如德国民法称之为"无权利能力的社团"，日本民法称之为"非法人的社团或财团"，英美法系则称之为"非法人社团"或"非法人团体"。在我国，一般称为"非法人组织"或者"其他组织"。尽管其称谓不尽相同，但其基本含义相似，都是指介于自然人和法人之间的社会组织。

（一）非法人组织的含义

非法人组织，是指不具有法人资格但能以自己的名义进行民事活动，依法享有民事权利和承担民事义务的社会组织。其特征表现为较为稳定的社会组织体，具有相应的民事权利能力和民事行为能力但又不具备法人资格，在责任能力方面也不同于法人。

我国法律中普遍存在"其他组织"的用语，如《合同法》第2条第1款规定："本法所称合同是平等主体的自然人、法人、其他组织之间设立、变更、终止民事权利义务关系的协议。"《行政诉讼法》第2条第1款规定："公民、法人或其他组织认为行政机关和行政机关工作人员的行政行为侵犯其合法权益，有权依照本法向人民法院提起诉讼。"《民事诉讼法》第3条规定："人民法院受理公民之间、法人之间、其他组织之间以及他们相互之间因财产关系和人身关系提起的民事诉讼，适用本法的规定。"该法第48条第1款规定："公民、法人和其他组织可以作为民事诉讼的当事人。"根据《最高人民法院关于适用〈中华人民共和国民事诉讼法〉的解释》第52条的规定，其他组织是指合法成立、有一定的组织机构和财产，但又不具备法人资格的组织，包括：①依法登记领取营业执照的个人独资企业；②依法登记领取营业执照的合伙企业；③依法登记领取我国营业执照的中外合作经营企业、外资企业；④依法成立的社会团体的分支机构、代表机构；⑤依法设立并领取营业执照的法人的分支机构；⑥依法设立并领取营业执照的商业银行、政策性银行和非银行金融机构的分支机构；⑦经依法登记领取营业执照的乡镇企业、街道企业；⑧其他符合本条规定条件的组织。

上述法律中的"其他组织"基本上就是指非法人组织。为了明确非法人组织作为民事活动主体的法律地位，《民法总则》第102条规定，"非法人组织是不具有法人资格，但是能够依法以自己的名义从事民事活动的组织。非法人组织包括个人独资企业、合伙企业、不具有法人资格的专业服务机构等"。

（二）非法人组织的特征

1. 依法设立

非法人组织必须依法设立，设立时既要符合实体法的规定，又要在程序上履行法定的核准登记手续，经有关机关核准登记并领取营业执照或社会团体登记证。这是非法人组织的合法性要件。它既区别于非法成立的组织，也区别于依法人的内部规章成立的内部职能部门，如组成法人的车间、班组或科室。《民法总则》第 103 条规定："非法人组织应当依照法律的规定登记。设立非法人组织，法律、行政法规规定须经有关机关批准的，依照其规定。"

2. 具有稳定性、组织性，以自己的名义从事民事活动

这是非法人组织和法人的相同之处。非法人组织是人和资产的集合而成的组织体，为了一定目的而长期存在；其有相应的组织机构或代表人，能够形成独立于成员的组织体的意思；其能够以自己的名义开展民事活动，享有并行使民事权利，承担民事义务。

3. 有一定的财产或经费，有自己的场所

非法人组织以自己的名义对外从事民事活动，必须要拥有与其经营活动和经营规模相适应的财产或经费以及场所，作为其参与民事活动，享有民事权利、承担民事义务的物质基础和财产保障。但是，非法人组织的财产或经费与法人的财产或经费有严格的区别，非法人组织对其财产不享有独立的所有权或独立的经营管理权，这些财产或经费仍属于创设人所有，非法人组织只能相对独立地占有、使用或处分该财产或经费。

4. 不具有独立承担民事责任的能力

非法人组织不具有法人资格，其与法人的最大区别在于：非法人组织不能独立承担民事责任，非法人组织的民事责任最终是由设立人或出资人承担无限责任。《民法总则》第 104 条规定："非法人组织的财产不足以清偿债务的，其出资人或者设立人承担无限责任。法律另有规定的，依照其规定。"

由此可见，非法人组织不同于自然人，它必须依法成立，有自己的名称，有一定的组织机构和场所，是具有组织特性的组织体；它也不同于法人，不能独立承担民事责任，是介于自然人和法人之间的第三类民事主体。

（三）非法人组织的分类

1. 学理上的分类

（1）按照创设方式的不同，可以将非法人组织分为自然人之间或法人之间创设的合伙性组织和自然人或法人单独创设的独资组织，前者如个人合伙、法人合伙型联营组织；后者如企业法人设立的领有营业执照的分支机构、个人独资企业。

（2）按照创设目的不同，可以将非法人组织分为以营利为目的的非法人组织和公益性的非法人组织。前者如法人依法设立并领取营业执照的分支机构，后者如不具有法人资格的机构、事业单位和社会团体。

2. 我国民法上的分类

《民法总则》对于非法人组织的分类以不完全列举的方式作了相应规定，非法人组

织包括个人独资企业、合伙企业、不具有法人资格的专业服务机构等。

（1）个人独资企业，是指依照《个人独资企业法》在中国境内设立，由一个自然人投资，财产为投资人个人所有，投资人以其个人财产对企业债务承担无限责任的经营实体。

（2）合伙企业，是指自然人、法人和其他组织依照《合伙企业法》在中国境内设立的普通合伙企业和有限合伙企业。

普通合伙企业是由普通合伙人组成，合伙人对合伙企业债务承担无限连带责任的营利性组织。在普通合伙企业中也存在"特殊的普通合伙企业"，适用法律的特别规定。

有限合伙企业是由普通合伙人和有限合伙人组成，普通合伙人对合伙企业债务承担无限连带责任，有限合伙人以其认缴的出资额为限对合伙企业债务承担相应责任的营利性组织。

（3）不具有法人资格的专业服务机构，主要是指不具有法人资格的律师事务所、会计师事务所等。根据《律师法》的规定，律师事务所分为合伙律师事务所和个人律师事务所，还有国家出资设立的律师事务所；根据《注册会计师法》的规定，会计师事务所可以由注册会计师合伙设立，也可以设立负有限责任的法人制会计师事务所。因此，只有合伙制的律师事务所、会计师事务所和个人律师事务所才属于《民法总则》规定的非法人组织。

对于其他组织体是否属于非法人组织，需要根据具体情况判断。例如，根据《中外合作经营企业法》和《外资企业法》的规定，中外合作经营企业、外资企业只有符合中国法律关于法人条件规定的，才能依法取得中国法人资格，不具备法人条件的，则属于非法人组织。又如，根据《乡镇企业法》的规定，乡镇企业只有符合企业法人条件的，依法取得企业法人资格。因此不具备法人条件的乡镇企业也属于非法人组织。

（四）非法人组织的设立程序

《民法总则》第103条规定："非法人组织应当依照法律的规定登记。设立非法人组织，法律、行政法规规定须经有关机关批准的，依照其规定。"

我国对于非法人组织的设立一般采取准则主义设立原则，其只要符合法律规定的条件，依法向相应的主管登记机关登记即可成立。如《合伙企业法》第9条第1款规定，申请设立合伙企业，应当向企业登记机关提交登记申请书、合伙协议书、合伙人身份证明等文件。《个人独资企业法》第9条第1款规定，申请设立个人独资企业，应当由投资人或者其委托的代理人向个人独资企业所在地的登记机关提交设立申请书、投资人身份证明、生产经营场所使用证明等文件。

根据我国相关法律规定，对某些特种行业的非法人组织采取许可主义原则，即法律、行政法规规定设立非法人组织须经有关机关批准的，符合法定条件的非法人组织应在登记之前向相关主管部门申办审批手续。如《外资企业法》第 6 条规定，设立外资企业的申请由国务院对外经济贸易主管部门或者国务院授权的机关审查批准。《律师法》第 18 条规定，设立律师事务所应当向设区的市级或者直辖市的区人民政府司法行政部门提出申请，受理申请的部门应当自受理之日起 20 日内予以审查。《注册会计师法》第 25 条第 1 款规定，设立会计师事务所由省、自治区、直辖市人民政府财政部门批准。

（五）非法人组织的民事能力

非法人组织不具有独立承担民事责任的能力。非法人组织以自己的名义进行民事活动，所产生的债务先以非法人组织的财产予以清偿。非法人组织的财产不足以清偿债务的，由其出资人或者设立人承担无限责任，以其他财产偿还债务。

设立人为设立非法人组织所从事的民事活动，其法律后果由依法成立后的非法人组织承受；非法人组织未成立的，其法律后果由设立人承受。设立人为设立非法人组织以自己的名义从事民事活动产生的责任，第三人有权选择请求非法人组织或者设立人承担。

（六）非法人组织的解散与清算

《民法总则》第 106 条规定："有下列情形之一的，非法人组织解散：①章程规定的存续期间届满或者章程规定的其他解散事由出现；②出资人或者设立人决定解散；③法律规定的其他情形。"

非法人组织的解散可分为两类：①自愿解散，指基于出资人或者设立人预先设定解散的情形，包括非法人组织的存续期间届满、出现相应的解散事由，或者根据投资人或者设立人的意愿而解散，体现了民事主体的意思自治。②强制解散，指非法人组织基于法律规定的原因被解散。例如：非法人组织被依法吊销营业执照、责令关闭或者被撤销；投资人死亡或者被宣告死亡，无继承人或者继承人决定放弃继承等。

非法人组织解散的，应当依法进行清算。非法人组织的章程对清算程序有规定的，依其规定；相关法律有规定的，依照相关法律规定进行。

非法人组织清算期间，其民事主体资格仍然存在，但其民事权利能力受到一定的限制，仅可进行与清算有关的民事活动。清算结束，应当依法办理注销登记。

非法人组织的其他活动，法律有明确规定的，依照相关规定进行；没有规定的，准用法律关于法人的一般规定。

二、合伙企业

（一）合伙企业的含义和特征

1. 合伙企业的含义

合伙企业，是指自然人、法人和其他组织依法在中国境内设立的不具备法人资格的经济组织。合伙企业包括普通合伙企业和有限合伙企业。普通合伙企业由普通合伙人组成，合伙人对合伙企业债务均承担无限连带责任。有限合伙企业由普通合伙人和有限合伙人组成，普通合伙人对合伙企业债务承担无限连带责任，有限合伙人以其认缴的出资额为限对合伙企业债务承担责任。

2. 合伙企业的特征

合伙企业作为企业的一种形态，自然具备企业以营利为目的等基本特征，与自然人、法人相比，具有以下独有的特点：

（1）合伙企业赖以存在的基础是合伙协议。合伙企业以各合伙人订立合伙协议为开端，没有合伙协议，不能设立合伙企业。这一特征与享有法人资格的公司不同，公司是以章程为成立基础，但公司章程与合伙协议在性质上有很大的不同。公司章程是公司组织和行为的基本准则，是公司的"宪法"，具有公开的对外效力，其功能主要是约束作为法人组织的公司本身；而合伙协议是处理合伙人相互之间的权利义务关系的内部法律文件，仅具有对内的效力，即只约束合伙人。所以，合伙协议是调整合伙关系、规范合伙人相互间的权利义务、处理合伙企业纠纷的基本法律依据，也是合伙企业得以成立的法律基础。

（2）合伙企业由合伙人共同出资、共同经营。合伙虽然建立在合伙人之间相互信赖的基础上，是人的联合，但作为一个组织，必须要有一定的资产作为经营基础，出资是合伙人的基本义务，也是其取得合伙人资格的前提，所以合伙人必须共同出资。至于出资方式、出资期限、出资数额，则由合伙协议约定。合伙人不仅可以资金、实物、土地使用权和知识产权出资，还可以劳务、技术、管理经验、商誉甚至以不作为的方式出资，只要其他合伙人同意即可。合伙不设专门的组织机构，合伙事务由全体合伙人共同执行，不因出资的多少而影响权利的大小，合伙企业由合伙人共同经营，在合伙业务范围内，各个合伙人互为代理人。

（3）合伙企业由合伙人共负盈亏，共担风险。由于合伙企业由合伙人共同出资、共同经营，合伙企业在生产经营过程中产生的收益和风险，也理应由全体合伙人共同享有、共同承担，具体的分配则按合伙协议的约定或出资的比例确定。

（4）合伙人对于合伙的债务承担无限连带责任。合伙企业不具有独立的法人资格，所以合伙企业的债务由合伙人按照出资比例或者协议的约定，以各自的财产承担清偿责任。当合伙企业财产不足清偿合伙债务时，各合伙人应当承担无限连带责任。不过，在有限合伙企业中，只投资不参与合伙经营、只收取固定利润的有限合伙人仅以其出资额为限对合伙企业债务承担责任。

（二）合伙企业的成立

1. 合伙企业成立的实质要件

（1）有适当的合伙人。《合伙企业法》第2条第1款规定，合伙企业的合伙人可以是自然人、法人和其他组织，但必须是法律允许其从事营利性活动的个人和组织。作为合伙人的自然人应当具有完全民事行为能力；国有独资公司、国有企业、上市公司以及公益性的事业单位、社会团体只能作为有限合伙人，不得成为普通合伙人。

（2）有合法有效的合伙协议。合伙协议是指由全体合伙人依法协商一致所签订的以各自提供资金、实物、技术等，共同经营、共同劳动等为内容的一种书面合同。没有合伙协议，不能设立合伙企业。

《合伙企业法》第4条规定，合伙协议应当由全体合伙人协商一致、以书面形式订立。如果合伙人之间未订立书面形式的合伙协议，但事实上存在合伙人之间的权利义务关系，进行了事实上的合伙营业，仍然视为合伙。《民通意见》第50条规定："当事人之间没有书面合伙协议，又未经工商行政管理部门核准登记，但具备合伙的其他条件，又有两个以上无利害关系人证明有口头合伙协议的，人民法院可以认定为合伙关系。"

合伙协议必须符合以下条件才具有法律效力：①订立合伙协议的当事人具有相应的民事权利能力和民事行为能力；②订立合伙协议的当事人意思表示真实；③合伙协议的内容不违反法律、法规，不违反社会公共利益；④合伙协议载明了法律规定的事项。

（3）有各合伙人实际缴付的出资。合伙企业作为一种社会经济组织，它的存在应有物质基础，这些物质基础在合伙成立之时就表现为各合伙人的出资。合伙企业的出资形式包括货币、实物、土地使用权、知识产权或其他财产权利，普通合伙人还可以以劳务出资；有限合伙人可以用货币、实物、知识产权、土地使用权或者其他财产权利作价出资，但不得以劳务出资。

（4）有经营场所和从事合伙经营的必要条件。经营场所是指合伙企业从事生产经营活动的所在地。《合伙企业法》第12条规定合伙企业可以设立分支机构，所以合伙的经营场所可以有一处，也可以有多处。从事经营活动的必要条件是指根据合伙的业务性质、规模等因素而需具备的设施、设备、人员等方面的条件。

2. 合伙成立的形式要件

依法登记，是合伙成立的形式要件。《合伙企业法》第9条规定："申请设立合伙企业，应当向企业登记机关提交登记申请书、合伙协议书、合伙人身份证明等文件。合伙企业的经营范围中有属于法律、行政法规规定在登记前须经批准的项目的，该项经营业务应当依法经过批准，并在登记时提交批准文件。"合伙企业必须有自己的名称，普通合伙企业名称中应当标明"普通合伙"字样，有限合伙企业名称中应当标明"有限合伙"字样。申请人提交的登记申请材料齐全、符合法定形式，企业登记机关能够当场登记的，应予当场登记，发给营业执照。合伙企业的营业执照签发日期，为合伙企业成立日期。

（三）合伙企业的内外部关系

1. 合伙企业的内部关系

（1）合伙事务的决定、执行及监督。合伙人对执行合伙事务享有同等的权利。按照合伙协议的约定或者经全体合伙人决定，可以委托一个或者数个合伙人对外代表合伙企业，执行合伙事务；同时可以对执行事务的合伙人的权限予以限制。应当注意，有限合伙企业的有限合伙人不执行合伙事务，也不得对外代表有限合伙企业。

为维护合伙企业的整体利益及交易安全，合伙企业的下列事务必须经全体合伙人一致同意：①改变合伙企业的名称；②改变合伙企业的经营范围、主要经营场所的地点；③处分合伙企业的不动产；④转让或者处分合伙企业的知识产权和其他财产权利；⑤以合伙企业名义为他人提供担保；⑥聘任合伙人以外的人担任合伙企业的经营管理人员。

执行事务合伙人应当定期向其他合伙人报告事务执行情况以及合伙企业的经营和财务状况，其执行合伙事务所产生的收益归合伙企业，所产生的费用和亏损由合伙企业承担。不执行合伙事务的合伙人有权监督执行事务合伙人执行合伙事务的情况，享有查阅账簿权、提出异议权和撤销委托权。不执行合伙事务的合伙人，擅自执行合伙事务，给合伙组织或者其他合伙人造成损失的，应当依法承担赔偿责任。

（2）合伙财产的管理及盈亏分配。合伙企业财产与合伙人个人财产相分隔，具有相对独立性。合伙人的出资、以合伙企业名义取得的收益和依法取得的其他财产，均为合伙企业的财产。

合伙人投入的财产由合伙人统一管理和使用；合伙经营积累的财产，归合伙人共有。合伙存续期间，除非有合伙人退伙等法定事由，合伙人不得请求分割合伙财产。对合伙财产的占有、使用、收益和处分，均应依据全体合伙人的共同意志进行。

合伙企业的利润分配、亏损分担按照合伙协议的约定办理。合伙协议未约定或者约定不明确的，由合伙人协商决定；协商不成的，由合伙人按照实缴出资比例分配、分担；无法确定出资比例的，由合伙人平均分配、平均分担。合伙协议不得约定将全部利润分配给部分合伙人或者由部分合伙人承担全部亏损。

合伙存续期间，合伙人依照合伙协议的约定或者经全体合伙人决定，可以增加对合伙的出资，用于扩大经营规模或者弥补亏损。增加的出资属于合伙财产，为全体合伙人共有。

除合伙协议另有约定外，合伙人向合伙人以外的人转让其在合伙企业中的全部或者部分财产份额时，须经其他合伙人一致同意；在同等条件下，其他合伙人有优先购买权。合伙人之间转让在合伙企业中的全部或者部分财产份额时，应当通知其他合伙人。

（3）合伙人及其他经营管理人员的义务。合伙人不得从事损害本合伙企业利益的活动，不得自营或者同他人合作经营与本合伙相竞争的业务；如有违反并给合伙或者其他合伙人造成损失，应当依法承担赔偿责任。有限合伙人可以自营或者同他人合作经营与本有限合伙企业相竞争的业务，但合伙协议另有约定的除外。

除合伙协议另有约定或经全体合伙人同意外，合伙人不得同本合伙组织进行交易。

合伙事务执行人不得借执行合伙事务谋取私利，不得与本合伙组织签订合同，更不得与第三人恶意串通损害合伙或其他合伙人的利益。有限合伙人可以同本有限合伙企业进行交易，但合伙协议另有约定的除外。

被合伙聘任的经营管理人员应当在合伙授权范围内履行职务，如超越授权范围从事经营活动，或者因故意或重大过失给合伙造成损失的，应依法承担赔偿责任。

2. 合伙企业的外部关系

（1）对合伙人对外代表权的限制不得对抗善意第三人。合伙事务的执行人和其他人员的经营活动，由全体合伙人承担民事责任。合伙人内部可以对合伙负责人执行合伙事务及对外代表合伙的权利进行限制，但不得对抗善意第三人。合伙事务执行人越权以合伙名义实施的行为，合伙企业应当对善意第三人承担责任。合伙企业对善意第三人承担责任以后，可以向越权的合伙人行使追偿权，由其赔偿给合伙组织及其他合伙人造成的损失。

（2）合伙企业债务的清偿。合伙债务，是指在合伙企业存续期间以合伙企业名义进行的各项事务及活动所形成的债务。合伙企业债务应先以合伙企业财产进行清偿；合伙财产不足以清偿到期债务的，各合伙人除有限合伙人外应当承担无限连带责任，有限合伙人以其认缴的出资额为限承担责任。

合伙企业债务的分担，合伙协议有约定的，按照协议约定处理；合伙协议未约定或者约定不明确的，由合伙人协商决定；协商不成的，由合伙人按照实缴出资比例分担；无法确定出资比例的，由合伙人平均分担。每一合伙人均负有清偿全部合伙债务的义务，合伙企业的债权人有权向任何一个、几个或者全体合伙人提出履行债务的请求。合伙人由于承担无限连带责任，其所清偿的债务数额超过其应当承担的数额时，有权向其他合伙人追偿。

（四）入伙与退伙

1. 入伙

入伙是指在合伙组织存续期间，合伙人以外的第三人加入合伙，从而取得合伙人资格。

新合伙人入伙，除合伙协议另有约定外，应当经全体合伙人一致同意，并依法订立书面入伙协议。入伙的新合伙人与原合伙人享有同等权利，承担同等责任。新合伙人对入伙前合伙企业的债务承担无限连带责任。

2. 退伙

退伙可分为声明退伙、法定退伙和除名退伙。

声明退伙是指合伙人自愿作出退伙声明而退伙。在合伙协议约定的合伙期限内，如果有合伙协议约定的退伙事由出现、经全体合伙人一致同意、发生合伙人难以继续参加合伙的事由、其他合伙人严重违反合伙协议约定的义务等情形，合伙人可以声明退伙；合伙协议未约定合伙期限的，合伙人在不给合伙企业事务执行造成不利影响的情况下，也可以声明退伙。

法定退伙是指由于发生了合伙人丧失合伙资格的事由而依法使合伙人当然退伙。法定退伙的法定事由包括：①作为合伙人的自然人死亡或者被依法宣告死亡；②个人丧失偿债能力；③作为合伙人的法人或者其他组织依法被吊销营业执照、责令关闭、撤销，或者被宣告破产；④法律规定或者合伙协议约定合伙人必须具有相关资格而丧失该资格；⑤合伙人在合伙企业中的全部财产份额被人民法院强制执行。

除名退伙是指合伙人因作出某些损害合伙企业利益的行为而被其他合伙人除名的退伙。合伙人有下列情形之一的，经其他合伙人一致同意，可以决议将其除名：①未履行出资义务；②因故意或者重大过失给合伙企业造成损失；③执行合伙事务时有不正当行为；④发生合伙协议约定的事由。

3. 退伙的法律效果

合伙人退伙，首先其丧失了合伙人资格。其次，其他合伙人应当与该退伙人就合伙组织的财产状况进行结算，退还该退伙人的财产份额；退伙时未了结的合伙企业的事务的，待了结后进行结算。退伙人在合伙企业中财产份额的退还办法，由合伙协议约定或者由全体合伙人决定。再次，退伙人对其退伙前已发生的合伙债务，与其他合伙人承担无限连带责任。合伙人退伙时，合伙财产少于合伙债务的，由各合伙人按照合伙协议约定的比例分担亏损；合伙协议未约定比例的，由各合伙人平均分担。最后，有限合伙人退伙后，对基于其退伙前的原因发生的有限合伙企业债务，以其退伙时从有限合伙企业中取回的财产承担责任。

合伙企业登记事项因退伙、合伙协议修改等发生变更或者需要重新登记的，应当于作出变更决定或者自发生变更事由之日起 15 日内，向企业登记机关办理有关登记手续。

（五）合伙企业的终止

当合伙企业的期限届满、约定的解散事由出现，或者合伙人已不具备法定人数、合伙企业被吊销营业执照等法定的解散情形出现时，应当解散。

合伙企业解散，应当由清算人进行清算。清算人由全体合伙人担任；经全体合伙人过半数同意，可以指定一个或者数个合伙人，或者委托第三人，担任清算人。自解散事由出现之日起 15 日内未确定清算人的，合伙人或者其他利害关系人可以申请人民法院指定清算人。

清算期间，合伙企业仍然存续，但不得开展与清算无关的经营活动。

清算结束，清算人应当编制清算报告，经全体合伙人签名、盖章后，向企业登记机关报送清算报告，申请办理合伙注销登记。合伙企业注销后，原普通合伙人对合伙企业存续期间的债务仍应承担无限连带责任。

合伙企业不能清偿到期债务的，债权人可以依法向人民法院提出破产清算申请，也可以要求普通合伙人清偿。合伙企业依法被宣告破产的，普通合伙人对合伙企业债务仍应承担无限连带责任。

三、个人独资企业

(一) 个人独资企业的含义和特征

个人独资企业简称独资企业，是指依照法律规定在中国境内设立，由一个自然人投资，财产为投资人个人所有，投资人以其个人财产对企业债务承担无限责任的经营实体。投资人应当具有我国国籍，但法律、行政法规禁止其从事营利性活动的人不得作为投资人申请设立个人独资企业。

个人独资企业除具有企业的一般属性外，还具有如下典型特征：①投资人为一个自然人；②企业全部财产为投资人个人所有；③投资人以其个人财产对企业债务承担无限责任，企业财产不足以清偿债务的，投资人应当以个人的其他财产予以清偿；④不具有法人资格。

(二) 个人独资企业的设立及管理

《个人独资企业法》第8条规定，设立个人独资企业应当具备下列条件：①投资人为一个自然人；②有合法的企业名称；③有投资人申报的出资；④有固定的生产经营场所和必要的生产经营条件；⑤有必要的从业人员。

个人独资企业的名称应当与其责任形式及从事的营业相符合。投资人设立个人独资企业，应当向个人独资企业所在地的登记机关提出设立申请，领取营业执照后方可从事经营活动。个人独资企业经申请登记也可设立分支机构。

个人独资企业投资人可以自行管理企业事务，也可以委托或者聘用其他具有完全民事行为能力的人负责企业的事务管理。投资人委托或者聘用他人管理个人独资企业事务，应当与受托人或者被聘用的人签订书面合同，明确委托的具体内容和授予的权利范围。受托人或者被聘用的人员应当履行诚信、勤勉义务，按照与投资人签订的合同负责个人独资企业的事务管理。投资人对受托人或者被聘用的人员职权的限制，不得对抗善意第三人。

(三) 个人独资企业的终止

个人独资企业在投资人决定解散或者发生投资人死亡（包括被宣告死亡）而无继承人或继承人决定放弃继承等法定情形时，应当解散。

个人独资企业解散，由投资人自行清算或者由债权人申请人民法院指定清算人进行清算。清算结束，应当依法办理注销登记。

个人独资企业解散后，原投资人对个人独资企业存续期间的债务仍应承担偿还责任，但债权人在5年内未向债务人提出偿债请求的，该责任消灭。

引例分析

引例1：本案涉及合伙企业债务的承担问题。马某、文某、万某为食品加工厂原合伙人，张某入伙经全体合伙人一致同意，依法订立了书面入伙协议，与原合伙人享有同等权利、承担同等义务，符合《合伙企业法》有关入伙的规定，张某成为新合伙人。张某对入伙前合伙企业的债务承担无限连带责任。而万某6年后要求退出食品加工厂，属于自愿退伙，在退伙时对食品加工厂的债务应当承担相应的清偿责任。现食品加工厂负债15万元，根据《合伙企业法》的规定，这一债务首先以食品加工厂的全部财产10万元进行清偿，剩余的5万元债务则由合伙人共同承担；其中万某是有限合伙人，他对食品加工厂的债务只以其出资额3万元承担有限责任，马某、文某、张某则承担无限连带责任。合伙成立时的全部财产为13万元，现只有10万元，其间的亏损不论是有限合伙人还是普通合伙人均有义务承担，万某投资的3万元用于承担亏损和清偿合伙债务，因此退伙时不能要求取回，同时马某、文某、张某也不能要求万某另外支付4615元。

引例2：本案的焦点是企业法人分支机构的民事责任能力问题。企业法人的分支机构不具有法人资格，只能为实现其所属法人的宗旨在其所属法人业务范围内进行活动，其以自己名义进行的民事活动所产生的债务，由设立它的法人最终承担。安达皮革有限公司深圳分公司属于安达皮革有限公司设立的分支机构，本身不具有法人资格，但具有缔约能力和诉讼能力。该分公司经理刘某持分公司营业执照与花田百货公司签订合同，合同合法有效，现其提供的皮箱质量不符合合同约定，存在违约行为，其法律后果应当由安达皮革有限公司承担。刘某的委任不符合安达公司章程的规定，属于该公司的内部事务，不能成为对抗善意相对人花田百货公司的理由。

相关法律规范

1. 《中华人民共和国民法总则》第102~108条。
2. 《中华人民共和国民事诉讼法》第3、48条。
3. 《中华人民共和国合伙企业法》。
4. 《中华人民共和国个人独资企业法》。
5. 《中华人民共和国律师法》第15、16、20条。
6. 《中华人民共和国注册会计师法》第23、24条。
7. 《最高人民法院关于贯彻执行〈中华人民共和国民法通则〉若干问题的意见（试行）》第45~57条。
8. 《最高人民法院关于适用〈中华人民共和国民事诉讼法〉的解释》第52条。

思考与练习

一、结合本项目原理，作出正确选择：

1. 只提供技术性劳务的合伙人，对合伙经营的亏损额，对外（　　）。

A. 按技术性劳务折抵的出资比例承担责任

B. 在分得的利润范围内承担责任

C. 只承担约定的按份责任

D. 承担连带责任

2. 甲乙丙三人依法成立一合伙组织，推举甲为负责人，其他合伙人的经营活动（　　）。

A. 对全体合伙人不发生效力

B. 只有经甲认可后方发生效力

C. 对全体合伙人发生效力

D. 须经全体合伙人认可后方发生效力

3. 甲乙二人合伙经营，后甲因急事用钱，要将自己的 5 万元份额转让，乙和丙均欲以同一价格购买，甲应如何处理？（　　）

A. 卖给乙　　　　　　　　B. 卖给丙

C. 在乙、丙之间任择其一　　D. 卖给乙、丙各一半

4. 下列对普通合伙企业设立的论述，符合法律规定的是（　　）。

A. 张某与自己年仅 13 周岁的儿子成立一个合伙企业

B. 合伙人必须一次性全部缴付出资，不可以约定分期出资

C. 甲乙丙丁四人出资设立一个普通合伙企业，甲可以劳务出资

D. 合伙企业名称中没有标明"普通"或是"有限"字样的话，就视为是普通合伙企业

5. 甲企业是由自然人安某与乙企业（个人独资）各出资 50% 设立的普通合伙企业，欠丙企业货款 50 万元，由于经营不善，甲企业全部资产仅剩 20 万元。现所欠货款到期，相关各方因货款清偿发生纠纷。对此，下列哪一表述是正确的？（　　）

A. 丙企业只能要求安某与乙企业各自承担 15 万元的清偿责任

B. 丙企业只能要求甲企业承担清偿责任

C. 欠款先以甲企业的财产偿还，不足部分由安某与乙企业承担无限连带责任

D. 就乙企业对丙企业的应偿债务，乙企业投资人不承担责任

6. 林某是一有限合伙企业的有限合伙人，其认缴的出资额是 10 万元，占出资比例的 10%。后该有限合伙企业解散，共有不能清偿的到期债务 120 万元，张某应承担的债务数额是（　　）。

A. 5 万元　　　　　　　　B. 10 万元

C. 12 万元　　　　　　　　　　　　D. 50 万元

7. 合伙人退伙时分割的财产应包括（　　）。

A. 合伙时投入的财产　　　　　　B. 合伙期间积累的财产

C. 合伙期间的债权　　　　　　　D. 合伙期间的债务

8. 中国农业银行某县支行为某企业的债务提供了担保，因该企业不能偿还债务而发生纠纷，对此，下列判断正确的是（　　）。

A. 该担保合同无效，因为支行不具有缔约能力

B. 该担保合同有效，因为支行具有缔约能力

C. 债权人应以该支行作为被告，因为该支行具有诉讼能力

D. 债权人只能以中国农业银行作为被告，因为该支行不能承担担保责任

二、结合本项目原理，分析以下案例：

甲、乙、丙合伙经营一个水果店，取名"快乐水果店"，甲为事务执行人。甲、乙、丙约定的出资比例和分成比例为4∶3∶3。一天，因丙外出，甲与乙商议后与果农丁签订了春季水果购买合同。因水果店流动资金不够，甲决定向银行贷款10万元，银行要求提供抵押担保，甲以水果店所有的一辆货车做抵押，但没有办理登记。后因水果店无力偿还银行贷款，银行欲行使抵押权，为此发生纠纷。经查，水果店的财产价值10万元，除此之外还有以下情况：①合伙协议约定，凡5万元以上的业务须经甲、乙、丙三人一致同意；②甲曾在一次诉讼中免除了戊对水果店的2万元债务；③水果店除欠银行10万元以外，尚欠庚、己各2万元；另乙个人欠张某5万元。

问题：

（1）甲作为事务执行人，是否正确地执行水果店的事务？

（2）甲与银行所签订抵押合同是否有效？

（3）甲免除戊对水果店的债务行为是否有效？

（4）判断水果店和乙个人债务的情况，说明如何承担清偿责任及清偿顺序。

思考方向：

（1）明确有关合伙的法律规定，重点注意合伙内部关系和外部关系的不同规定。

（2）分析甲若干行为的法律性质，注意其行为涉及内容与合伙事务是否具有一致性。

（3）确认合伙债务的范围，确定其清偿责任及清偿顺序。

学习情境六　合伙的内外关系

情境案例

2012 年 1 月，赵某、钱某、孙某、李某四人决定设立一合伙企业，并签订书面协

议，内容如下：①赵某出资 10 万元，钱某以实物折价出资 8 万元，孙某以劳务出资 6 万元，李某货币出资 4 万元；②赵某、钱某、孙某、李某四人按 2∶2∶1∶1 比例分配利润和承担风险；③由赵某执行合伙企业事务，对外代表企业，但签订大于 5 万元的合同应经其他合伙人同意。协议未约定经营期限。

经营期间发生以下事实：①2012 年 5 月赵某擅自以合伙企业名义与红天公司签定标的额为 8 万元的销售合同，红天公司不知道其企业的内部限制；钱某获知后，向红天公司表示不承认该合同。②2013 年 1 月，李某提出退伙，其未对企业造成任何不利影响；同年 3 月李某经清算退伙；4 月，新合伙人周某出资 4 万元入伙。③2013 年 5 月，合伙企业的债权人绿光公司要求赵、钱、孙、李和周某共同清偿早于 2012 年 12 月底到期的 24 万元债务，李某以自己退伙为由、周某以自己新入伙为由拒绝承担。④赵某为了改善企业的经营管理，于 2013 年 4 月独自聘任田某为合伙企业的经营管理人，并以合伙企业的名义为蓝海公司提供担保。⑤2014 年 4 月，合伙人钱某在与黄河公司的买卖合同中，无法偿还到期债务 8 万元；同年 6 月，黄河公司向人民法院起诉钱某并胜诉，8 月申请强制执行钱某在合伙企业中的财产份额。

训练目的

通过实训，使学生进一步理解合伙组织的性质，掌握合伙内外关系的相关规定，能够正确区分合伙债务与合伙人债务，正确处理合伙债务的清偿问题。

训练方法

1. 课堂讨论。针对案例由教师或者学生提出问题，并由学生自主进行探讨、论证，教师进行辅导、点评。

2. 角色模拟。学生分组，每组 10～12 人，分别模拟赵某、钱某、孙某、李某、周某、田某和红天公司、绿光公司、蓝海公司、黄河公司、法官，根据案情模拟当事人各自的主张和解决纠纷的过程。

工作任务

1. 明确合伙的法律地位和有关其内外关系的法律规定，以及入伙、退伙的条件和程序。

2. 准确判断合伙债务的承担方式及各个合伙人的相应责任。

实训步骤

步骤 1. 判断赵某与红天公司的合同是否有效。
步骤 2. 分析李某退伙和周某入伙的法律依据。
步骤 3. 判断赵某聘用田某及为蓝海公司担保的行为是否合法。

步骤 4. 分析合伙人钱某被人民法院强制执行其在合伙企业中的全部份额后可能发生的法律后果。

步骤 5. 综合评判该合伙企业各合伙人的关系及责任。

拓展阅读

1. 杨立新："《民法总则》制定与我国监护制度之完善"，载《法学家》2016 年第 1 期。

2. 秦伟、杨琳："民事权利能力质疑论"，载《山东大学学报（哲学社会科学版)》2012 年第 1 期。

3. 袁玮："宣告失踪与宣告死亡整合之我见"，载《法制与社会》2014 年第 10 期。

4. 任尔昕、姜聪："论我国公立高等学校承担民事责任的模式"，载《西部法学评论》2009 年第 5 期。

5. 环建芬："《民法总则》法人分类的创新与不足——以民办学校法人归类为例"，载《江汉大学学报（社会科学版)》2018 年第 1 期。

6. 卢家银："利益平衡：英美青少年在线活动的法律保护原则"，载《中国青年政治学院学报》2012 年第 6 期。

单 元 三

民 事 法 律 行 为

　　民事法律行为是一种可以引起民事法律关系变动的民事法律事实,是民事主体有目的有意识而为的一种民事法律事实,也是民事生活中最重要的一类民事法律事实,因此也是《民法总则》予以重点规范的一项内容。本单元主要介绍民事法律行为的含义与分类、意思表示、民事法律行为的效力、附条件与附期限的民事法律行为以及代理等内容。

知识目标

　　1. 理解民事法律事实、事实行为、民事法律行为三者之间的关系。
　　2. 掌握民事法律行为的核心要素即意思表示。
　　3. 掌握民事法律行为的效力类型。
　　4. 了解附条件与附期限的民事法律行为的内涵。
　　5. 掌握代理制度以及无权代理的法律后果。

能力目标

　　1. 能够准确判断某一民事主体的行为是否构成民事法律行为、能产生什么样的法律效力。
　　2. 能够判断欠缺有效要件的民事法律行为会引发哪些法律后果、需要承担何种法律责任。
　　3. 能够正确区分一般无权代理与表见代理,判断相关代理行为的法律效力。

项目一　民事法律行为概述

引例 1

　　王某在邮局邮寄物品时,因所带的零钱不够,就向同来取汇款的同事李某借了10元钱,并说回单位后即刻还给他。不过,王某回单位后就忘了此事。过了一个月,王某在商店购物时碰到李某，才记起借款一事，便对李某说道："我一直忘了此事，不巧现在手上也没有零钱，不过，刚才买了五张福利奖券，每张面值2元，一星期后开奖，你要不要？"李某连忙推辞，说10元钱是小事，没有就不用还了。在王某的再三坚持下，李某才接受了奖券。一个星期之后开奖结果出来了，王某给李某的奖券中有一张中了10万元的大奖。王某闻讯后找到李某，声称自己当初只想以那几张奖券作为抵押，现在要以10元钱把它们赎回。李某予以回绝，认为王某出尔反尔，当初是王某作为还款要自己一定收下，他才收下的。

问题：

本案中李某接受奖券行为的性质应当如何认定？

引 例 2

原告张某因仓库施工，冰箱无处存放，遂与被告钱某签订了一份保管合同，合同约定由被告为原告保管50台冰箱，期限为6个月，原告支付2万元保管费。一个月后，原告又有一批办公用纸需要存放，就与被告商量，被告同意原告将纸张存放在其仓库内并同意不再另外收费。6月中旬，因天降大雨，被告仓库漏水使得原告纸张被淋湿大半，原告遭受损失8千元。合同期满，原告发现还丢失了2台价值共计1万元的冰箱。原告向法院起诉，要求被告钱某赔偿其1.8万元的损失。[1]

问题：

1. 此案中存在着几个民事法律行为？张某与钱某之间存在哪些法律关系？

2. 钱某应否赔偿张某1.8万元的损失？

基本理论

一、民事法律行为的含义和分类

（一）民事法律行为的含义和特征

在前面"民事法律事实"部分曾介绍，能够引起民事法律关系变动的客观现象包括事件和行为两大类，而行为又可依据其是否包含了意思表示，分为民事法律行为与事实行为。《民法总则》第133条规定："民事法律行为是民事主体通过意思表示设立、变更、终止民事法律关系的行为。"换言之，民事法律行为是指以意思表示为要素，以能够产生一定法律效果为目的的行为，故在民法理论上，民事法律行为又称为表意行为。而事实行为，是指行为人不具有设立、变更或消灭民事法律关系的意图，但依照法律的规定客观上能引起民事法律效果的行为，又称非表意行为。例如，甲以2000元

---

〔1〕 杨立新主编：《民法总则案例教程》，知识产权出版社2005年版，第134页。

的价格卖给乙一部电脑,在这一买卖行为中,甲有以 2000 元转让电脑的意思表示,乙有以 2000 元受让电脑的意思表示,因此这是一个民事法律行为;5 岁的儿童丙在幼儿园老师的指导下完成了一幅画作,丙即依法取得了该画作的著作权,该著作权法律关系是通过绘画这一事实行为引发的,并不需要行为人有获得著作权的意思表示。

民事法律行为具有如下两大特征:

1. 民事法律行为是一种最重要的民事法律事实

民事法律行为是一种可以引起民事法律关系变动的民事法律事实,它与其他民事法律事实的不同之处在于,虽然各种民事法律事实都能引起一定民事法律关系的发生、变更或消灭,但唯有民事法律行为是民事主体自愿实施的、以发生一定法律效果为目的的民事法律事实。在我们社会生活中发生的各种民事活动、经济活动基本上都属于民事法律行为,因此它是一种最重要的民事法律事实。

2. 民事法律行为是以意思表示为核心的民事法律事实

民事法律行为必须包含意思表示这个要素,无意思表示即无民事法律行为。所谓意思表示,简言之就是行为人把想要设立、变更、终止民事权利义务关系的内心意思以一定的方式表示出来使他人知晓的活动。民事法律行为以意思表示为要素的这个特征,使得民事法律行为与不追求民事法律效果的事实行为区别开来,也与生活中大量不具有民法意义的行为区别开来。例如,朋友一起看电影、旅游、踢足球,那仅仅是娱乐,并不追求什么权利义务,因而不属于民事法律行为。

(二)民事法律行为的成立与生效

《民法总则》第 134 条规定:“民事法律行为可以基于双方或者多方的意思表示一致成立,也可以基于单方的意思表示成立。法人、非法人组织依照法律或者章程规定的议事方式和表决程序作出决议的,该决议行为成立。”第 136 条第 1 款规定:“民事法律行为自成立时生效,但是法律另有规定或者当事人另有约定的除外。”这两个条文的规定说明民事法律行为的成立与生效是两个不同的概念,二者切不可混为一谈。

一般民法理论认为,民事法律行为的成立应当具备三个要件:①要有行为的主体。行为主体的人数依单方、双方还是多方民事法律行为而定。②要有意思表示。意思表示是民事法律行为成立的核心要素,有法律行为必有意思表示。单方民事法律行为只需有一个意思表示即可,双方和多方的民事法律行为需要有两个以上的意思表示,而且需各方的意思表示一致,民事法律行为才成立。③要有标的。所谓标的又称客体,也就是当事人各方权利和义务所共同指向的对象,如物、行为、智力成果等。此外,对于实践性的民事法律行为,行为的成立还需要有标的物的实际交付。从性质上说,民事法律行为的成立属于一种事实判断。

民事法律行为的生效是指已经成立的民事法律行为,由于其符合了法律规定的有效要件而得到法律的认可和保护,从而能够按照意思表示的内容产生法律上的预期效果。从性质上说，民事法律行为的生效属于一种价值判断。一般民法理论认为，民事法律行为的生效包括一般和特殊两方面的要件。关于一般生效要件，也称民事法律行为的有效要件，是指对所有民事法律行为生效的共同要求，也就是《民法总则》第143条规定的三个条件，即：行为人具有相应的民事行为能力；意思表示真实；不违反法律、行政法规的强制性规定，不违背公序良俗。对此本书将在项目二"民事法律行为的效力"部分展开介绍。所谓特殊生效要件，对于某些特定的民事法律行为而言，在已经成立并具备一般有效要件后并不能立即发生行为人所预期的效力，还须具备特定的条件，才会发生法律效力。例如，附条件的民事法律行为，必须等条件成就才能生效，对此本书将在"附条件和附期限的民事法律行为"部分展开介绍。

简言之，民事法律行为的成立与生效的区别与联系是：民事法律行为的成立是一个事实判断，即某一民事法律行为是否已经发生和存在；民事法律行为的生效是一个价值判断，即行为人所从事的某一民事法律行为是否符合法律的规定和要求，从而能否取得法律的认可。民事法律行为的成立是民事法律行为生效的前提，但已成立的民事法律行为并非都能生效。如不符合法律所规定的一般有效要件则行为无效，就无法实现行为人所追求的法律目的，其成立也就失去了意义。一般而言，符合《民法总则》第143条规定的有效要件的民事法律行为在成立时即生效，除非法律另有规定或者当事人另有约定。

（三）民事法律行为的分类

对民事法律行为，可以根据不同的标准，进行不同的分类。民法理论上主要的分类有如下几种：

1. 单方行为、双方行为、多方行为、决议行为

《民法总则》第134条规定："民事法律行为可以基于双方或者多方的意思表示一致成立，也可以基于单方的意思表示成立。法人、非法人组织依照法律或者章程规定的议事方式和表决程序作出决议的，该决议行为成立。"根据此条规定，我们可以把民事法律行为分为单方行为、双方行为、多方行为和决议行为四种。

单方行为，是指仅根据当事人一方的意思表示就能够成立的行为。其特点在于，仅凭一方的意思表示而不需要对方或其他任何人的同意，便能发生行为人所预期的法律效果。例如，立遗嘱只要有立遗嘱人一方的意思表示就可成立，遗嘱行为就是一种单方法律行为。单方行为进一步又可以分有相对人的单方行为和没有相对人的单方行为。没有相对人的单方行为仅仅发生个人权利变动的效果，意思表示一完成即生效，如无主物的先占、立遗嘱、所有权的抛弃等。有相对人的单方行为涉及他人权利的发生、变更或消灭等，意思表示需到达相对人才生效，如授予代理权、债务的免除、放

弃继承权、委托代理的撤销、行使合同解除权等。[1]

双方行为是指双方当事人意思表示一致才能成立的法律行为，即合同行为。如买卖合同需要有出卖人和买受人双方的意思表示，且双方的表示一致才能成立，这就是一个双方法律行为。双方行为是生活中最典型最常见的民事法律行为。

多方行为，又称为共同行为[2]，是基于两个或两个以上方向一致的意思表示而成立的法律行为。例如，制定公司章程的行为，订立合伙合同的行为。在多方行为中，当事人所追求的利益是共同的。而在双方行为中，当事人的利益是互相对立的。

决议行为，主要存在于商事法律关系中，是指团体内部两个以上的成员在作出各自意思表示的基础上，根据法律或者章程的规定采取多数表决原则，依一定的程序和规则作出的行为。如公司股东会的决议、董事会的决议、小区业主大会的决议等。[3]决议行为所通过的决议对那些没有参加投票或者投反对票的成员一样具有法律约束力。

区别单方、双方及多方及决议行为的意义在于，法律上对这几种法律行为成立的要件要求不同。

2. 有偿法律行为与无偿法律行为

根据当事人的行为是否要求对方给付对价，民事法律行为可分为有偿法律行为与无偿法律行为。

有偿法律行为，是指一方当事人取得利益时需承担对待给付义务的法律行为，即当事人一方以作出某种行为或付出某种利益为代价去交换对方的某种利益。法律行为的有偿与无偿取决于法律的规定和当事人的约定。在现实生活中，绝大多数法律行为都属于有偿法律行为，如买卖、租赁、运输、加工承揽等合同行为。

无偿法律行为，是指一方当事人取得利益时无需承担对待给付义务的法律行为，如赠与、借用、无偿保管等行为。在无偿法律行为中，无需为对待给付义务的一方有时候也要承担某些义务，如借用人无偿借用他人物品，负有正当使用和按期归还的义务。

区分有偿法律行为与无偿法律行为的意义，首要在于确定当事人责任的大小。一般说来，有偿法律行为的当事人的民事责任比无偿法律行为当事人的责任要重。例如，买卖为有偿法律行为，出卖人负瑕疵担保责任；赠与为无偿法律行为，赠与人一般不负瑕疵担保责任。又如在保管合同中，因保管人保管不善造成保管物毁损、灭失的，保管人应当承担损害赔偿责任；但保管若是无偿的，保管人则只在故意或重大过失的情况下，才对保管物的毁损承担赔偿责任。此外，还在于对主体的要求不同。实施有

---

〔1〕 ［德］卡尔·拉伦茨著，王晓晔等译：《德国民法通论》（下册），法律出版社2013年版，第431页。

〔2〕 王利明教授主编的民法教材中使用"共同行为"这一概念。参见王利明主编：《民法》，中国人民大学出版社2010年版，第104页。

〔3〕 王利明教授将决议行为定义为："数个当事人之间以多数决形式达成合意的法律行为。"如业主大会的决议、股东大会的决议等。参见王利明：《合同法分则研究》（下卷），中国人民大学出版社2013年版，第434页。

偿法律行为的当事人应当具备相应的民事法律行为能力，而对无偿法律行为中纯获益的一方当事人，通常没有行为能力上的要求。

法条链接

《中华人民共和国合同法》

第191条第1款　赠与的财产有瑕疵的，赠与人不承担责任。附义务的赠与，赠与的财产有瑕疵的，赠与人在附义务的限度内承担与出卖人相同的责任。

第374条　保管期间，因保管人保管不善造成保管物毁损、灭失的，保管人应当承担损害赔偿责任，但保管是无偿的，保管人证明自己没有重大过失的，不承担损害赔偿责任。

第406条第1款　有偿的委托合同，因受托人的过错给委托人造成损失的，委托人可以要求赔偿损失。无偿的委托合同，因受托人的故意或者重大过失给委托人造成损失的，委托人可以要求赔偿损失。

3. 单务法律行为与双务法律行为

根据双方法律行为中当事人双方的权利义务关系，民事法律行为可分为单务法律行为与双务法律行为。

单务法律行为是指当事人一方仅负担义务而另一方仅享有权利的法律行为。如赠与即为单务法律行为，赠与人仅负有交付赠与物并转移所有权的义务，而不享有相应的权利。双务法律行为的当事人互为权利义务人，双务行为一般是有偿的，但也有双务行为是无偿的，如无偿的委托合同。单务行为一般是无偿的，但也可以是有偿的，如自然人之间的有息借贷行为就是有偿法律行为。

区分单务法律行为与双务法律行为的意义主要在于，除法律另有规定或当事人另有约定外，双务法律行为的当事人应当同时履行其义务；一方在未履行自己的义务时请求对方履行的，对方有权拒绝；一方因可归责于自己的事由不能履行义务时，对方有权依法解除法律关系并要求赔偿。而对于单务法律行为则不发生上述法律后果。

4. 诺成性法律行为与实践性法律行为

根据法律行为的成立是否以标的物的实际交付为要件，民事法律行为可分为诺成性法律行为与实践性法律行为。这是对双方法律行为的进一步分类。

所谓诺成性法律行为，又称不要物行为，是指双方当事人意思表示一致即可成立的法律行为。如买卖、租赁、借贷等行为。所谓实践性法律行为，又称要物行为，是指除了双方当事人意思表示一致外，还要实际交付标的物才能成立的法律行为。例如，《合同法》第367条规定："保管合同自保管物交付时成立，但当事人另有约定的除外。"可见，保管合同为实践性法律行为，除非当事人另有约定。

如前所述，双方法律行为只要双方当事人意思表示一致即可成立，因此诺成性法律行为是一种普遍的法律行为，而实践性法律行为则是一种例外情形，因为实践性法律行为的成立，除需要双方当事人意思表示一致外，还需要实际交付标的物。例如，买卖、租赁、加工承揽、运输等大多数法律行为属于诺成性法律行为，而借用、保管、存款、定金、质押等少数法律行为属于实践性法律行为。

需要注意的是，诺成性法律行为与实践性法律行为的区别，并不在于一方是否应交付标的物，而在于是否将交付标的物作为行为的成立要件。就大量的诺成性法律行为来说，一方当事人根据合同的约定也负有交付标的物的义务，但诺成性法律行为自双方当事人意思表示一致即告成立，而实践性法律行为自标的物交付时才告成立。

区分诺成性法律行为与实践性法律行为，可以帮助我们识别哪些法律行为已经成立，具有了法律效力；哪些还没有成立，对当事人不产生约束力。

5. 要式法律行为与不要式法律行为

根据法律行为的成立是否必须采用某种特定的形式，民事法律行为可分为要式法律行为与不要式法律行为。

所谓要式法律行为，是指根据法律的规定或当事人的约定必须采用某种形式或履行一定程序才能成立的法律行为。《民法总则》第135条规定："民事法律行为可以采用书面形式、口头形式或者其他形式；法律、行政法规规定或者当事人约定采用特定形式的，应当采用特定形式。"所谓的特定形式通常有：书面、登记、审批、公证、见证等。例如，根据《继承法》第17条的规定，口头遗嘱应当有两个以上无利害关系的见证人在场见证，否则该口头遗嘱不成立，可见法律对口头遗嘱的特定形式要求是见证。我国合同法对要式法律行为的要求相对宽松，《合同法》第36条规定："法律、行政法规规定或者当事人约定采用书面形式订立合同，当事人未采用书面形式但一方已经履行主要义务，对方接受的，该合同成立。"不要式法律行为，是指法律或当事人不要求采用某种特定形式，当事人可以自由选择某种形式即可成立的法律行为，如买卖、赠与、加工承揽等。在现代民法中，法律行为以不要式为原则，以要式为例外。

区分要式法律行为与不要式法律行为的意义在于判断民事法律行为的成立与否，对于要式法律行为，当事人若没有采用法律规定或者当事人约定的形式或程序，则不能成立。

6. 主法律行为与从法律行为

根据法律行为相互之间的关系，民事法律行为可分为主法律行为与从法律行为。

所谓主法律行为，是指在两个相互关联的民事法律行为中，能够独立存在的法律行为；从法律行为是依附于主法律行为而存在的法律行为。《担保法》第5条第1款规定："担保合同是主合同的从合同，主合同无效，担保合同无效。担保合同另有约定的，按照约定。"例如，借款合同与保证合同，保证合同正是为了担保借款合同中的债权人的债权能够实现而设立的，它没有独立存在的意义，所以是从法律行为，而借款合同就是主法律行为。

区分主法律行为与从法律行为之意义在于，从法律行为的成立与效力均取决于主法律行为，它的从属性体现在四个方面：①发生上的依附性；②效力上的从属性；③转让上的从属性；④消灭上的从属性。

7. 财产法律行为与身份法律行为

根据法律行为产生的法律效果性质的不同，民事法律行为可分为财产法律行为与身份法律行为。

财产法律行为是指直接导致财产关系发生、变更、消灭的法律行为。如买卖、赠与、借贷、运输、加工承揽等法律行为。身份法律行为是指直接导致身份关系变动的法律行为，如结婚、收养、监护的设定等法律行为。

区分财产法律行为与身份法律行为的意义在于，财产法律行为一般可代理；而身份法律行为一般不可代理，而且一般不适用民法上的欺诈、重大误解、显失公平等制度。

8. 负担行为和处分行为

依据法律行为所产生效果的不同，可以将财产法律行为进一步区分为负担行为和处分行为。

所谓负担行为，是指发生债权债务关系或给付义务之法律行为，亦即产生请求权的行为。对于义务人来说，产生了法律上的负担，所以称负担行为。负担行为可分为单独行为和合同行为。前者如悬赏广告、遗赠、捐助财产设立基金之行为，后者则包括签订各种类型的合同行为。买卖是典型的负担行为。例如，甲与乙订立汽车买卖合同，一经生效，甲就负有移转汽车所有权，并完成交付于乙的义务，乙对待负有移转价金所有权的义务。

处分行为是指不产生请求权，而直接使既存权利发生变更或者消灭的法律行为。如动产所有权之抛弃、抵押权之设定、股权、知识产权或债权的让与、债务的承担、债务的免除等。

负担行为和处分行为的区别在于：

（1）法律效果不同。负担行为生效只是使当事人负担债务，或者使债权债务发生变更。处分行为则直接导致权利的移转或消灭。

（2）对标的物是否特定的要求不同。处分行为在生效之时，行为所涉及的标的物必须确定。对负担行为而言，并不要求标的物特定化。

（3）对行为人是否有处分权的要求不同。[1] 从事负担行为时，行为人即使不具有处分权，负担行为也可以有效。如《合同法》第51条规定，无处分权的人处分他人财产，经权利人追认或者无处分权的人订立合同后取得处分权的，该合同有效。而在从

---

〔1〕 王利明：《民法总则》，中国法制出版社2006年版，第174页。

事处分行为时，处分人对标的物必须具有处分权限，处分行为才能生效。

二、意思表示

意思表示为民事法律行为的核心要素，没有意思表示就没有民事法律行为。对于何为意思表示，法律上并无明确的界定。理论上一般认为，所谓意思表示，是指行为人将欲设立、变更、终止民事权利义务关系的内心意思表现于外部，让第三人可知晓的行为。意思表示中的意思，不是一般意义上的意思，而是行为人内心所追求的一种法律目的，如关于权利义务的取得、变更或消灭。

（一）意思表示的方式

行为人内心的意思必须通过一定的方式表现出来，才能为他人所知晓并与之建立法律关系。《民法总则》第140条规定："行为人可以明示或者默示作出意思表示。沉默只有在有法律规定、当事人约定或者符合当事人之间的交易习惯时，才可以视为意思表示。"可见，意思表示的方式有明示和默示两大类型。

1. 明示形式

所谓明示形式，是指行为人用积极的、直接的、明确的方式表达其内部意思于外部，为他人所知晓。明示形式通常包括以下三种：

（1）口头形式。口头形式是用口头语言进行意思表示的形式。包括双方当事人当面洽谈、电话交谈等直接对话方式，也包括托人带口信等。口头形式的法律行为，其优点是简便易行，直接迅速，自然人在日常生活中大量的法律行为都是采用口头形式的；但其缺点是没有文字记载，一旦日后发生纠纷，则很难调查取证。因此，这种形式一般适用于数额不大或即时清结的民事法律行为；而对于数额较大，内容复杂，经过一段时间才能清结的民事活动，则不宜采用口头形式。

当法律对口头形式的行为有特殊要求时，行为人必须满足该要求。如口头遗嘱，法律规定要有两个以上无利害关系的见证人在场见证，否则遗嘱不能成立和生效。也就是说，口头遗嘱是一种要式法律行为。

（2）书面形式。书面形式是用文字进行意思表示的形式，这种形式可以把法律行为当事人双方的权利义务记载下来，发生纠纷时容易证明某项法律行为是否存在，具体的内容是什么，便于确定当事人的民事责任，同时有利于促使行为人慎重行事，减少纠纷。若法律规定某种法律行为必须采用书面形式的，这就是要式法律行为，当事人没有采用书面形式的将会影响其行为的效力。

在现代电子技术条件下，书面形式还包括电报、电传、电子数据交换和电子邮件等数据电文形式。《合同法》第11条规定："书面形式是指合同书、信件和数据电文（包括电报、电传、传真、电子数据交换和电子邮件）等可以有形地表现所载内容的形式。"

　　书面形式又可分为一般书面形式和特殊书面形式。一般书面形式是指行为人以文字记载的形式表达自己的意思，并且签名盖章后即可发生法律效力，不需要再履行其他法律手续的形式。特殊书面形式是指行为人除了用文字形式进行意思表示之外，还要按法律规定或者约定履行其他法律手续的形式。具体包括公证、见证、审批、登记等形式。

　　当法律规定某种行为必须要采用书面形式，或者必须要采用某种特殊的书面形式时，行为人就必须要按规定去完成法律行为，否则会因为形式要件的欠缺而导致行为不能成立生效。

　　（3）视听资料形式。视听资料形式是指以现代化的科技成果来记载行为人的意思表示的形式。视听资料形式具有信息量大，内容丰富，利于保存，方便使用等特点，具有相当的准确性和可靠性。随着科技的发展，以录音、录像、视频等视听资料形式实施的法律行为日渐增多。一般说来，通过视听资料形式进行的法律行为，需要两个以上的无利害关系人在场见证才有效，如录音遗嘱。

　　2. 默示形式

　　默示形式是指不依赖语言或文字等明示形式，而通过某种客观事实即可推知行为人的意思表示而成立民事法律行为的形式。随着社会的发展，为了提高交易的效率或者节省交易的费用，默示形式的法律行为日渐增多。默示形式具体又包括以下两种情形：

　　（1）推定形式。推定形式是指行为人通过有目的、有意义的积极行为将其内在的意思表现于外部，是他人可以根据常识、交易习惯、相互间的默契，推知当事人已作出了某种意思表示，从而使该法律行为成立。这种形式，当事人既没有通过语言，又没有通过文字，而是作出了某种积极的行为来进行其意思表示，因而推定形式又称作作为的默示或积极的默示。《民通意见》第66条规定："一方当事人向对方当事人提出民事权利的要求，对方未用语言或者文字明确表示意见，但其行为表明已接受的，可以认定为默示。"如房屋的租期届满之后，承租人继续缴纳租金，出租人继续收受租金，尽管双方对租赁合同的继续履行没有进行明确的约定，但我们可以从双方积极的行为推定双方续签了房屋租赁合同，租赁期限按照法律规定应为不定期。

　　（2）沉默形式。沉默形式是指行为人既没有通过语言、文字来进行意思表示，也没有进行任何积极的行为，但从其沉默不语，可以推断其内在的意思表示，从而使法律行为成立。因此沉默又称作不作为的默示或者消极的默示。

　　通常情况下，内心意思表达于外部需借助积极的表示行为，沉默不是表示行为，即沉默不构成意思表示，不能成立法律行为。因此沉默作为法律行为的形式是受到严格限制的，只有在法律有特别规定，或当事人有特别约定，或当事人间存在特定的交易习惯时，当事人的消极不作为才能被赋予一定的表示意义，并产生成立法律行为的效果。如《继承法》第25条规定："继承开始后，继承人放弃继承的，应当在遗产处理前，作出放弃继承的表示。没有表示的，视为接受继承。受遗赠人应当在知道受遗赠后 2 个月内，作出接受或者放弃受遗赠的表示，到期没有表示的，视为放弃受遗赠。"又如《合同法》第 47 条第 2 款规定："相对人可以催告法定代理人在 1 个月内予以追认。法定代理人未作表示的，视为拒绝追认。"

（二）意思表示的生效

所谓意思表示的生效，是指意思表示对表意人产生法律拘束力。一旦生效，则表意人不得任意撤回、撤销或变更其作出的意思表示。根据《民法总则》的规定，意思表示的生效可分为如下几种情形：

1. 有相对人的意思表示生效时间

《民法总则》第 137 条规定："以对话方式作出的意思表示，相对人知道其内容时生效。以非对话方式作出的意思表示，到达相对人时生效。以非对话方式作出的采用数据电文形式的意思表示，相对人指定特定系统接收数据电文的，该数据电文进入该特定系统时生效；未指定特定系统的，相对人知道或者应当知道该数据电文进入其系统时生效。当事人对采用数据电文形式的意思表示的生效时间另有约定的，按照其约定。"可见对于有相对人的意思表示又进一步区分为以对话方式作出和以非对话方式两种情形。对以非对话方式作出的意思表示的生效时间，有发信主义和到达主义两种理论。英美法系国家一般采发信主义，即以意思表示的信函交邮之时或数据电文发出之时生效；大陆法系国家一般采到达主义，即以意思表示的信函或数据电文到达相对人时生效。从《民法总则》第 137 条的规定看，我国是采用了到达主义理论，我国《合同法》也作了类似的规定，同样采取到达主义，该法第 16 条第 2 款规定："采用数据电文形式订立合同，收件人指定特定系统接收数据电文的，该数据电文进入该特定系统的时间，视为到达时间；未指定特定系统的，该数据电文进入收件人的任何系统的首次时间，视为到达时间。"

2. 无相对人的意思表示生效时间

根据《民法总则》第 138 条的规定，无相对人的意思表示，表示完成时生效；法律另有规定的，依照其规定。因为没有相对人的意思表示，不存在意思表示到达相对人的问题，原则上在意思表示作出之时即刻生效。

3. 以公告方式作出的意思表示生效时间

根据《民法总则》第 139 条的规定，以公告方式作出的意思表示，公告发布时生效。因为公告一发布即为社会公众所知晓，意思表示就已经到达。

（三）意思表示的撤回和解释

1. 意思表示的撤回

所谓意思表示的撤回，是指在意思表示发出后，生效前，表意人将其意思表示收回。根据《民法总则》第 141 条的规定："行为人可以撤回意思表示。撤回意思表示的通知应当在意思表示到达相对人前或者与意思表示同时到达相对人。"这与《合同法》第 17 条关于要约撤回的规定是一致的。根据《民法总则》第 137 条的规定，非对话方式作出的意思表示的生效采取到达主义原则，那么表意人的撤回表示只要在意思表示到达之前或者同时到达相对人的，则视为原意思表示没有到达也就无法生效，而一旦意思表示已经到达相对人的，则来不及再撤回。

而以对话方式作出的意思表示，相对人知道其内容时即生效，故不存在撤回一说，只能依《合同法》第 18、19 条的规定进行撤销，但是基于对相对人信赖利益的保护，这种撤销受到严格的限制。对于没有相对人的意思表示，因为意思表示一完成即刻生效，因此不存在意思表示撤回一说，只能撤销。没有相对人的意思表示一般只涉及对自己权利的处分，故法律一般不限制表意人对自己意思表示的撤销。

2. 意思表示的解释

所谓意思表示的解释，是指在意思表示不清楚、不明确而发生争议的情况下，法院或仲裁机构对意思表示进行的解释。《民法总则》第 142 条规定："有相对人的意思表示的解释，应当按照所使用的词句，结合相关条款、行为的性质和目的、习惯以及诚信原则，确定意思表示的含义。无相对人的意思表示的解释，不能完全拘泥于所使用的词句，而应当结合相关条款、行为的性质和目的、习惯以及诚信原则，确定行为人的真实意思。"可见《民法总则》对有相对人和没有相对人的意思表示采取了不同的解释规则。在无相对人的意思表示解释上采主观主义，只需探求表意人内心真意即可，无需关注第三人之理解。故不能完全拘泥于所使用的词句，而应当结合相关条款、行为的性质和目的、习惯以及诚信原则，确定行为人的真实意思。对于有相对人的意思表示的解释则采纳了客观主义，须从客观第三人角度观察确定意思表示内容，故应当按照所使用的词句，结合相关条款、行为的性质和目的、习惯以及诚信原则，确定意思表示的含义。

⭐ 法条链接

《中华人民共和国合同法》

第 17 条　要约可以撤回。撤回要约的通知应当在要约到达受要约人之前或者与要约同时到达受要约人。

第 18 条　要约可以撤销。撤销要约的通知应当在受要约人发出承诺通知之前到达受要约人。

第 19 条　有下列情形之一的，要约不得撤销：

（一）要约人确定了承诺期限或者以其他形式明示要约不可撤销；

（二）受要约人有理由认为要约是不可撤销的，并已经为履行合同作了准备工作。

第 125 条　当事人对合同条款的理解有争议的，应当按照合同所使用的词句、合同的有关条款、合同的目的、交易习惯以及诚实信用原则，确定该条款的真实意思。

合同文本采用两种以上文字订立并约定具有同等效力的，对各文本使用的词句推定具有相同含义。各文本使用的词句不一致的，应当根据合同的目的予以解释。

三、附条件与附期限的民事法律行为

符合生效要件的民事法律行为原则上应当自成立时就生效。而由于现实总有可能不同于当事人的设想，或者未来的事态无法像其预期的那样发展。这样就带来了一个问题，当事人是否可以就未来事态不符合预期的风险，预先来作出安排和规定？比如说，甲想将其闲置的房屋出租给乙居住，但又担心合同期内在国外留学的儿子万一回国工作需要自住，所以想跟乙在合同中作一个特别的约定：若租赁期内甲儿回国工作的话，则甲可提前终止合同收回房屋。依据私法自治的原则，行为的当事人当然可以考虑到不确定的因素和未来的发展，对法律行为作出此安排。诚如王泽鉴教授所言："为顺应当事人需要，法律乃本乎私法自治原则，创设两种制度，俾供利用，一为条件，一为期限。条件及期限除分配交易上危险外，亦具有引导相对人为特定行为的功能。"[1] 民法为此提供了两种制度上的安排，即约定附加条件或者期限，以决定法律行为的效力是否发生或存续。

（一）附条件的民事法律行为

1. 附条件民事法律行为的含义

附条件的民事法律行为是指双方当事人在民事法律行为中设立一定的法律事实作为条件，以该条件的成就与否作为决定该民事法律行为效力产生或解除的根据的民事法律行为。《民法总则》第 158 条规定："民事法律行为可以附条件，但是按照其性质不得附条件的除外。附生效条件的民事法律行为，自条件成就时生效。附解除条件的民事法律行为，自条件成就时失效。"《合同法》第 45 条第 1 款规定："当事人对合同的效力可以约定附条件。附生效条件的合同，自条件成就时生效。附解除条件的合同，自条件成就时失效。"例如：某甲为了激励其侄子某乙好好学习，跟乙说，若乙今年考上重点大学，即赠送一部手提电脑以作学习之用，在该赠与合同中，附加了"乙今年考上重点大学"作为赠与合同生效的条件。又如：丙与丁签订了房屋租赁合同，但作为出租人的丙考虑到其儿子将来可能从国外回来要居住该房的情况，故在合同中附加了"如本人儿子回国定居，本房屋租赁合同即行终止"的条件。在前一个例子中，甲与乙之间虽然成立了赠与合同，但赠与合同并不是立即生效，而是在该合同所附加的条件成就之时，即乙考上大学的事实发生时，该赠与合同才生效。而在后一个例子中，附加的是使该租赁合同失效的条件。

---

[1] 王泽鉴：《民法总则》，中国政法大学出版社 2001 年版，第 420 页。

附条件民事法律行为的意义在于充分尊重当事人的意思，使法律行为的实施更好地满足当事人的需要。附条件的民事法律行为一旦成立，就已经产生了法律拘束力，任何一方当事人都不得反悔。但是当事人的合同目的能否得到实现，则取决于合同所附加的条件能否成就。

附条件的民事法律行为适用的范围是极为广泛的，原则上除了法律法规禁止和限制的行为之外，都可以附加条件。不得附条件的民事法律行为一般包括两类：①基于社会公德或公共利益的要求而不允许。如结婚、离婚、收养、接受继承等身份行为，为维护公序良俗而不允许附条件。②基于交易安全和法律秩序稳定的要求而不允许。前者如票据行为，《票据法》第33条第1款就规定背书不得附有条件。后者如形成权的行使，如抵销、解除、追认、撤销等不得附条件。

2. 附加条件的要求

"条件"是指决定民事法律行为的效力的产生或消灭的未来不确定的事实。这种事实既可以是事件，也可以是行为，但均应符合下列要求：

（1）条件应当是将来发生的事实。能够作为附条件民事法律行为中的条件的，必须是当事人实施民事法律行为时尚未发生的事实，过去的、已经发生的事实不能作为条件。当事人把已知的、已发生的事实作为条件时，如果该条件决定着法律行为效力的产生，则视为该法律行为未附加任何条件；如果该条件决定着民事法律行为效力的消灭，则视为当事人并不希望实施该法律行为，因而该法律行为应视为未生效。

（2）条件必须是不确定的事实。条件的本质特征在于，民事法律行为发生效力所依据的情况具有不确定性，该不确定性同时也是条件区别于期限的原因。[1] 条件必须是不确定的事实，也就是说，对于条件在将来是否会发生，当事人在进行约定之时是不能确定的，如果能够肯定将来必定会发生或者将来肯定不会发生的事实，则不能作为民事法律行为所附的条件。

（3）条件必须是当事人任意选择的事实。作为条件的事实必须是当事人自己选定的，是当事人意思表示一致的结果。如果法律规定某项法律行为必须具备的条款，则其是该项法律行为生效或失效的法定条件而非附条件。如《继承法》规定，继承的发生以被继承人的死亡为条件。如果法律行为中附有法定的条件，则视为未附条件。

（4）条件应当是合法的事实。附条件法律行为当中的条件，必须符合法律的规定和公序良俗。以违法或违背公序良俗的事实作为法律行为的条件，称为不法条件。附不法条件的民事法律行为一般应当宣告无效，但在特殊情况下，如果单独条件无效，而法律行为不具有违法性，为了保护相对人的利益，该法律行为仍为有效。例如，某雇主与雇员约定，若雇员怀孕则雇主解除合同，该条件应当被宣告无效，但该劳动合同仍应有效。

---

[1] [德] 迪特尔·梅迪库斯著，邵建东译：《德国民法总论》，法律出版社2000年版，第627页。

3. 条件的分类

在民法上，可以对法律行为所附的条件作出如下分类：

（1）生效条件与解除条件。根据条件对法律行为效力所起的不同作用，可将所附条件分为生效条件与解除条件。生效条件又称延缓条件，是指法律行为要在所附条件成就时才能发生法律效力的条件。即该条件对于法律行为效力的发生起着延缓或推迟作用，在条件成就前，尽管法律行为已经成立，但其效力处于抑制状态，权利人尚不能行使权利，义务人也无须履行义务，法律行为的效力因被延缓而处于相对停止状态。如前所述乙考上重点大学即为甲赠与其手提电脑之法律行为的生效条件。

解除条件又称消灭条件，是指法律行为中所确定的民事权利和民事义务，在所附的条件成就时失去法律效力的条件。《合同法》第45条第1款规定："……附解除条件的合同，自条件成就时失效。"在附解除条件的法律行为中，法律行为的效力已经发生，当事人已经开始履行其权利义务，当约定的解除条件成就时，则导致法律行为的效力归于消灭。如前所述，丙的儿子回国定居即为该房屋租赁合同失效的解除条件。

（2）肯定条件与否定条件。肯定条件又称积极条件，是指以某种客观事实的发生为其所附条件的内容。约定的客观事实发生了为条件成就，不发生为条件不成就。肯定条件又可分为肯定的生效条件和肯定的解除条件。前述两个事例中所附条件均为附肯定条件的法律行为，前者为附肯定的生效条件，后者为附肯定的解除条件。

否定条件又称为消极条件，是指以某种事实的不发生为其所附条件的内容。否定条件与肯定条件相反，它是以一定事实的不发生为条件成就，而以一定事实的发生为条件不成就。因而否定条件又可分为否定的生效条件和否定的解除条件。如甲、乙签订粮食买卖合同，在合同中约定"如今年不发生旱灾即供给乙小麦10吨"，该买卖合同即属于附否定的生效条件。

4. 附加条件的效力

附条件的民事法律行为成立之后，就已经在当事人之间产生了法律拘束力。所以，对于附条件的合同行为而言，如果任何一方单方面地终止合同，则构成违约。在所附条件成就与否未确定时，条件的成就与否可以为行为人带来预期的利益，行为人对此利益享有期待权。

（1）条件成就及其效力。所谓条件成就，是指作为条件内容的事实已经实现。对于肯定条件，以条件事实的发生为条件成就。对于否定条件，其条件事实不发生，为条件成就。例如，甲与乙约定，若乙今年考上大学，则甲如何如何，到时乙果真考上大学，为条件成就；若甲与乙约定，如乙今年考不上大学，则如何如何，到时如乙果真没考上大学，为条件成就。

条件成就的效力，在于决定民事法律行为效力的发生或消灭。对附生效条件的民事法律行为，因条件的成就，而使法律行为的效力当然地发生，不需要再有当事人的意思表示或者其他行为。对于附解除条件的民事法律行为，因条件之成就，而使已经生效的民事法律行为失去效力。

（2）条件不成就及其效力。所谓条件不成就，是指作为条件内容的事实确定地不实现。对于肯定条件，以该事实的不发生为条件不成就；对于否定条件，以该事实的发生为不成就。例如，约定明日下雨则如何如何，届时晴天，为条件不成就；如约定明日不下雨则如何如何，届时雨天，为条件不成就。

对于附生效条件的民事法律行为，条件不成就时，法律行为的效力则确定地不发生；对于附解除条件的民事法律行为，条件不成就时，法律行为的效力就确定不消灭，即继续有效。

（3）条件成就与否的拟制。由于民事法律行为所附条件的成就与否直接关系到行为人的期待利益，因此行为人应当让条件事实自然地发展，不能为了自己的利益不正当地，即恶意促成条件成就或者阻碍条件成就。凡是因此促成条件成就的，视为条件不成就；凡是因此阻碍条件成就的，视为条件成就。如甲乙约定，如甲考试通过，乙将赠其 1 万元，甲为了考试通过找丙替考，并付丙 1000 元报酬，发榜之日，甲考试通过。此时，甲为了自己获得利益，用不正当的手段促成条件的成就，按照现行法律的规定，应当视为条件不成就，乙无须向甲赠与 1 万元。

（二）附期限的民事法律行为

1. 附期限民事法律行为的含义

附期限的民事法律行为，是指当事人约定以一定期限的到来作为行为生效或解除的依据的民事法律行为。《民法总则》第 160 条规定："民事法律行为可以附期限，但是按照其性质不得附期限的除外。附生效期限的民事法律行为，自期限届至时生效。附终止期限的民事法律行为，自期限届满时失效。"最高人民法院《民通意见》第 76 条规定："附期限的民事法律行为，在所附期限到来时生效或者解除。"《合同法》第 46 条规定："当事人对合同的效力可以约定附期限。附生效期限的合同，自期限届至时生效。附终止期限的合同，自期限届满时失效。"

在非即时清结的民事法律行为中，时间要素往往对于当事人民事权利义务的确定具有重要的意义。当事人通过给民事法律行为附加期限，可以限制民事法律行为所确定的民事权利和义务的发生或终止的时间，因此能够使民事法律行为按照行为人的意愿有计划、有步骤地进行，从而满足其特定的利益需要。

附期限与附条件都是对民事法律行为效力的发生或消灭产生某种限制，因此二者存在相同点：①都是当事人约定的事实；②都是合法的事实；③都是将来发生的事实；④都是作为民事法律行为效力依据的事实。但是，二者又具有明显不同的特点：条件的成就与否，是当事人所不能预知的，它将来可能发生，也可能不发生，具有不确定性；而期限则是当事人能够预知的，虽然有的是确定的期限，有的是不确定的期限，但期限总是要到来的，是必然会发生的事实。

2. 期限的分类

（1）生效期限和终止期限。根据所附期限对民事法律行为效力所起作用的不同，可将期限分为生效期限和终止期限。生效期限又称延缓期限或始期，它是指合同的效力自期限到来时才发生。具体地说，就是当事人在行为成立时约定，权利和义务处于停止状态，待期限届至时才生效，这就是《合同法》第46条所称的"自期限届至时生效"。例如，甲乙双方签订了协议，协议中约定该协议在双方签字后1个月生效，即属于附生效期限的民事法律行为。生效期限与履行期限不同，前者是民事法律行为生效的时间，后者是民事法律行为生效后权利义务的具体落实的时间。在生效期限到来前，法律行为尚未生效，权利义务尚未产生。而在履行期限到来前，法律行为通常已经生效，权利义务已经产生，只是当事人尚未实际履行而已。

终止期限也称为解除期限或终期，它是指合同的效力自期限到来时消灭。具体说，是在当事人约定的期限届满时，民事法律行为的效力即行终止。这就是《合同法》第46条所称的"自期限届满时失效"。如明确约定了租期的房屋租赁合同即为附解除期限的民事法律行为。

（2）确定期限与不确定期限。确定期限是指依照日历可以计算的期日。如"自2005年1月1日始"或"到2005年1月1日止"，都是确定期限。不确定期限是指以一定发生的事实为期限。如甲与乙约定，待甲父过世时，就将房子卖给乙。

3. 附加期限的效力

民事法律行为所附期限的效力表现在，如果是始期，则民事法律行为的生效时间在行为成立时被延缓，使其不能在行为成立的同时生效，而只有在所附期限届至时才能发生效力；如果是终期，则民事法律行为的解除期限在行为成立时被确定，在期限届满前，民事法律行为已经生效，在期限届满时，民事法律行为即失效。

引例分析

引例1：王某向李某借款，双方当事人间就成立了一项借款法律行为，借款是双方法律行为亦即借款合同行为，双方间据此产生了借款的债权债务关系。根据这份合同，王某有义务向李某归还所借的款项。后来，王某因故决定还给李某5张奖券以抵借款，而李某虽最初推辞但最终还是同意了王某的提议，接受了奖券。这说明双方当事人同意了以5张奖券这一实物来偿还原先的10元债务，也就是说双方当事人又通过一项新的法律行为变更了原法律行为的标的物。既然李某接受奖券是双方当事人意思表示一致的结果，那么，李某当然就取得了对该奖券的所有权，自然也包括收取该奖券孳息的权利，因此，奖金的所有权应属于李某。

引例2：张某与钱某之间存在着两个保管合同关系。一个是以冰箱为标的物的保管合同，另一个则是以纸张为标的物的保管合同。冰箱的保管合同中，张某支付了2万元的保管费，为有偿法律行为。纸张的保管合同未收取费用，为无偿法律行为。《合同法》第 374 条规定，保管期间，因保管人保管不善造成保管物毁损、灭失的，保管人应当承担损害赔偿责任，但保管是无偿的，保管人证明自己没有重大过失的，不承担损害赔偿责任。可见保管在有偿与无偿的情况下，保管人责任的大小（或轻重）应有所区别。因此对于冰箱保管合同的损失，保管人钱某应当承担全部的损失赔偿责任，赔偿张某 1 万元；对于无偿的纸张保管合同，保管人钱某只对其故意或者重大过失造成保管物毁损、灭失的后果负责，轻微过失不负责。如保管人钱某能够证明在仓库漏水的问题上自己不存在重大过失的，则不需要承担损害赔偿责任，由张某自行承担8000 元的损失；反之，钱某就要承担 8000 元的损失。

★ 相关法津规范

1.《中华人民共和国民法总则》第 133～142、158～160 条。

2.《中华人民共和国合同法》第 11、16～19、36、44～46、125、185、191、366、367、374、406 条。

3.《中华人民共和国担保法》第 5 条。

4.《中华人民共和国票据法》第 33 条。

5.《中华人民共和国继承法》第 17、25 条。

6.《中华人民共和国劳动法》第 29 条。

7.《最高人民法院关于贯彻执行〈中华人民共和国民法通则〉若干问题的意见（试行）》第 66、75～77 条。

思考与练习

一、结合本项目原理，作出正确选择：

1. 下列属于民事法律行为的是（　　）。

A. 甲对所种果树之果实的收获行为

B. 甲入乙果园擅自摘取果实的行为

C. 甲为避免乙的果实受损而擅入乙果园摘取果实的行为

D. 甲与乙约定以一定报酬为条件由甲帮乙收果实的行为

2. 乙借甲 100 元。某日甲通知乙："你欠我的 100 元不要还了。"乙说："不行，一定要还。"甲放弃债权的行为属（　　）。

A. 单方法律行为而有效　　　　B. 单方法律行为而无效

C. 双方法律行为而有效　　　　D. 双方法律行为而无效

3. 甲乙相约，如果明年甲结婚，乙将自己的一套住房租给甲使用。该行为是（　　）。

A. 附期限的法律行为　　　　B. 附条件的法律行为

C. 附始期的法律行为　　　　D. 附终期的法律行为

4. 甲乙约定："甲的儿子如果调出北京，甲、乙间的房屋租赁合同即行生效。"这一民事法律行为所附的是（　　）。

A. 肯定延缓条件　　　　　　B. 否定解除条件

C. 否定延缓条件　　　　　　D. 肯定解除条件

5. 下列属于事实行为的有（　　）。

A. 无因管理行为　　　　　　B. 正当防卫行为

C. 紧急避险行为　　　　　　D. 合同行为

6. 甲与乙签订了自行车赠与合同一份，该项民事法律行为属于（　　）。

A. 单方法律行为　　　　　　B. 双方法律行为

C. 单务法律行为　　　　　　D. 无偿法律行为

E. 诺成性法律行为

7. 下列行为中，属于单方法律行为的是（　　）。

A. 授权行为　　　　　　　　B. 赠与人行使撤销权的行为

C. 买卖行为　　　　　　　　D. 行使法定抵销权的行为

8. 下列对"意思表示"表述正确的是（　　）。

A. 意思表示是法律行为的核心，有意思表示就有法律行为

B. 意思表示为主观范畴，无需表现出来

C. 内心意思表达于外部的方式包括明示与默示

D. 意思表示是法律行为的基本要素，但二者并不等同

二、结合本项目原理，回答下列问题：

1. 举例说明什么是民事法律行为。民事法律行为与事实行为之间是什么关系？

2. 在附生效条件的合同法律行为中，在所附条件成就之前，当事人一方宣称将不履行合同，其行为是否要承担违约责任？

三、结合本项目原理，分析以下案例：

1. 甲单独邀请朋友乙到家中吃饭，乙爽快答应并表示一定赴约。甲为此精心准备了许多食材，在炒菜的过程中还不慎被热油烫伤。但当日乙因有其他应酬而未赴约，也没有及时告知甲，致使甲准备的饭菜浪费。甲非常生气，认为乙对自己财产的损失和身体受伤有责任，应该承担购买食材的一半费用。乙则认为自己对甲不存在法定义务，不需要对其承担任何责任。

你赞成哪一方的说法？请提出你的观点。

思考方向：

（1）判断甲的邀请行为是否构成民事法律行为。

（2）分析甲乙之间是否存在民事权利义务关系。

2. 李力与刘南两人是很要好的朋友，2014 年 5 月，刘南因结婚急需用钱，便向李力借款 1 万元。刘南结婚后宴请朋友。在宴席上，刘南感谢李力的帮助，表示将尽快

归还这 1 万元。这时，其他朋友对李力开玩笑说："都是哥们，还什么，干脆给刘南算了。"李力随口说了一句："算就算了。"刘南随后笑着说："那我就不还了，算你送的。"时隔数月后，李力因事需用钱，向刘南催还借款。刘南说："这钱你已当着大家说过送我的，不用还了，现在怎么又向我要？"李力解释说："那只是随口开玩笑。"刘南表示："我是当真的！"李力多次催要无果，向法院起诉，要求刘南归还欠款。

法院能否支持李力的主张？为什么？

思考方向：

（1）明确当事人之间的法律关系及相关权利义务。

（2）判断双方当事人意思表示的真实性。

（3）确定法院的判决依据。

3. 王某与林某合伙经营布匹期间，销售给某服装厂价值 5 万元的布，该服装厂收到布后迟迟没有付款。后来，王、林二人决定不再进行合伙经营，原合伙期间所产生的一切债权归王某享有，王某给付林某人民币 3 万元整。于是，王某给林某出具一张欠条，该条上写着"今欠林某人民币 3 万元整。归还期，到收回服装厂欠款后归还"。之后王某多次向服装厂索要，但是仍未能收回欠款。而林某也多次向王某索要欠款，王某则以未收回服装厂的欠款为由拒不偿还。林某向法院起诉，要求王某归还所欠款项。

法院是否应支持林某的诉讼请求？

思考方向：

（1）明确当事人之间民事法律关系的内容。

（2）分析王某还款行为的法律性质。

（3）判断林某和王某各自主张的合法性。

学习情境七　附条件民事法律行为的判定

情境案例

村民甲将一头耕牛出租给乙使用，租期 2 年，年租金 500 元。租用期间牛丢失，甲乙遂协商决定，若 10 日内乙不能找回耕牛，就由乙赔偿甲 2500 元，并支付尚未支付的租金 500 元。3 天后乙找到耕牛，因牛的市场价格上涨，乙遂将牛以 4000 元卖给邻村村民丙，并向甲谎称牛未找到，支付了约定的 3000 元。后来甲得知实情，向丙索要牛未果，遂向法院起诉乙，要求返还耕牛，并赔偿损失。

训练目的

通过实训，使学生进一步掌握有关民事法律行为生效的法律规定，能够正确判断民事法律行为附加条件之后可能产生的影响，能够正确处理民事法律关系当事人之间的权利义务争议。

训练方法

1. 课堂讨论。针对案例由教师或者学生提出问题，由学生自主进行探讨、论证，教师进行辅导、点评。

2. 角色模拟。学生分组，每组 4~6 人，分别模拟甲、乙、丙和法官，根据案情模拟当事人各自的主张和解决纠纷的过程。

工作任务

1. 正确认识民事法律事实与民事法律行为的关系，准确判断附条件民事法律行为的法律效果。

2. 正确判断附条件民事法律行为中的条件成就与否及相应的效力，掌握处理相关民事纠纷的正确方法。

实训步骤

步骤 1. 判断甲乙之间存在哪些民事法律关系。

步骤 2. 判断甲乙双方在牛丢失后所达成的协议的性质。

步骤 3. 确定甲乙双方根据达成的协议所享有的权利和承担的义务的内容。

步骤 4. 判断乙将甲的牛卖给丙这一行为的法律性质。

步骤 5. 决定本案的处理结果。

项目二　民事法律行为的效力

引例 1

7 岁的肖明向哥哥的好友林东（成年人）借钱 1000 元购买游戏机，在购买游戏机时不慎将钱丢失。半年后林东要求肖明还钱，肖明不得已将事情告诉父母。肖明的父母一方面对儿子进行批评教育，另一方面认为林东不应该借钱给其未成年的儿子，况且钱已经丢失，因而拒绝还钱。

问题：

按照法律的规定，肖明的父母是否应该向林东偿还 1000 元钱？为什么？

引例 2

张某出国进修两年半，在出国前与李某签订房屋租赁合同，以 3000 元/月的价格将房子出租给李某。此后，该市房价飙升，房租上涨，李某见有利可图，遂决定将房屋转手出租给他人。后通过中介与王某达成租赁协议，以 4000 元/月的价格将房子租给了王某两年。后来张某提前回国，得知李某将自己的房屋擅自转租给王某后，就要求李某交出房租，李某只愿按照合同约定的 3000 元/月的价格支付。张某又找到王某，要求其搬走，王某以从李某处租赁房屋时并不知房主是张某为由拒绝搬出。

问题：

1. 李某将房屋转租给王某是什么性质的行为？
2. 王某拒绝搬出的理由是否成立？

基本理论

民事法律行为是一种行为人意欲追求法律上一定效果之行为，但是能否实现这种效果，则取决于其行为是否符合法律之要求。《民法总则》第 143 条规定了民事法律行为有效的三大要件，同时符合这三大要件的行为是有效的民事法律行为，而不具备有效要件的行为可能发生三种后果：无效、被撤销、效力待定。

一、民事法律行为的有效要件

民事法律行为的有效要件，是指已经成立的民事法律行为产生法律拘束力需要具备的条件。具备有效要件的民事法律行为，能够发生行为人当初所预期的法律效果，实现行为人追求的法律目的。根据《民法总则》第 143 条的规定，一个有效的民事法律行为必须同时符合以下三个要件：

（一）行为人具有相应的民事法律行为能力

行为人要具有相应的民事行为能力，又称主体合格原则。民事法律行为以意思表示为核心要素，因此行为人必须具有正确理解自己行为的性质和后果，独立的表达自己的意思的能力，也就是说必须具备与从事某项法律行为相适应的民事行为能力。

对自然人而言，相应行为能力问题主要存在于限制民事行为能力人这一块。根据现行法律规定，限制民事行为能力人可以独立实施如下两类民事法律行为：①接受奖励、报酬，接受赠与且无负担；②与其民事行为能力相适应的民事法律行为。限制民事行为能力人进行的民事活动是否与其年龄、智力状况相适应，可以从行为与本人生活相关联的程度，本人的智力能否理解其行为，并预见相应的行为后果，以及行为标的数额等方面进行认定。

就法人而言，其行为能力取决于设立的目的和宗旨，企业型法人则取决于其经营范围。我国《民法通则》第 42 条规定："企业法人应当在核准登记的经营范围内从事经营。"《民法总则》对此则未作规定，但从目前各国的立法和司法实践来看，对企业法人经营范围的限制在不断地放宽。《最高人民法院关于适用〈中华人民共和国合同法〉若干问题的解释（一）》第10条规定："当事人超越经营范围订立合同，人民法院不因此认定合同无效。但违反国家限制经营、特许经营以及法律、行政法规禁止经营规定的除外。"如麻醉品、黄金及黄金制品等属于限制经营的产品；如食盐、烟草制品等属于特许经营的产品；如毒品、枪支弹药等属于法律、行政法规禁止经营的产品。以上这些就严格地受法人行为能力的限制，不允许超范围经营。

⭐ 法条链接

《中华人民共和国民法总则》

第145条第1款　限制民事行为能力人实施的纯获利益的民事法律行为或者与其年龄、智力、精神健康状况相适应的民事法律行为有效；实施的其他民事法律行为经法定代理人同意或者追认后有效。

《中华人民共和国合同法》

第47条第1款　限制民事法律行为能力人订立的合同，经法定代理人追认后，该合同有效，但纯获利益的合同或者与其年龄、智力、精神健康状况相适应而订立的合同，不必经法定代理人追认。

（二）行为人意思表示真实

意思表示是民事法律行为的核心要素，因此法律要求意思表示必须要真实。所谓意思表示真实，是指行为人表现于外部的意思与其内心的真实意愿是一致的。在大多数情况下，行为人表示于外部的意思同其内心真实意思是一致的，但有时某些主客观方面的原因也可能导致行为人的意思表示与其内心的真实意思不符。传统民法将意思表示不真实分为两大类：

1. 行为人的意思表示不自由

行为人因受到欺诈、胁迫、乘人之危等外在原因导致其处于意志不自由的状态，因此其表达的意思不符合其真实意思。这属于典型的意思表示不真实的情况。例如，甲男威胁乙女，若不给其1万元好处费就将乙女不雅的写真照上传到网络，乙女迫于无奈只好给了甲男1万元，此处乙女赠与甲男金钱的行为就属于被胁迫的意思表示不真实。

2. 行为人的意思表示不一致

行为人表达于外部的意思不符合其内心的真实意思。这种不一致又可分为两种情形：

（1）故意的不一致，又称虚伪表示。包括单独的虚伪表示和通谋的虚伪表示两种。单独的虚伪表示又称真意保留，就是指行为人故意隐瞒其真实意思，而为与其真意不同的意思表示。[1] 对于真意保留的意思表示，我国法律未作任何规定。真意保留大多是一种戏谑行为，在真意保留的情况下，通常没有设立法律关系的真实意图，可以认为该行为没有法效意思而不成立。但亦有学者认为真意保留除相对人明知外，应为有效。[2] 通谋的虚伪表示，就是行为人与相对人通谋而为虚假的意思表示，如恶意串通，以合法形式掩盖非法目的等。例如，甲为了逃避债务，与朋友乙通谋，将其房产低价转让给乙。

（2）无意的不一致。又称意思表示的错误，是指因自己主观认识的错误或者因不知或者是他人的误传等原因，导致行为人作出了不符合其内心真实意思的意思表示。具体包括：①意思表示内容的错误。如对法律行为性质认识的错误、对标的物认识的错误、对当事人认识的错误等。此种情形后果严重的话，则可构成我国民法上的重大误解，行为人可以重大误解为由请求撤销该行为。②不知。不知是指对其表示的内容根本无认识，也就是对其行为根本不知。如欲写 100 元误写成 1000 元。③误传。误传是指因传达人或传达机关的传达不实所导致的错误。例如，表意人的意思是购买某物，而翻译错误地译成出卖某物。对于误传我国《民法总则》未作规定，但《民通意见》第 77 条规定："意思表示由第三人义务转达，而第三人由于过失转达错误或者没有转达，使他人造成损失的，一般可由意思表示人负赔偿责任。但法律另有规定或者双方另有约定的除外。"

案例

2006 年 4 月 1 日，中央电视台七套《乡约》栏目播出了访谈节目《土与火的传奇》，大连陶艺家邢良坤当众展示了一件精美的陶艺作品五层吊球，并说他制作五层吊球十年来，没有一个人能够破解，为"世界之谜"，如果有人能仿造出来，他的楼（位于大连市联合路 73 号的邢良坤艺术中心，当时市价 1600 万元）包括里面的所有财产都送给此人。

洛阳的陶艺爱好者孙震经过一年的摸索，2007 年 4 月初成功解决了五层吊球的内部旋转和碰壁问题，制作出了"五层吊球陶器"。2007 年 5 月 9 日，孙震致函邢良坤，寄去他制作的作品照片及 DV 短片，要求邢良坤兑现诺言。邢良坤未作答复。

2007 年 6 月 8 日，孙震向洛阳市涧西区人民法院提交了民事起诉状，请求法院确认邢良坤"关于五层吊球制作悬赏广告合同"成立并生效，同时承担原告因本案支出的合理费用 8000 元及本案诉讼费用。法院受理了此案。

一审法院于 2007 年 8 月 22 日作出一审判决：邢良坤与孙震的"五层吊球陶器制作合同"成立并有效。巨额财产面临易主，"世界陶王"邢良坤于 2007 年 9 月 6 日提出

---

〔1〕 梁慧星：《民法总论》，法律出版社 2001 年版，第 194 页。

〔2〕 龙卫球：《民法总论》，中国法制出版社 2001 年版，第 547 页。

上诉。在谈及上诉理由时，邢良坤说："陶艺研究所的大楼是我租赁的国家财产，说将其悬赏是为了增加节目趣味性的玩笑话。即便该大楼是私人财产，也属于我和妻子的共同财产，要送出去还得征得妻子的同意。所以在央视上说的那番话，只是句玩笑话。"请求二审法院认定他在央视说的话不是悬赏，要求撤销原审判决。

在历时 1 年 3 个月的慎重审理后，二审法院认为，"悬赏广告是指悬赏人以广告形式声明对完成悬赏广告中规定的特定行为的任何人，给付广告中约定报酬的意思表示行为"。邢良坤参加的《乡约》节目，不是广告节目，访谈行为也不是以营利为目的的广告行为。邢良坤在谈话中虽然似有承诺的性质，但其谈话的目的并不是要获得利益，只是在该节目中显露出"陶艺狂人"的形象，从民事法律上说，这是一种打赌承诺。如果从悬赏的角度看，他的意思表示是不真实的，或者说是一种单方虚构的意思，而不是《合同法》第 15 条所规定的"要约是希望和他人订立合同的意思表示"，因此不能构成要约，一审法院认定事实清楚，但适用法律有误，应予纠正。

2008 年 7 月 21 日，洛阳市中级人民法院作出终审判决，孙震败诉，但本案一审和二审受理费共计 1000 元，由邢良坤承担。[1]

（三）不违反法律、行政法规的强制性规定，不违背公序良俗

这一要件体现了法律对意思自治原则的限制和干预，是对民事法律行为的根本性要求。需要注意的是这一要件强调的是不违反法律、行政法规的强制性规定，而不是泛指一切法律、行政法规的规定。《民法总则》的这个规定与《合同法》的规定保持了一致。

民事法律行为不仅应符合法律规定，而且还不得违反公序良俗。所谓公序良俗，就是社会公共秩序和善良风俗的简称。它是一种社会公共利益的体现，与国家利益不完全相同。以公序良俗为补充，可以大大弥补法律规定之不足，但同时也赋予了执法者较大的自由裁量权。

二、无效的民事法律行为

（一）无效民事法律行为的含义和特征

无效民事法律行为，是指不具备或不完全具备民事法律行为的构成要件，因而无法得到法律的认可和保护，无法产生行为人所预期的法律效果的行为。无效的民事法律行为也能引起一定的法律后果，但不是行为人所追求的法律效果，甚至可能是与行为人预期相反的法律效果，因而又称为绝对无效的民事法律行为。

---

[1]　孟国庆："洛阳孙震状告大连'世界陶王'终审被驳回"，载央广网，http://www.cnr.cn/hnfw/fzpd/yw/200908/t20090813_505430127.shtml.

无效民事法律行为具有以下特征：

（1）无效民事法律行为具有违法性。这里所说的"违法性"包括两个方面的内容：①违反了法律和行政法规的强制性规定。注意不得以其他低位阶的法规或者规章中的规定为依据，来判断民事法律行为是否违法。②指违反了公序良俗。

（2）对无效民事法律行为实行国家干预。由于无效民事法律行为具有违法性，因此对此类民事法律行为应实行国家干预。这种干预主要体现在：法院和仲裁机构不待当事人请求确认民事法律行为无效，便可以依职权主动审查民事法律行为是否具有无效的因素，如发现确属于无效民事法律行为的，应当主动地确认民事法律行为无效。

（3）无效民事法律行为具有不得履行性。无效民事法律行为的不得履行性，是指当事人在实施无效的民事法律行为，特别是订立无效合同以后，不得依据合同要求实际履行，也不承担不履行合同的违约责任。

（4）无效民事法律行为自始无效、当然无效、绝对无效。由于无效民事法律行为从本质上违反了法律规定，因此国家不承认此类民事法律行为的法律效力。民事法律行为一旦被确认无效，就将产生溯及力，使民事法律行为自成立之日起就不具有法律效力，以后也不能转化为有效的法律行为。对已经实施的，应当通过返还财产、赔偿损失等方式使当事人的财产恢复到民事法律行为实施之前的状态。当然无效是指无效的民事民事行为，无需任何人主张，也不待法院或仲裁机构宣告，即无效。绝对无效则意味着根本不存在转化为有效民事法律行为的可能性。

（二）无效民事法律行为的类型

1. 无民事行为能力人实施的民事法律行为

《民法总则》第20条规定未满8周岁的未成年人为无民事行为能力人，其实施民事法律行为必须由法定代理人代理。《民法总则》第144条规定无行为能力人独立实施的法律行为无效。因为无民事行为能力人对自己的行为无法正确认知，为保护其自身利益及其他人的合法权益，无民事行为能力人所实施的民事法律行为自当无效。但在实际生活中，未满8周岁的未成年人经常会独立从事一些民事活动，如自己乘坐公共交通工具，自己购买一些文具、玩具和食品，或者接受奖励、赠与、报酬等，这些行为过去按照《民通意见》的规定是认可其法律效力的，然而现在按照《民法总则》的规定这些行为均应一律无效，这显然违背日常生活经验，并且不合情理。因此《民法总则》第144条到底应如何适用还有待将来司法解释的出台。

2. 行为人与相对人以虚假的意思表示实施的民事法律行为

《民法总则》第146条第1款规定，行为人与相对人以虚假的意思表示实施的民事法律行为无效。这就是民法理论上的通谋的虚伪表示，是行为人故意追求的一种意思表示的不真实。例如，生活中经常出现的虚假购房合同（阴阳合同）以规避税费，为逃避债务并规避强制执行而为的财产赠与，为避免财产因离婚被分割而捏造虚假债务和虚假诉讼等。《民法总则》第 146 条的规定，对诸如此类的虚假行为之规制，具有重大意义。

《民法总则》第 146 条第 2 款规定，以虚假的意思表示隐藏的民事法律行为的效力，依照有关法律规定处理。亦即虚伪表示所掩盖的隐藏行为之是否有效，取决于该隐藏行为本身是否符合该行为的有效要件。所谓"隐藏行为"，是指虚伪表示所掩盖的真实的法律行为。例如，甲乙双方已经在中介处签订了二手房买卖合同，总价款为 500 万元，但为了减少房屋买卖的税负，双方在房产交易中心网签了一份总价款为 300 万的购房合同，此处网签的购房合同即为双方以虚假的意思表示而为的民事法律行为，按规定理应无效；而在中介处签订的房屋买卖合同则属于隐藏行为，其效力取决于它是否符合《合同法》等相关法律法规的规定。

3. 违反法律、行政法规的强制性规定以及违反公序良俗的民事法律行为

《民法总则》第 153 条规定："违反法律、行政法规的强制性规定的民事法律行为无效，但是该强制性规定不导致该民事法律行为无效的除外。违背公序良俗的民事法律行为无效。"违反法律、行政法规的强制性规定的民事法律行为无效，其基础是《民法总则》第 8 条把"民事主体从事民事活动，不得违反法律，不得违背公序良俗"作为民法的基本原则，第 143 条规定民事法律行为的有效要件包括"不违反法律、行政法规的强制性规定，不违背公序良俗"。正是在这样的基础上，民事法律行为违反法律、行政法规的强制性规定就当然无效。[1]

应当注意，《民法总则》第 153 条第 1 款的但书"该强制性规定不导致该民事法律行为无效的除外"，此处的"强制性规定"应理解为管理性强制性规定。根据《最高人民法院关于当前形势下审理民商事合同纠纷案件若干问题的指导意见》，强制性规定分为效力性强制性规定和管理性强制性规定。违反效力性强制规定的，人民法院应当认定合同无效；违反管理性强制规定的，人民法院应当根据具体情形认定其效力。

✦ 法条链接

《中华人民共和国合同法》

第 52 条　有下列情形之一的，合同无效：

（一）一方以欺诈、胁迫的手段订立合同，损害国家利益；

（二）恶意串通，损害国家、集体或者第三人利益；

（三）以合法形式掩盖非法目的；

（四）损害社会公共利益；

（五）违反法律、行政法规的强制性规定。

---

〔1〕　杨立新主编：《中华人民共和国民法总则要义与案例解读》，中国法制出版社 2017 年版，第 413 页。

《最高人民法院关于适用〈中华人民共和国合同法〉若干问题的解释（二）》

第 14 条　合同法第 52 条第 5 项规定的"强制性规定"，是指效力性强制性规定。

《最高人民法院关于当前形势下审理民商事合同纠纷案件若干
问题的指导意见》

15. 正确理解、识别和适用合同法第 52 条第 5 项中的"违反法律、行政法规的强制性规定"，关系到民商事合同的效力维护以及市场交易的安全和稳定。人民法院应当注意根据《合同法解释（二）》第 14 条之规定，注意区分效力性强制规定和管理性强制规定。违反效力性强制规定的，人民法院应当认定合同无效；违反管理性强制规定的，人民法院应当根据具体情形认定其效力。

16. 人民法院应当综合法律法规的意旨，权衡相互冲突的权益，诸如权益的种类、交易安全以及其所规制的对象等，综合认定强制性规定的类型。如果强制性规范规制的是合同行为本身即只要该合同行为发生即绝对地损害国家利益或者社会公共利益的，人民法院应当认定合同无效。如果强制性规定规制的是当事人的"市场准入"资格而非某种类型的合同行为，或者规制的是某种合同的履行行为而非某类合同行为，人民法院对于此类合同效力的认定，应当慎重把握，必要时应当征求相关立法部门的意见或者请示上级人民法院。

4. 行为人与相对人恶意串通，损害他人合法权益的民事法律行为

《民法总则》第 154 条规定："行为人与相对人恶意串通，损害他人合法权益的民事法律行为无效。"恶意串通的民事法律行为，是指双方当事人故意合谋，弄虚作假，进行损害国家、集体或者第三人利益的民事法律行为。其行为特征有三：①当事人双方出于恶意；②当事人之间互相串通；③当事人之间互相配合或者共同实施了一定行为。这种行为在拍卖、竞标、代理、股权转让及贷款抵押等民事活动中较为常见。例如，某县国土资源局对开发区的一块国有土地进行挂牌出让，参加竞标的有 A、B、C 三家公司，三家公司的董事长私下达成协议，由 B 公司出价，其他两个公司参与但不出价，最后低价竞得土地后大家一起合作开发。这就是所谓的围标行为，是一种典型的恶意串通行为。

恶意串通的行为因为性质比较恶劣，严重违反了诚实信用原则，因此不论是《民法通则》《合同法》还是《民法总则》，都明确将其规定为无效的民事法律行为。

（三）无效民事法律行为的法律后果

无效的民事法律行为自始没有法律约束力。对于无效的民事法律行为的处理，先要区分是部分无效还是全部无效。民事法律行为部分无效，不影响其他部分效力的，其他部分仍然有效。民事法律行为被确认全部无效的，行为人因该行为取得的财产，应当予以返还；不能返还或者没有必要返还的，应当折价补偿。有过错的一方应当赔

偿对方由此所受到的损失；各方都有过错的，应当各自承担相应的责任。法律另有规定的，依照其规定。

三、可撤销的民事法律行为

可撤销的民事法律行为，是指根据法律规定已经发生法律效力，但当事人事后发现存在意思表示瑕疵，依据法律规定可以请求人民法院或者仲裁机构予以撤销的民事法律行为。被撤销的民事法律行为，其法律后果等同于无效的民事法律行为，自始不发生法律效力。但由于可撤销的民事法律行为在撤销前已经生效，只是由于当事人依法行使撤销权才使其归于无效，所以它并非是当然无效的民事法律行为。如果意思表示瑕疵方放弃行使撤销权，那么该行为依然为有效的民事法律行为。

（一）可撤销民事法律行为的种类

1. 因重大误解实施的民事法律行为

《民法总则》第 147 条规定："基于重大误解实施的民事法律行为，行为人有权请求人民法院或者仲裁机构予以撤销。"重大误解的民事法律行为，是指行为人因对行为的性质、对方当事人、标的物的品种、质量、规格和数量等发生了错误认识，使行为的后果与自己的真实意思相悖，并造成较大损失的行为。如对买卖标的物有重大误解，误认为复制品是真品；对法律关系的性质有重大误解，把租赁关系误认为是买卖关系；对合同当事人有重大误解，把与某甲签订合同误认为是与某乙签订合同等。

重大误解的民事法律行为的特征是：

（1）误解是重大的。这里应当有两层含义：①误解的对象是民事法律行为中的重大事项，如行为的性质、当事人、数量和质量、履行期限和地点等。②误解可能给行为人造成较大的损失。也就是说，误解的内容应当涉及行为人的实体权利和义务，影响到行为人的重大利益。如果仅仅是一般性的误解，对行为人的利益没有重大影响的，则不属于重大误解的民事法律行为。

（2）误解是由于过失所致。也就是说，误解是由于行为人自己的认识错误造成的，而非相对人故意诱使的结果。如果重大误解是因相对人的故意造成的，则属于受欺诈的民事法律行为，在性质上与重大误解是不同的。对于存在误解的当事人来说，重大误解的民事法律行为是因其自身的过错所造成的，因此，如果民事法律行为被人民法院或仲裁机构撤销而造成对方当事人或第三人损失的，则误解方应当承担赔偿责任。

（3）误解与民事法律行为之间有因果关系。即民事法律行为是基于行为人的误解而实施的，如果行为人对行为的内容没有重大误解，就不会实施该民事法律行为。可见，行为人的主观误解必须与客观行为之间有直接的因果关系。

需注意的是，民法上的重大误解，仅限于对行为内容的误解，而不包括对行为动机的误解。如某男某女恋爱多年，某男留学美国期间，某女嫁给他人，某男学成归来订制一对钻戒准备向女方求婚，后得知实情。某男此时不能以重大误解为由向商家要求撤销合同。

案 例

一款原价 14 500 元的超级平板电脑因商务公司员工操作失误，被标价为 1450 元在某网络平台销售。仅 3 个小时，该款电脑就售出 500 余台，销售商损失 600 万元。为挽回损失，销售商北京某商务公司将其中一名消费者刘先生诉至法院，要求撤销双方买卖合同关系，法院受理了此案。刘先生在当天购买了一台该款电脑，该商务公司认为，因平板电脑标错价，所以刘先生购买平板电脑的行为属于重大误解，故请求法院撤销原被告双方所订立的买卖合同。法院经审理后认为，按照《合同法》第 54 条的规定，如买卖双方因重大误解订立合同，受损害方有权请求人民法院或者仲裁机构变更或者撤销该合同。北京某商务公司与刘先生所订立的平板电脑买卖合同符合重大误解的法定条件，故支持原告的诉讼请求，判令撤销相关合同。[1]

2. 以欺诈手段实施的民事法律行为

《民法总则》第 148 条规定："一方以欺诈手段，使对方在违背真实意思的情况下实施的民事法律行为，受欺诈方有权请求人民法院或者仲裁机构予以撤销。"所谓欺诈，是指一方当事人故意告知对方虚假情况，或者故意隐瞒真实情况，诱使对方当事人作出错误的意思表示。受欺诈而为的民事法律行为的特点是：①须有他人的欺诈，即故意告知对方虚假情况，或者故意隐瞒真实情况。②须表意人因受欺诈而陷入错误认识。如误认为对方有货可供、对方的产品为优质品等。③表意人因该错误的认识而作出了违背其内心真实意思的意思表示，实施了不利于自己的民事法律行为。

根据《民法总则》第 149 条的规定，第三人实施欺诈行为，使一方当事人在违背真实意思的情况下实施了民事法律行为，对方知道或者应当知道第三人的欺诈行为的，受欺诈方有权请求人民法院或者仲裁机构撤销其所实施的民事法律行为。在第三人欺诈的情形下，一般不能主张撤销，法律优先保护善意相对人的利益，但如果相对人知情或应当知情，则受欺诈方可以申请撤销。

3. 以胁迫手段实施的民事法律行为

《民法总则》第 150 条规定："一方或者第三人以胁迫手段，使对方在违背真实意思的情况下实施的民事法律行为，受胁迫方有权请求人民法院或者仲裁机构予以撤销。"所谓胁迫，是指以给自然人及其亲友的生命健康、荣誉、名誉、财产等造成损害或者以给法人、非法人组织的荣誉、名誉、财产等造成损害为要挟，迫使相对方作出违背真实意

---

〔1〕 案例来源："错价'不认账'电商状告买家"，载央视网，http://news.cntv.cn/2014/10/09/ART I1412810146018391.shtml.

思表示的行为。受胁迫而为的民事法律行为的特点是：①须有他人的胁迫。需注意的是合法的行为也可以构成胁迫，如以举报他人偷税漏税的行为相要挟。②须表意人受胁迫而产生恐惧。③表意人因恐惧而作出了违背其真意的意思表示。因胁迫的违法性较欺诈更为严重，因此无论胁迫人是否为对方当事人，表意人均有权请求撤销其意思表示。

4. 显失公平的民事法律行为

《民法总则》第151条规定："一方利用对方处于危困状态、缺乏判断能力等情形，致使民事法律行为成立时显失公平的，受损害方有权请求人民法院或者仲裁机构予以撤销。"该条文吸收了《民法通则》第59条规定的"显失公平"和《合同法》第54条规定的"乘人之危"，以显失公平吸收了乘人之危，将乘人之危作为导致显失公平的一种手段，与其他手段并列，这样在逻辑上更为科学和严谨。

显失公平的民事法律行为的特点是：①行为结果对一方当事人有重大的不利，另一方则获得了超出正常情况下所能获得的利益，即获取了暴利。②必须是实施行为时显失公平。即应以民事法律行为实施时的市场行情为标准，而不是实施后的市场行情为标准来判断是否显失公平。例如，甲与乙订立买卖合同，在合同履行时合同标的物的市场价格暴涨或猛跌，卖方或者买方均不得以显失公平为理由主张撤销合同。③遭受重大不利的一方当事人所实施的行为不是出自其真实意愿。可能是因为缺乏经验，或处于危困状态，或是对方当事人利用优势而使其不得不接受了不公平的条件。④这种不公平是法律所不允许的。也就是说，这种显失公平的结果明显违反了国家法律、社会公德或者交易习惯。

✨★ 法条链接

《中华人民共和国民法通则》

第59条 下列民事行为，一方有权请求人民法院或者仲裁机关予以变更或者撤销：

（一）行为人对行为内容有重大误解的；

（二）显失公平的。

被撤销的民事行为从行为开始起无效。

《最高人民法院关于贯彻执行〈中华人民共和国民法通则〉若干问题的意见（试行）》

第72条 一方当事人利用优势或者利用对方没有经验，致使双方的权利义务明显违反公平、等价有偿原则的，可以认定为显失公平。

《中华人民共和国合同法》

第54条 下列合同，当事人一方有权请求人民法院或者仲裁机构变更或者撤销：

（一）因重大误解订立的；

（二）在订立合同时显失公平的。

一方以欺诈、胁迫的手段或者乘人之危，使对方在违背真实意思的情况下订立的合同，受损害方有权请求人民法院或者仲裁机构变更或者撤销。

当事人请求变更的，人民法院或者仲裁机构不得撤销。

（二）撤销权的行使和消灭

撤销权在性质上是一种形成权，即撤销权人依自己单方的意思表示，就可以使民事法律关系发生变动。也就是说意思表示不真实的一方无需征得对方当事人的同意，单方面就有权撤销已经成立的民事法律行为。但是由于在实务中，对方当事人往往根本就不承认受损方有所谓的撤销权，撤销权人通常要通过人民法院或者仲裁机构来行使其撤销权。因此《民法总则》第147～151条分别规定，在重大误解、欺诈、胁迫、显失公平等法律行为中意思表示不真实的一方享有撤销权，可以通过人民法院或者仲裁机构来行使。

撤销权作为一种形成权，它虽然不受诉讼时效的限制，但必须受除斥期间的限制，也就是说，撤销权人必须在法定的期间内行使该项权利，否则权利消灭，这也是各国立法的通例。依《民法总则》第152条的规定，有下列情形之一的，撤销权消灭：①当事人自知道或者应当知道撤销事由之日起1年内、重大误解的当事人自知道或者应当知道撤销事由之日起3个月内没有行使撤销权；②当事人受胁迫，自胁迫行为终止之日起1年内没有行使撤销权；③当事人知道撤销事由后明确表示或者以自己的行为表明放弃撤销权。当事人自民事法律行为发生之日起5年内没有行使撤销权的，撤销权消灭。

民事法律行为被撤销后，行为人因该行为取得的财产，应当予以返还；不能返还或者没有必要返还的，应当折价补偿。有过错的一方应当赔偿对方由此所受到的损失；各方都有过错的，应当各自承担相应的责任。法律另有规定的，依照其规定。

四、效力待定的民事法律行为

（一）效力待定民事法律行为的含义和特征

所谓效力待定的民事法律行为，是指民事法律行为成立之后，因欠缺民事法律行为的有效要件，是否能发生法律效力尚不能确定，需要有追认权人作出追认或拒绝的意思表示后，才能确定其效力的民事法律行为。

效力待定的民事法律行为具有如下显著特征：

（1）效力待定的民事法律行为已经成立，但因缺乏民事法律行为的某些有效要件而使其效力处于不确定的状态，即既不是确定有效，也不是当然无效。

（2）效力待定民事法律行为既可成为有效的民事法律行为，也可成为无效的民事法律行为，其有效或无效取决于有追认权人的意思表示。效力待定民事法律行为本身是一种欠缺有效要件的民事法律行为，但是它并没有违反法律的强制性规定和社会公共利益，因而法律对这种行为并不实行国家干预，强行使其无效，而是把选择权留给了有关当事人，这也充分体现了私法自治和民法的鼓励交易的精神。

（二）效力待定民事法律行为的类型

根据《民法总则》与《合同法》的规定，效力待定的民事法律行为包括以下几大类型：

1. 限制民事法律行为能力人依法不能独立实施的行为

《民法总则》第145条第1款规定："限制民事行为能力人实施的纯获利益的民事法律行为或者与其年龄、智力、精神健康状况相适应的民事法律行为有效；实施的其他民事法律行为经法定代理人同意或者追认后有效。"可见限制民事行为能力人若实施了非纯受益的、超出了其年龄、智力、精神健康状况的民事法律行为，其行为的效力取决于法定代理人是否追认，因此属于效力待定的民事法律行为。

2. 欠缺代理权的合同行为

《民法总则》第171条第1款规定："行为人没有代理权、超越代理权或者代理权终止后，仍然实施代理行为，未经被代理人追认的，对被代理人不发生效力。"《合同法》第48条第1款规定："行为人没有代理权、超越代理权或者代理权终止后以被代理人名义订立的合同，未经被代理人追认，对被代理人不发生效力，由行为人承担责任。"可见，无权代理是一种效力待定的民事法律行为。欠缺代理权的行为经被代理人追认后变为有权代理，对被代理人发生法律效力；若被代理人不追认的，对被代理人不发生效力。

3. 欠缺处分权的合同行为

欠缺处分权的合同行为，是指既无法律根据又无权利人授权，而以自己的名义处分他人财产或权利的行为。依《合同法》第51条之规定，无处分权的人处分他人财产，经权利人追认或者无处分权的人订立合同后取得处分权的，该合同有效。所以无权处分行为属于效力待定的民事法律行为。对欠缺处分权的行为的救济手段有两种，一是经权利人追认；二是无权处分人事后依法取得了处分权。

根据我国学者的见解，下列行为为无权处分的典型表现形式：①出卖他人之物，包括互易、赠与和借贷他人之物。②出租他人之物，包括出借他人之物。③擅自转租行为。④私卖共有物。⑤以他人财产设定抵押或者其他权利负担。[1]⑥所有权保留买卖中，买受人在支付完全部价款以前出卖标的物的行为。

4. 欠缺债权人同意的债务转让行为

《合同法》第84条规定："债务人将合同的义务全部或者部分转移给第三人的，应当经债权人同意。"因此，事先未经债权人同意的债务转让，属于效力未定的民事法律

---

〔1〕　梁慧星主编：《中国物权法研究》，法律出版社1998年版，第828页。

行为。若事后取得了债权人的同意，亦即债权人追认，则债务的转移行为有效；若债权人不同意的，则转移行为无效。因为债权人和债务人的合同关系是产生在相互了解的基础上，债权人一般要对债务人的资信情况和偿还能力进行调查，而对于取代债务人或者加入到债务人中的第三人的资信情况及履行债务的能力，债权人可能并不了解。如果债务人不经债权人的同意就将债务转让给了第三人，那么，对于债权人来说显然是不公平的，不利于债权人合法利益的实现。

（三）追认权与撤销权

1. 追认权

对于效力待定的民事法律行为，按照法律规定，权利人既可以依法追认，也可以拒绝追认，亦即权利人享有追认权。所谓追认权，是指权利人通过特定的法律行为，使无权代理人、限制民事法律行为能力人、债务人等所为的行为成为有效民事法律行为的权利。这里的权利人，实际就是指限制民事法律行为能力人的法定代理人、无权代理中的被代理人、债务转让中被转让债务的债权人。追认权在性质上是一种形成权，即只需权利人单方面向对方作出追认的意思表示，原民事法律行为即可生效，无需相对人的同意。

通说认为权利人既可以采用明示，也可采用积极默示的方式来进行追认。追认的意思表示，自到达相对人时生效。效力待定的民事法律行为，一经追认，便自始具有法律效力。同样的，权利人若不追认，也就是拒绝追认的话，也可以用明示或者默示的方式来表示。一旦拒绝追认，便自始不发生法律效力。

《民法总则》《合同法》虽然规定了追认这一法律制度，但是并没有具体规定追认的方式和时间，这是我国现行法律的疏漏之处，应在今后的立法中予以补充。尤其确定追认的期限是十分必要的，因为该效力待定行为效力的确定取决于权利人是否予以追认，如果不给权利人的追认权以一定期限的约束，就可能发生权利人无限期拖延追认的情况，使相对人长期处于不稳定的法律关系之中而蒙受损害。

2. 催告权与撤销权

在效力待定的民事法律行为中，法律在赋予权利人享有追认权的同时，基于权利均衡的考虑，也赋予了相对人以催告权和撤销权。所谓催告权，是指相对人在得知民事法律行为有效力欠缺的事实后，将此事实告知追认权人并催促其在一定期限内作出追认或拒绝的确切的意思表示的行为。《民法总则》第 145 条第 2 款、第 171 条第 2 款和《合同法》第 48 条第 2 款均规定，相对人可以催告法定代理人自收到通知之日起 1 个月内予以追认。法定代理人未作表示的，视为拒绝追认。民事法律行为被追认前，善意相对人有撤销的权利。撤销应当以通知的方式作出。

此处的撤销权，是指效力待定的民事法律行为的善意相对人主动撤销其意思表示的权利。按照《民法总则》和《合同法》的规定，撤销权的行使应遵循以下几点：

①撤销权只能在追认权人进行追认之前行使。追认权一旦行使，效力待定行为即生效，相对人不得再行使撤销权。②相对人必须是善意的。如明知对方行为人能力欠缺而为之，则不得享有撤销权。③撤销权的行使必须采用明示的方式。

催告权与撤销权都是相对人的权利，两者的不同主要在于对效力待定行为的期待不同，相对人行使催告权，表示其期待追认权人追认该行为，使其生效；而行使撤销权，则表明相对人不希望该行为生效。

效力待定的法律行为一旦得到权利人的追认，即成为有效的民事法律行为。如果被相对人撤销，则当事人因该行为取得的财产，应当予以返还；不能返还或者没有必要返还的，应当折价补偿。有过错的一方应当赔偿对方由此所受到的损失；各方都有过错的，应当各自承担相应的责任。法律另有规定的，依照其规定。

引例分析

引例1：本案首先要判断的是肖明与林东之间的借款行为是否有效。根据《民法总则》第20条的规定，行为人必须具有相应的民事行为能力，而肖明不满8周岁属于无民事行为能力人。根据《民法总则》第144条的规定，无民事行为能力实施的民事法律行为无效，因此该借款合同无效。依《民法总则》第157条的规定，民事法律行为被确认为无效后，当事人因该行为取得的财产，应当返还给受损失的一方，因此肖明应当返还1000元给林东。钱虽然已被肖明遗失，但依据《民法总则》的规定，无民事行为能力人造成他人损害的，由监护人承担民事责任，因此肖明的父母应该向林东偿还1000元钱。

引例2：李某未经房东张某的同意，擅自将房屋转租给王某的行为构成非法转租，非法转租在性质上属于广义上的无权处分。王某拒绝搬出的理由不成立。因为李某将房屋转租给王某的行为属于无权处分，无权处分在法律上属于效力待定的民事法律行为。那么只要房东张某对李某的转租行为不予承认的话，李某的转租行为就无效，所以王某必须搬出，而且根据《合同法》的规定，张某还有权解除与李某的房屋租赁合同。至于王某租房时是否知道房东为张某对该行为的性质没有影响，王某因为合同无效而遭受到的损失可以找无权处分人李某赔偿。

相关法律规范

1. 《中华人民共和国民法总则》第8、19～22、143～157、171条。
2. 《中华人民共和国合同法》第47～52、54～59、84、224条。
3. 《最高人民法院关于适用〈中华人民共和国合同法〉若干问题的解释（一）》第9、10条。
4. 《最高人民法院关于适用〈中华人民共和国合同法〉若干问题的解释（二）》第12、14条。

5. 《最高人民法院关于当前形势下审理民商事合同纠纷案件若干问题的指导意见》。

思考与练习

一、结合本项目原理，作出正确选择：

1. 就我国无效民事法律行为的确认权归属的下列说法中，正确的是（　　）。

A. 只能由人民法院确认，不能由仲裁机关确认

B. 只能由仲裁机关确认，不能由人民法院确认

C. 既可由人民法院确认，又可由仲裁机关确认

D. 只能由人民法院或者仲裁机关任选其一

2. 潘某去某地旅游，当地玉石资源丰富，且盛行"赌石"活动，买者购买原石后自行剖切，损益自负。潘某花 5000 元向某商家买了两块原石，切开后发现其中一块为极品玉石，市场估价上百万元。商家深觉不公，要求潘某退还该玉石或补交价款。对此，下列哪一选项是正确的？（　　）

A. 商家无权要求潘某退货

B. 商家可基于公平原则要求潘某适当补偿

C. 商家可基于重大误解而主张撤销交易

D. 商家可基于显失公平而主张撤销交易

3. A 公司委托王某去某市 B 公司购买机械表 1000 只，王某见 B 公司还有电子表可供应，在 B 公司说明电子表是从正规渠道进货后，就在购销合同上添加了购买 2000 只电子表的条款。王某付款后将机械表和电子表运往 A 公司途中，2000 只电子表被海关以走私品没收。A 公司收到机械表后，发现不好销，遂以合同无效要求退货。下列论述正确的是（　　）。

A. 该购销合同中购买 2000 只电子表的条款无效

B. 该购销合同中购买 2000 只电子表的条款可撤销

C. 该购销合同中购买 2000 只电子表的条款效力未定

D. 该购销合同无效

4. 甲以绑架乙的儿子为由胁迫乙签订了一份合同。乙事后以受到胁迫为由主张撤销该合同。乙撤销合同的意思何时生效？（　　）

A. 乙作出意思表示之时

B. 乙撤销通知到达甲时

C. 乙的意思经甲同意时

D. 乙的意思经法院或仲裁机关同意时

5. 意思表示瑕疵的法定事由包括（　　）。

A. 欺诈　　　　　　　　　　　　　　B. 胁迫

C. 乘人之危　　　　　　　　　D. 重大误解

6. 村民甲因外出打工，将自己的一头水牛委托乙照料。乙因儿子结婚急需用钱，遂将该水牛以自己的名义卖给邻村的丙。因丙未带够钱，双方约定，三日后付款取牛。对此，下列表述中，正确的有（　　）。

A. 乙卖牛的行为为无权处分行为

B. 乙卖牛的行为为无权代理行为

C. 乙丙所订合同为无效合同

D. 乙丙所订合同为效力未定合同

7. 李刚（12岁）的叔叔（30岁）赠与其一台价格5000元的数码相机。因李刚与其同学刘强（12岁）关系甚好，李刚便将该数码相机转卖给刘强。李刚的叔叔和父亲听后都向刘强要求返还该相机，下列有关该事件的论述哪些是正确的？（　　）

A. 李刚为限制行为能力人，其接受赠与的行为无效

B. 李刚为限制行为能力人，其出卖行为效力未定

C. 李刚在征得其父亲同意后，可以出卖数码相机

D. 李刚在征得其叔叔同意后，可以出卖数码相机

8. 甲公司员工唐某受公司委托从乙公司订购一批空气净化机，甲公司对净化机单价未作明确限定。唐某与乙公司私下商定将净化机单价比正常售价提高200元，乙公司给唐某每台100元的回扣。商定后，唐某以甲公司名义与乙公司签订了买卖合同。对此，下列哪一选项是正确的？（　　）

A. 该买卖合同以合法形式掩盖非法目的，因而无效

B. 唐某的行为属无权代理，买卖合同效力待定

C. 乙公司行为构成对甲公司的欺诈，买卖合同属可变更、可撤销合同

D. 唐某与乙公司恶意串通损害甲公司的利益，应对甲公司承担连带责任

二、结合本项目原理，回答下列问题：

1. 欠缺有效要件的民事法律行为有哪些类型？举例说明。

2. 无效民事法律行为会产生怎样的法律后果？

3. 可撤销民事法律行为可能发生的法律后果有哪些？

4. 谈谈显失公平的民事法律行为与重大误解、欺诈、胁迫等行为之间的关系。

三、结合本项目原理，分析以下案例：

1. 小雨的父母热衷于购买彩票，15岁的小雨深受影响，平时也比较关注彩票的中奖情况。一天，小雨放学途经一彩吧，花10元钱买了5张福利彩票，后得知其中1张中奖1万元。第二天，小雨拿着有效证件到彩吧领奖时，工作人员以小雨未成年为由，拒绝支付，并认为小雨作为未成年人，购买彩票的行为无效。小雨的父母知道后，与彩吧发生纠纷，后以小雨的名义将彩吧告上法庭。

本案应如何处理？

思考方向：

（1）确认小雨的民事行为能力及其购买彩票行为的性质。

（2）判断彩吧工作人员的理由是否成立。

（3）分析小雨父母起诉行为的合法性。

（4）根据法律规定和本案事实，作出正确处理。

2. 张明与王英是养母子关系，王英 17 周岁，未考上大学，在家待业。一天，王英在养母的衣柜内发现已逝养父的遗嘱，遗嘱内容为：生前没有积蓄，死后留下祖产八间，其中两间归养子王英所有，其余六间归妻子张明所有。王英随手将遗嘱藏了起来。由于王英与张明所居住的房屋为街面房，租金已涨至每月 4000 元，王英得知邻居宋大伯正四处觅房，想开点心店，便提出将自己的卧室出租给宋大伯使用，租期 5 年，租金每年 4.5 万元。宋大伯欣然同意，并签订了租赁合同。宋大伯随即请木工拆改房屋，装修店面。张明见此情景，经再三追问王英，乃知实情。张明即对宋大伯表示，租赁合同无效，要求宋大伯恢复原状。宋大伯置之不理，继续施工，张明无奈，诉至法院。

王英与宋大伯所签订的租约的效力如何？张明是否有权要求宋大伯立即停工、恢复原状？

思考方向：

（1）房屋出租人必须对该房屋享有所有权或者使用收益权，明确租赁合同中涉及房屋的所有权归属。

（2）王英与宋大伯签订租约，张明毫不知情，这种情形在法律上如何定性？

（3）判断张明是否有权主张租赁合同无效。

3. 李某的父亲生前是一个集邮爱好者，去世时还留有几本邮票。李某对邮票从不感兴趣，李某觉得这些邮票不好处理。一日，李某的朋友刘某来吃饭，无意间发现了几本邮票，刘某也是一集邮爱好者，他随即表示愿意全部购买，最后以 5000 元的价格将邮票全部拿走，李某对这一价格也比较满意。事过不久，李某从父亲生前的一朋友处得知，他父亲所留的邮票中，有 5 张相当珍贵，可能每张都值 5000 元；同时另一朋友告诉他，刘某正在寻找买主。李某立即找到刘某，要求退还刘某的 5000 元钱。取回邮票，但刘某坚决不同意。双方协商不成，李某诉至法院，要求撤销合同，返还邮票。

法院应如何对待李某的请求？

思考方向：

（1）明确撤销合同的法定条件。

（2）判断李某与刘某买卖邮票行为的性质，是否属于可撤销合同的情形。

（3）根据法律规定和本案事实，确定法院的处理方法。

学习情境八　无效民事法律行为的判定

情境案例

1997年4月29日，上海复佳房地产开发有限公司（复佳公司）与杨某签订《上海市内销商品房预售合同》，约定杨某向复佳公司购买上海市青浦区宝宜苑小区内两套商品房，单价每平方米人民币2800元，总价款为493 472元。杨某支付房款后于1998年12月取得该房使用至今。复佳公司于2000年12月22日取得新建住宅交付使用许可证，于2001年取得上海市房地产权证（大产证）。

2004年12月9日，复佳公司与顾某签订两份落款日期为2000年11月20日的《上海市商品房预售合同》，约定顾某向复佳公司购买上述两套商品房，单价为每平方米3800元，两套房屋总价为675 868元。同日，交易中心办理了系争房屋商品房项目网上备案认证证明，复佳公司向顾某开具了全额购房发票，顾某取得了系争房屋的产权证。2004年12月11日，复佳公司向顾某的丈夫张某出具承诺书，表明顾某已交付全部购房款并取得产权证，但因房屋已出租他人，公司承诺在3个月内将空房屋交付张某并承担由此产生的后果。

2005年4月，杨某以复佳公司与顾某恶意串通"一房二卖"，导致其无法取得房屋产权证为由，起诉要求确认复佳公司与顾某签订的两份预售合同无效。杨某提供证据证明与系争房屋同地段类型房屋的市场单价已达每平方米10 000多元，而复佳公司与顾某所订合同的价格远低于市场价。一审中复佳公司未到庭答辩。顾某述称，其丈夫张某与复佳公司就系争的两套房屋于2000年已达成订购协议，并预付了10万元定金，预售合同虽为2004年12月9日签订，但全部内容系参照原先订立的订购协议，故将预售合同的落款时间写为2000年11月20日。但顾某未能提供2000年的订购协议书。[1]

训练目的

通过实训，进一步掌握无效民事法律行为的法律规定，能够正确判断民事活动中各种行为的性质，能够正确处理相关民事纠纷。

训练方法

1. 课堂讨论。针对案例由教师或者学生提出问题，由学生自主进行探讨、论证，

---

〔1〕　案例来源：韩峰："顾某与杨某、上海复佳房地产开发有限公司商品房预售合同纠纷案——一房二卖中对出售人与后买受人恶意串通的推定"，载上海市第二中级人民法院网站，http://www.shezfy.com/view.html? id = 6924.

教师进行辅导、点评。

2. 角色模拟。学生分组，每组 4～6 人，分别模拟杨某、复佳公司、顾某、张某和法官，根据案情提出各自主张，模拟纠纷的发生及解决的过程。

工作任务

1. 判断本案是否存在无效民事法律行为，准确把握判断恶意串通的标准。
2. 根据举证规则认定恶意串通，正确处理当事人之间的民事争议。

实训步骤

步骤 1. 确定案例中有哪些民事法律关系，概括各方当事人在相关民事法律关系中的权利义务。

步骤 2. 归纳当事人争议的焦点。

步骤 3. 判断各当事人的行为在法律上的性质。

步骤 4. 确定各当事人的行为可能导致的法律后果。

步骤 5. 作出处理结果。

学习情境九　可撤销民事法律行为的处理

情境案例

2007 年 5 月 17 日，李某江在八里桥邮政所开立个人结算账户，账号为 4150，户名为李某江。5 月 18 日，该存折被他人以户名为"李某江"账号为 7034 的存折调换。同日，李某江将 3 万元现金存入调换后的账号为 7034 的存折，后发现存折被调换的事实，立即申请邮政所对该账户的 3 万元存款停止支付，并向公安机关报案。5 月 21 日，公安机关决定对李某江财物被诈骗案立案侦查，并于 5 月 29 日对 7034 号账户的存款 30 010 元予以冻结。经侦查，7034 号账户内的 3 万元存款系李某江所存，因未抓捕到犯罪嫌疑人，无法将该账户存款取出发还事主。李某江诉至法院，请求判令八里桥邮政所及邮政局同共同撤销该笔存款交易并返还存款 3 万元。八里桥邮政所及邮政局认为原告李某江不是账号 7034 存款合同的当事人即该账号的存折所有人，无权要求八里桥邮政所更改存款合同返还该笔存款。

公安机关证明李某江本人亲自开立的账号为 4150，其因被骗才将 3 万元存款误存入 7034 账号。人民法院是否应当支持李某江，判令撤销其与八里桥邮政所就 7034 号账户的存款合同，并要求被告将 3 万元存款返还给原告?[1]

训练目的

通过实训，进一步掌握可撤销民事法律行为的法律规定，能够正确判断民事活动中各种行为的性质，能够正确处理相关民事纠纷。

训练方法

1. 课堂讨论。针对案例由教师或者学生提出问题，由学生自主进行探讨、论证，教师进行辅导、点评。

2. 角色模拟。学生分组，每组 4~6 人，分别扮演李某江和八里桥邮政所及其他相关人员，根据案情提出各自主张，模拟纠纷的发生及解决的过程。

工作任务

1. 正确判断本案中是否存在可撤销的民事法律行为，把握其认定标准。
2. 准确列举相关法律事实，判断当事人的权利义务内容，正确处理双方争议。

实训步骤

步骤 1. 确定案例中当事人之间的民事法律关系的内容。
步骤 2. 归纳当事人争议的焦点。
步骤 3. 判断各当事人的行为在法律上的性质。
步骤 4. 确定各当事人的行为可能导致的法律后果。
步骤 5. 作出处理结果。

学习情境十 效力待定民事法律行为的确认

情境案例

阿拓是个 11 岁的小学生，暑假的时候用爸爸郑某的手机打游戏。阿拓和爸爸有个共用的微信号，这个号绑定了郑某的一张银行卡。阿拓有时要给同学发微信红包，每次数额都是 10 元以下，郑某觉得这算是孩子间的一种娱乐，就把微信支付的密码告诉了阿拓。2015 年 10 月底，郑某发现阿拓多次购买 QQ 游戏币，花光了该张银行卡上的 10 万元存款。原来阿拓沉迷于游戏，在三个月里多次通过微信支付购买游戏币以升级

---

[1] 案例来源：王爱农："误存入同名账户的存款应否返还"，载中国法院网，http://www.chinacourt.org/article/detail/2007/12/id/280325.shtml.

游戏装备。第一次买游戏币阿拓花了 78 元，后来每次都花 4700 多元，换来价值 5000 元的游戏币。郑某认为阿拓是未成年人，不知道网络游戏币和实际金钱的关联，其作为监护人不认可购买游戏币这些交易，要求把阿拓购买的游戏装备退回去，要求微信支付平台退还相关费用。

训练目的

通过实训，进一步掌握效力待定民事法律行为的法律规定，能够正确判断民事活动中各种行为的性质，能够正确处理相关民事纠纷。

训练方法

针对案例由教师或者学生提出问题，由学生自主进行探讨、论证，教师进行辅导、点评。有不同观点的，可由学生组成若干小组，分组辩论，最后总结处理意见。

工作任务

1. 正确认识效力待定民事法律行为的类型，把握其认定标准。
2. 正确判断案例中有关行为是否为效力待定的民事法律行为，掌握正确的举证方法。

实训步骤

步骤 1. 判断案例中各当事人的民事行为能力及其民事活动范围。
步骤 2. 确定当事人争议的焦点。
步骤 3. 判断各当事人的行为在法律上的性质及可能导致的法律后果。
步骤 4. 列举当事人可以支持自己主张的法律事实。

项目三　代　理

引　例

王某因公司派其出国学习半年，遂将市场价值为 9000 元的笔记本电脑交其好友陈某保管。李某为陈某的同事，一日在陈某家见到该笔记本电脑非常喜欢，陈某告之该电脑为其朋友所有，因不喜欢电脑的样式欲出售。李某立即表示愿意购买，两人遂就价格、付款等问题进行协商。最后，谈妥价格为 6000 元，李某分三次付款，每月一次，每次付款 2000 元。当日，双方签订了转让该笔记本电脑的书面协议。协议还约定，李某付足 4000 元价款后，陈某应将电脑交付于李某。两个月后，李某付清了 4000 元价款并从陈某处取走了电脑。此时王某回到国内，发现电脑已被陈某卖与李某，遂向李某索要电脑。

李某认为，陈某作为王某的代理人，与其签订的转让协议是有效合同，王某应向陈某索要 4000 元价款，并提出愿意将余款 2000 元直接交付给王某。王某否认陈某是其代理人，声称自己从未委托陈某出售电脑。经多次协商未果，王某遂向人民法院提起诉讼。

问题：

1. 陈某出售王某的电脑是否属于代理行为？
2. 王某是否有权要求李某返还电脑，其法律依据是什么？

基本理论

一、代理概述

（一）代理的含义及特征

现代社会，一个人由于时间、知识、精力有限，不可能事事亲力亲为，客观上有他人帮忙做事的需要。而他人代为处理有关事务，从总体上来说，可以分为独立劳动与非独立劳动两种，后者事事需听从委托人的指挥，基本没有自己个人的独立意志。而在前者中，委托人尽管对受托人有一定的指示，但大抵属于宏观的一种控制，在委托事项的范围内，受托人在授权的范围内往往可以根据自己的专业知识，为委托人的利益作出独立判断和决定。这就属于法律上的代理问题。

1. 代理的含义

代理，是指代理人以被代理人的名义进行民事活动，其产生的法律效果直接归属于被代理人。《民法总则》第 161 条第 1 款规定："民事主体可以通过代理人实施民事法律行为。"第 162 条规定："代理人在代理权限内，以被代理人名义实施的民事法律行为，对被代理人发生效力。"简而言之，代理法律关系中涉及的主体有三方，即代理人、被代理人以及相对人，其中相对人是与代理人实施民事法律行为的民事主体。

在一个代理活动中，包含了三种法律关系：

（1）被代理人和代理人之间的关系。他们之间的关系有两方面，一为基础关系，解决被代理人授予代理人以代理权的原因，如基于委托合同、雇佣合同等，其最主要的功能在于确定被代理人和代理人之间的权利和义务关系；二为授权关系，解决代理人代理权的表征问题，即使得代理人在第三人面前表明其有代理权，这种关系主要以授权委托书的形式表现出来。

（2）代理人和相对人之间的关系。在这一关系中，代理人要向相对人表明身份，在代理权限范围内，以被代理人的名义向相对人为意思表示或者接受意思表示。

（3）被代理人与相对人之间的关系。代理人在代理权限内以被代理人名义与相对人所实施的行为，其法律效果由被代理人承担。

2. 代理的特征

代理制度实际上是规定一个主体为另一个主体从事民事活动或者实施其他法律行为时所应遵循的规则，一般而言，代理的法律特征如下：

（1）代理人以被代理人的名义实施行为。按照《民法总则》规定的内容，代理人在对外从事民事活动时，必须以被代理人的名义进行，也即通常所说的要表明自己的代理人身份，让相对人明白其实际上是在和被代理人这个主体产生法律关系，也只有这样，由此产生的法律效果才由被代理人承担。如果代理人以自己的名义从事民事活动，一般而言只能认为是代理人自己的行为，代理人将自己承担由此引起的法律效果。

（2）代理人在进行代理行为时，独立进行意思表示。从代理的内容角度来说，代理为一种表意行为，即代理人在进行代理行为时，必须作出意思表示。并且代理人在进行代理行为时，虽然法律规定其出发点是为了被代理人的利益，但是代理人在从事代理行为的过程中，不是机械地执行被代理人的意志，而是根据自己的知识，在授权的范围内独立作出意思表示，因此说代理行为本质上是属于反映代理人自己意志的行为。这一点是代理人与传达人的区别所在，传达人仅是转达委托人的意思表示的人。

（3）代理人在代理权限内实施代理行为。代理人虽然以被代理人的名义进行活动，但毕竟不是被代理人本人的行为。因此，为了将代理人的行为控制在为被代理人利益的范畴内，一个非常重要的方面就是代理人必须在一定的权限范围内进行活动。法律对法定代理和指定代理作出的限制是，"除为被代理人的利益外，不得处分被代理人的财产"。而在委托代理中，代理人的权限表现为授权委托书的规定，超出授权委托书的权限而为的行为属于无权代理的行为，其法律效果除构成表见代理外，由代理人本人承担。

（4）代理行为的法律效果直接归于被代理人。根据《民法总则》的规定，代理人以被代理人名义与第三人从事民事行为，由此产生的效果归属于被代理人。也就是说代理所产生的权利义务应当由被代理人承担，无论是有利的后果抑或是不利的后果，被代理人都必须承受。

代理适用于多种民事法律行为，如订立合同、履行债务、接受继承等，均可以委托代理人代为办理。其他一些法律行为同样可以适用代理，包括房屋产权登记、法人登记、商标注册、专利申请等行政行为，税务登记、交纳税款等财政行为，民事诉讼等。但是，依照法律规定、当事人约定或者民事法律行为的性质，应当由本人亲自实施的民事法律行为，不得代理。具体而言，以下两种行为，不得代理：①具有人身性质的行为，如立遗嘱、婚姻登记、收养子女等行为不得适用代理；②法律规定或者双方当事人约定应当由特定人亲自为之的，如某些与特定人身相关联的债务的履行（预约撰稿、演出、授课、讲演、特定的技术转让合同等）也不得适用代理。

（二）代理的分类

在民法学理论上，依据不同的标准，代理可以分成不同的种类：

1. 委托代理和法定代理

这是根据代理权产生的根据的不同所作的分类，也是法律上对代理最基本、最重要的分类。

委托代理是指根据被代理人的委托而进行的代理。委托代理人所享有的代理权，是被代理人授予的，所以又被称为授权代理或意定代理。委托代理的本质是基于被代理人的意思而享有代理权的代理人所为的代理行为，其意思一般表现为被代理人的授权行为，此外，也可能体现于被代理人和代理人之间的雇佣、委托等法律关系对代理人职权的确认。基于此，《民法总则》在第170条中对职务代理予以规范，该条第1款规定：“执行法人或者非法人组织工作任务的人员，就其职权范围内的事项，以法人或者非法人组织的名义实施民事法律行为，对法人或者非法人组织发生效力。”这也就明确了，职务代理是委托代理的一种特殊形式。其立法理由认为，职务代理是依据作为被代理人的法人或者非法人组织的意思而产生，故同样属于委托代理的一种。

法定代理是指根据法律的直接规定而发生的代理。在法定代理中，代理人所享有的代理权，是法律直接规定的，与被代理人的意志无关。法定代理主要是为无民事行为能力人和限制民事行为能力人的利益而设立的代理，其设立的依据是代理人与被代理人之间存在的血缘关系、婚姻关系、组织关系等。

2. 单独代理和共同代理

这是以代理权是授予一人还是数人为标准进行的分类。单独代理中代理权仅授予一人。共同代理是指代理权授予二人以上的代理。共同代理除涉及代理人与被代理人的关系外，还涉及代理人之间的关系。在代理人为二人以上的情况下，应在授权时明确规定每个代理人的代理事项及权限。如果法律或授权人没有特别规定，则应认为多数代理人为共同代理人，代理人之间形成共同关系，共同行使代理权并须对代理事项负共同责任。因此，每个代理人在进行代理事项范围内的活动时，应与其他代理人协商。如果未与其他代理人协商，其实施的行为侵害被代理人权益的，由实施行为的代理人承担民事责任。

除了以上两种分类外，依据代理权限范围的不同，可将代理分为一般代理和特别代理；根据代理权是直接授权产生还是转委托产生，可将代理分为本代理和复代理，其法律规则在本单元后面相应的部分有所阐述，这里暂不赘述。

二、代理关系的产生与消灭

（一）代理关系的产生

代理作为一种涉及第三人利益的行为，其成立除需具备一般法律行为的要件外，主要的成立要件为代理人有代理权。代理权是代理人以被代理人名义为法律行为的资格或者地位，此种资格除法定代理是基于法律的规定外，是基于授权行为而产生的。

1. 授权行为的性质

如前所述，代理人与被代理人的关系为两个方面，一为基础法律关系，一为授权关系。依通说，在委托代理中，授权行为是以发生代理权为目的的单方行为，仅有一方的意思表示就可以成立。因为代理人与被代理人的关系问题在基础法律关系中已经得到了解决，授权行为主要是为了让相对人知晓被代理人的授权，从而使代理人的代理权能够产生公示效力。所以授权行为只需要有被代理人的单方意思表示即可，无需代理人的同意。

2. 授权行为的表现形式

除法定代理人和指定代理人的代理权来自于法律的规定或有关部门的指定外，委托代理的授权来自于委托人的授权。《民法总则》第 165 条规定："委托代理授权采用书面形式的，授权委托书应当载明代理人的姓名或者名称、代理事项、权限和期间，并由被代理人签名或者盖章。"从该规定可以推论，授权委托书可以采取书面形式和口头形式以及其他的形式。此外，在默示授权的场合，是根据被代理人的行为，在特殊情况下推定本人具有授权的意思。由此可见，授权行为的表现形式是多样的，在这里仅对作为书面形式的代理证书作一阐述。

代理证书，又称为授权委托书，是证明代理人有代理权的书面文件。代理证书开出的基础尽管是基于被代理人和代理人的基础法律关系，但如前所述，代理证书的功能主要用于代理人在相对人面前证明他的代理权，属于被代理人对代理人单方授权的法律文件。代理证书一旦开出，相对于委托合同或雇佣合同等基础法律关系的文书而言具有独立性。

一般而言，代理证书应当载明代理人的姓名或者名称、代理事项、权限和期间，并由被代理人签名或者盖章。应当注意的是，代理人的代理权限可分为一般代理和特别代理。一般代理的权限范围及于代理事项的全部，但一般情况下只涉及被代理人的基本权利或义务，实践中往往被有关当事人称为"全权代理""总委托"等，实际上代理人的权利是有限的。特别代理的权限则往往涉及被代理人重要的权利义务，如《民事诉讼法》第 59 条第 2 款规定，诉讼代理人代为承认、放弃、变更诉讼请求，进行和解，提起反诉或者上诉，必须有被代理人的特别授权。

案 例

名流服装店将盖有服装店公章的空白合同和介绍信交给李文，介绍信上写明："委托李文为服装店购买服装。"李文以服装店的名义向和记服装厂订购了总价款 140 万元的工作服。这批服装销售很不理想。名流服装店认为自己委托李文购买的是时装而不是工作服，而且自己店面很小，一次也不可能进 140 万元的货，李文的行为是越权代理行为，据此拒绝交付货款。

本案中，被代理人对代理人的授权笼统、不明确，既没有对"服装"的范围进行限定，又没有限定购买的数额。授权不明导致和记服装厂无法判断李文以名流服装店的名义订购 140 万元的工作服是否在其代理权限范围内，被代理人和代理人对此均存在过错，被代理人应当承受该代理行为的后果，即向服装厂支付货款。被代理人无法支付或者拒绝支付的，服装厂也可以向代理人主张支付。

（二）代理关系的消灭

所谓代理关系的消灭，亦称为代理权的终止，是指代理人与被代理人之间代理关系的消灭。对于代理权消灭的原因，由于代理权产生的根据不同，其代理权消灭的原因也就各异。

1. 法定代理的终止原因

按照《民法总则》第 175 条人的规定，法定代理消灭的原因主要有：

（1）被代理人取得或恢复完全民事行为能力以及被代理人死亡。法定代理主要是为了保护无民事行为能力人或者限制民事行为能力人的利益而设定的，如果被代理人已成年或者精神病人恢复精神健康等，抑或被代理人已经死亡，则其设立的基础不复存在，代理权即应终止。

（2）代理人死亡或者丧失民事行为能力。代理人在代理权限内要作出独立的意思表示，因此，代理人应当具备相应的行为能力。代理人的死亡或者丧失行为能力，将导致代理关系的终止。

（3）其他原因。如果当事人之间基于某种法定原因，导致原有的身份关系不复存在，则由某种身份带来的代理权也将消灭。

2. 委托代理的终止原因

根据《民法总则》第 173 条的规定，委托代理可基于下列原因而终止：

（1）代理期间届满或者代理事务完成。代理期间是代理人被授予代理权的时间，在该期间内代理人享有代理权。超过该期间，如果被代理人没有延长期间，则不应当行使代理权。代理事务完成后，代理权就不具有存在的理由。在此情况下，代理人应当停止以被代理人的名义从事代理活动。

（2）被代理人取消委托或者代理人辞去委托。从某种意义上说，代理关系是基于被代理人和代理人之间的信任关系产生的，一旦基于某种原因双方的信任关系不复存在的话，应当允许双方当事人解除委托关系。因此，无论双方是否存在委托合同，在任何时候，被代理人都有权取消委托，代理人也可以辞去委托。从法律性质上说，取消委托或者辞去委托都是一种单方行为，只需要以单方意思通知对方即可，而无需征得对方同意。

（3）代理人死亡或者丧失民事行为能力。其原因在法定代理中已阐述，这里不再赘述。

（4）被代理人死亡或者作为被代理人的法人、非法人组织终止。这里应当注意的是，这种情形代理原则上终止。按照《民法总则》第174条第1款的规定，被代理人死亡后，有下列情形之一的，委托代理人实施的代理行为有效：①代理人不知道并且不应当知道被代理人死亡的；②被代理人的继承人予以承认的；③授权中明确代理权在代理事务完成时终止；④在被代理人死亡前已经实施，而在被代理人死亡后为了被代理人的继承人的利益继续完成的。同时，第2款规定，作为被代理人的法人、非法人组织终止的，参照适用前款的规定。

3. 代理权消灭的法律效果

代理关系消灭以后，代理权归于消灭。代理人无权以被代理人的名义继续进行代理活动。但是代理权消灭后，作为代理人应依据双方当事人约定或者按照法律规定，履行如下义务：

（1）及时报告代理事宜和移交财产。代理人在代理关系结束后，应就有关代理的事务和财产事宜，向被代理人及时报告和移交，妥善处理善后事宜。

（2）及时交回代理证书。代理证书是证明代理人有代理权的法律文件，在双方代理关系终止后，代理人应及时交回。

（3）履行忠实、保密等附随义务。尽管代理关系终止后，双方不复有法律上的关系，但代理人在履行代理事项的过程中，可能会获悉被代理人的不愿向他人透露的秘密。依据诚实信用原则，代理人应履行忠实、保密等义务，不得向他人泄露有关被代理人的秘密，不得利用被代理人的有关文件从事不正当的行为。

案 例

石平科技公司曾委托陆某推销一种新技术产品，双方签有代理协议。由于代理业务进展的需要，石平公司向陆某出示了该新产品的技术图纸及其他相关资料，陆某将这些资料进行了拍照、复印。在双方的代理协议终止后，陆某与一乡镇企业联营，利用其所获得的石平公司新产品的技术图纸和资料生产相同的产品。石平科技公司发现后，遂以陆某为被告、以联营企业为第三人，向人民法院提起诉讼，要求联营企业立即停止生产、销售该项产品，要求陆某赔偿经济损失。法院经审理查明，陆某在其与石平公司的代理关系终止后未履行保密义务，构成侵权，依法判决原告石平科技公司胜诉。

三、代理权的行使

（一）代理权行使的原则

代理权的行使是指代理人在代理权限范围内，为实现被代理人所希望的利益而完成代理事务的一切活动。由于代理人在代理权限内以被代理人的名义所为的代理行为，其后果由被代理人承担。因此，为了维护被代理人的利益，实现代理制度的设立目的，法律对于代理人行使代理权的行为提出了相应的要求，具体表现在：

1. 代理人应当依法实施代理行为

根据《民法总则》第167条的规定，代理人知道或者应当知道代理的事项违法仍然实施代理行为，或者被代理人知道或者应当知道代理人的代理行为违法未作反对表示的，由被代理人和代理人承担连带责任。

2. 代理人应当在代理权限范围内行使代理权

依照《民法总则》的规定，代理人只有在授权范围内进行代理行为，其法律效果才由被代理人承担。代理人不得超越代理权范围以被代理人的名义实施代理行为，否则构成无权代理。

3. 代理人应当忠实、勤勉地履行代理职责

代理人应为了委托人的利益，按照委托人的要求，在授权范围内积极、认真、有效地进行代理行为，如果由于代理人疏于职责而致使委托人遭受损失的，代理人应对委托人负赔偿责任。代理人不得从事任何有损于委托人利益的行为。这既是一般伦理的要求，又是法律规定的代理人的义务。代理人在为代理行为时应尽到一定的注意义务，而根据代理属于有偿或无偿，代理人所尽到的义务也并不相同。在无偿代理的情况下，代理人应当尽到与处理自己事务相同的所谓的"同一的注意义务"；而在有偿代理关系中，代理人应当负担善良管理人的注意义务，如造成被代理人损失则应当承担赔偿责任。

《合同法》第399条规定："受托人应当按照委托人的指示处理委托事务。需要变更委托人指示的，应当经委托人同意；因情况紧急，难以和委托人取得联系的，受托人应当妥善处理委托事务，但事后应当将该情况及时报告委托人。"代理人在代理过程中，原则上应当遵从委托人的指示。委托人的指示，是在代理过程中委托人以自己的意思干预代理人在代理权限范围内的意思表示的自由，由于代理的效果归属于委托人，且通常委托人更清楚后果对于自己的利害关系。因此，代理人应遵从委托人指示。但在法定代理的情况下，以及代理人有充足理由证明委托人的指示不利于其利益，且当委托人知道这种不利的存在时可以推定委托人不会为指示的场合下，应当解释为代理人不负担遵从

委托人指示的义务，但应当得到委托人的事先同意或事后及时告知委托人。

4. 代理人原则上应当亲自完成代理事务

被代理人之所以选择代理人来完成有关事务，源于被代理人对代理人知识、专业或品行等方面的信任，因此，要实现被代理人的利益，原则上代理人应当亲自完成代理事务，而不得擅自转委托。

所谓转委托，是指代理人将其享有的代理权的全部或一部分转委托给他人行使的行为。转委托又称转代理或复代理。在某些特殊的情况下，法律也允许转委托。根据《民法总则》第169条的规定，转委托原则上应当取得被代理人的同意或者追认，但在紧急情况下，代理人为了维护被代理人的利益需要转委托第三人代理的除外。如果经被代理人同意或追认，则被代理人就可以直接指示转委托的第三人，也即复代理人。代理人仅就该第三人的选任及对其对第三人的指示承担责任。如果转委托代理未经被代理人同意或追认，则代理人应当对转委托的第三人的行为负责。

（二）滥用代理权的禁止

在法律制度中，不仅要从正面规定代理人的行为规则，更为重要的是，为了维护被代理人的利益，对代理人的一些行为要作出限制或者禁止。一般而言，代理人在代理行为过程中，不得有下列行为：

1. 代理人不得为自己代理和双方代理

所谓自己代理，是指代理人以被代理人的名义与自己签订合同。所谓双方代理，又称同时代理，是指一个代理人同时代理双方当事人的民事行为的情况，如一个人既作为卖方的代理人又作为买方的代理人的情况。

在交易中，当事人双方的利益总是互相冲突的，通过讨价还价，才能使双方的利益达到平衡。而由同一个人代表双方利益，可能会只反映了代理人一人的意志，难免顾此失彼，其存在的最大风险是代理人欺骗被代理人从中渔利。由于自己代理和双方代理不符合市场交易的基本原则，有可能会诱发道德风险，所以各国法律一般予以禁止。我国也遵循了这一国际通行的做法，在《民法总则》第168条进行了明确规定，自己代理和双方代理行为是否当然无效，要做具体分析。如果自己代理和双方代理事先得到了当事人的同意或事后得到了其追认，法律承认其效力。如果自己代理和双方代理未经当事人同意或事后未得到各方的追认，被代理人可因此而解除代理关系，如造成损失亦应由代理人承担责任。

2. 代理人不得与第三人恶意串通损害被代理人的利益

代理人和第三人串通，是指代理人和第三人通谋，进行有非法目的的不正当的意思表示。因此，"串通"的一个显著特征是，双方都意识到意思表示有着不正当目的却有意追求，其目的往往是以损害被代理人的利益为代价来为自己谋取不正当利益，这完全违背了设定代理权的宗旨。因此，代理人与第三人之间的串通是不具有代理行为性质的共同侵权行为。

除收受约定的报酬外，代理人不得在其所进行的代理行为中谋取额外的利益，这是保证代理人能为被代理人的利益而行事的重要机制。站在被代理人的立场，代理人在从事代理活动时，与第三人应该是站在对立的立场上，但代理人如果因为收受了好处，与第三人共谋侵犯被代理人的合法权益，则属于侵害被代理人权益的行为，是代理人滥用代理权的极端表现。《民法总则》第164条第2款明确规定，代理人与相对人恶意串通，损害被代理人合法权益的，代理人与相对人应当承担连带责任，即代理人与相对人对被代理人因此所受的损失共同负赔偿责任。

四、无权代理

（一）无权代理的含义

所谓无权代理，是指没有代理权而以他人的名义进行代理活动的民事行为。代理人为被代理人进行代理活动时拥有代理权是代理行为有效成立的首要条件，无权代理虽然具备代理成立的其他要件，但唯独欠缺代理权这一根本要件。因此，代理人没有代理权却以"被代理人"的名义进行民事活动，在民法上就称之为无权代理。

无权代理有三种表现形式：①根本没有代理权的"代理"。即当事人实施代理行为，根本未获得被代理人的授权。②超越代理权的代理。即代理人虽然获得了被代理人的授权，但他实施的代理行为不在被代理人授权的范围之内，就其超越代理权限所实施的代理行为，成立无权代理。例如：甲厂委托乙某代理其向丙厂购买电视，并签订了授权委托书，乙某在完成代理事项后见空调市场前景不错，遂擅做主张以甲厂名义与丙厂订立了空调买卖合同，此时，乙某擅做主张与丙厂订立合同的行为就属于超越代理权的代理。③代理权终止以后所进行的代理。即代理人获得了被代理人的授权，但在代理证书所规定的期限届满后，代理人继续实施代理的行为，就其超过代理权存续期间所实施的代理行为成立无权代理。

应当注意的是，无权代理除了代理权存在瑕疵之外，其本身是合法行为。

（二）无权代理的法律后果

根据《民法总则》第171条的规定，没有代理权、超越代理权或者代理权终止后的行为，只有经过被代理人的追认，被代理人才承担民事责任；未经追认的行为，对被代理人不发生效力。由上述规定可以得出，无权代理的法律后果主要有：

1. 被代理人行使追认权，则无权代理变为有效代理，由被代理人承担相应的法律后果

从原则上来说，无权代理对"被代理人"不发生法律效力，但是如果"被代理人"认为无权代理行为符合自己愿望或者利益时，则可以追认。经追认以后，该项代理行为便对被代理人发生法律效力。这里的追认，既可以通过明示的方式，也可以通

过默示的方式，如《最高人民法院关于适用〈中华人民共和国合同法〉若干问题的解释（二）》第12条规定，无权代理人以被代理人的名义订立合同，被代理人已经开始履行合同义务的，视为对合同的追认。

被代理人进行追认，则无权代理转化为有权代理，产生与有权代理一样的法律效果；反之，若拒绝追认，则被代理人不需承担相应的法律责任。对第三人而言，其与无权代理人的有关交易的法律效力处于不确定的状态，这将有损第三人的利益。为解决这一问题，《民法总则》第171条第2款规定，相对人可以催告被代理人自收到通知之日起1个月内予以追认；被代理人未作表示的，视为拒绝追认；行为人实施的行为被追认前，善意相对人有撤销的权利。

2. 被代理人拒绝追认，则无权代理人应对善意相对人承担相应的法律后果

善意相对人不知道行为人为无权代理而被代理人拒绝追认，相对人的合法权益则受到损害。从规范市场交易、保障善意相对人的角度出发，《民法总则》第171条第3款规定，行为人实施的行为未被追认的，善意相对人有权请求行为人履行债务或者就其受到的损害请求行为人赔偿，但赔偿的范围不得超过被代理人追认时相对人所能获得的利益。

3. 被代理人拒绝追认，相对人与无权代理人各自承担责任

相对人知道或者应当知道行为人无权代理的，在被代理人拒绝追认的情况下，相对人和行为人按照各自的过错承担相应的责任。

案 例

2010年8月，沈某的女儿在沈某不知情的情况下替其立据向彭某借款50 000元，约定月利率为3%。此后经彭某多次追要，沈某于2011年初分别归还6000元和4000元，2012年5月归还10 000元，2013年2月归还3000元。彭某追要余款无果，遂诉至法院请求依法判处。沈某答辩称其女向彭某借款并未经过他的同意，出于道义才向彭某返还部分借款。法院审理认为：被告沈某女儿以被告名义立据向原告借款应属无权代理，原告依借据向被告追要借款本息时，被告没有表示否认，且已实际偿还了部分本息，应视为被告已追认其女儿的行为，故而被告应承担该行为的法律后果，偿还全部借款本息。

（三）表见代理

1. 表见代理的含义

所谓表见代理，是指代理人虽无代理权，但有可使相对人有理由相信其有代理权的事由，法律强制被代理人对无过错的相对人承担被代理人责任的一种特殊的无权代理。《民法总则》第172条规定："行为人没有代理权、超越代理权或者代理权终止后，

仍然实施代理行为，相对人有理由相信行为人有代理权的，代理行为有效。"从行为的性质上来看，表见代理属于无权代理的行为，但从法律效果来说，产生的是有权代理的效果，即被代理人不得否认该"代理行为"的效力，而是应当承担该"代理行为"的法律效果。

从表见代理的内涵上分析，首先，在外部关系上，当第三人主张代理行为的效力时，表见代理发生与正常的代理相同的法律效果，即代理人代理行为所设定的权利义务由被代理人承受，并在双方之间产生一种民事法律关系，其所产生的法律责任也一并由被代理人来负担，代理人因过失致第三人损害的，第三人有权请求被代理人予以赔偿。其次，在内部关系上，由于代理人与被代理人之间并不存在代理权的授予，当然也就不发生民事法律关系。需要说明的是，对于表见代理，被代理人无权主张该代理行为无效，以便保护第三人的合法权益不受侵犯。例如，张某系某公司的职工，负责业务的开展，后张某因故被公司开除，但张某仍持有该单位的盖章介绍信、合同书文本。那么，张某如果利用持有的文件以该单位的名义与第三人订立合同，即构成了表见代理。如果该单位主张代理行为无效，从法理分析，是不能成立的，因为第三人完全有理由相信张某有代理权。

2. 表见代理的合理性分析

表见代理中，代理人在表象上是有代理权的，但从实质上来说，代理人无代理权。法律强制被代理人承担无权代理的法律后果，这似乎有悖常理。但是，在实际生活中，某人对某人是否享有代理权、其代理权的范围如何，由于法律并未规定被代理人公示其代理人及其权限的义务，相对人往往只能凭代理人持有的授权委托书或基于被代理人的某些行为来判断。如相对人判断失误，就存在一个无过失的相对人的信赖利益问题，这本质上关系到市场交易安全的问题。如果善意相对人的利益不受法律的保护，与代理人进行民事活动的相对人就会由于安全感的缺失而放弃交易的机会。所以，通过保护善意相对人的利益来维护代理制度的信用，增强代理制度的社会效益，就是代理制度价值所在。此外，相对人之所以相信代理人有代理权，在某些情形下往往是由被代理人的过失行为引起的，如解除委任后没有收回授权委托书，对代理人原来的代理权加以限制后没有通知相对人等。在这种情况下，为维护无过失的相对人的利益，让有过失的被代理人为表见代理人的无权代理承担责任，也是合理的。

3. 表见代理的构成要件

（1）表见代理应当符合代理的表面要件。表见代理中，代理人须以被代理人的名义进行活动，与相对人形成民事法律关系。表见代理作为代理的一种，它就应当符合代理的表面要件，否则，就不成为代理，而是行为人与相对人之间形成的民事法律关系，只对缔约双方存在法律效力，不及于他人。

（2）代理人具有被授权的表象。无权代理之所以成为表见代理，是因为代理人具有被授权的表象。客观上须有使相对人相信表见代理人具有代理权的情形，并能使相对人在主观上形成该代理人不容怀疑的具有代理权的认识，如本人的口头表示、借用的合同章、介绍信等，尽管代理人没有被实际授权，但任何一个正常的交易人能根据表象而得出代理人具有代理权的结论。

（3）相对人须为善意且无过错。相对人善意是指相对人不知道行为人没有代理权，相对人所处的客观条件也不能使其有较大可能获知行为人无代理权，并且相对人尽了努力去了解但仍不能发现行为人无代理权。此种情况下，相对人的权益应当予以保护。相对人明知代理人无权代理或者相对人与代理人串通的，均不构成表见代理。因为在上述两种情况中，如果赋予了相对人向被代理人主张代理行为法律效果的权利，将在一定程度上损害被代理人的利益。要求相对人在客观上必须表现为无过失，以便更好地保护交易中处于弱势地位的被代理人的合法权益。

（4）被代理人对无权代理行为未予以追认。表见代理是在本人对无权代理行为不予追认的情况下产生的。无权代理人的代理行为在被认为是表见代理前，首先是无权代理，如果本人在代理行为发生后，对该无权代理行为进行追认，自然构成有权代理。这样就没有必要审查是否构成表见代理。

4. 表见代理的类型

根据我国《民法总则》第 172 条规定，"行为人没有代理权、超越代理权或者代理权终止后，仍然实施代理行为，相对人有理由相信行为人有代理权的，代理行为有效"。结合我国现行的民事立法，表见代理类型存在三种：授权型表见代理、越权型表见代理及权限延续型表见代理。

（1）授权型表见代理。授权型表见代理即以自己的行为表示（可以明示，也可以默示）授予他人代理权，但却实际上未授予，或明知他人以自己的名义从事民事行为而不作否认表示造成相对人（即第三人）误以为行为人有代理权时，本人要对相对人承担实际授权人的责任。现实生活中有以下几种情况：

第一，本人以明示形式（即书面、口头）直接或间接地向相对人（即第三人）表示已经授权而实际上未授权，相对人依赖本人的表示而与行为人进行的交易行为。这种情况下，本人的意思表示可以是直接的，也可以是间接的，可以是口头的，也可以是书面的，相对人可以是特定的，也可以是不特定的。本人对于自己的授权，可以撤回，但应在相对人与"代理人"的民事活动成立之前撤回，撤回的通知应有效地到达相对人。

第二，将具有代理权证明的文书、印章交与他人，他人凭此以本人的名义从事民事活动，相对人对此信赖而进行的交易。这些文书或印章虽然不是授权委托书，但其与本人有密切联系，具有专用性，起着证明代理权的作用，善意相对人相信行为人有代理权而与之订立合同，构成表见代理。

（2）越权型表见代理。越权型表见代理可以称为超越代理权的表见代理。代理人的代理权，通常都有一定的限制，但这一限制不一定为相对人所知，如果表现在外的客观情况，能使善意相对人误以为行为人有代理权，与其为民事法律行为，就构成表见代理，由本人承担其后果，其有两种表现形式：

第一，本人虽对行为人的代理权作了某些限制，但未在委托授权书中说明，或者本人授予代理人一定的代理权，但事后又加以限制，代理人不顾其限制而按原来的代理权进行代理活动，对此相对人并不知情，此时应构成表见代理，由本人承担其后果。

第二，本人委托授权不明，而客观情况又能使善意相对人误信行为人有代理权，即使行为人的行为超越了本人意思的授权范围，也成立表见代理。

（3）权限延续型表见代理。这种类型指本人与代理人曾有代理关系，但代理权已经终止或撤回后，本人未及时向外部公示，相对人并不知情。其主要有两种情况：

第一，代理期间的届满或代理事务完成后的代理。本人应当在公示给第三人的授权委托书中载明代理期间及代理事务。如果本人没有作出明确记载，即使其与代理人对代理权消灭事由有过约定，只要第三人不知道这种情况，仍与代理人订立合同，则成立表见代理。

第二，本人撤回委托后的代理，这种撤回行为属于单方法律行为，撤回的通知送达代理人即发生法律效力。如果代理人仍代理民事行为，而相对人对撤回的事实不知情的话，则构成表见代理。

5. 表见代理的法律效果

表见代理作为无权代理的一种特殊形态，对不同的当事人而言，其法律效果是不一样的。

（1）对于被代理人而言，发生代理效力。如前所述，在表见代理中，尽管代理人无代理权，但基于维护交易安全的价值考虑，对第三人的信赖利益予以保护，被代理人不得否认表见代理行为的效力，对其发生的后果相当于有权代理的效果。

（2）对于相对人而言，既可主张无权代理，也可以主张表见代理。

在司法实践中，处理表见代理的案件应坚持如下的原则：

第一，在外部关系上，当相对人主张代理行为的效力时，表见代理发生与正常代理同样的效果，即代理人代理行为所设定的权利、义务由本人承受。代理人因过错导致相对人损害的，相对人有权请求本人赔偿。

第二，在内部关系上，本人承受代理行为的法律效果后，如因此造成损失，有权向表见代理人索赔。

第三，对表见代理，本人不得主张无效，但相对人有权主张无效。代理行为因相对人撤回意思表示而无效后，其处理适用一般无权代理的有关规定。

第四，在诉讼中，主张无权代理有效的相对人应对自己的无过错负举证责任。[1]

---

〔1〕　尹田："论'表见代理'"，载《政治与法律》1988 年第 6 期。

案 例

陆某是某市一套房屋的产权人。2010年5月，陆某儿子拿着他的印章、身份证和房屋产权证原件委托一家房产中介公司出售该套房屋。中介公司找到了买家徐某。6月，陆某儿子拿着陆某的印章和徐某签了房屋买卖合同，并到房地产交易中心办理了房屋过户手续。8月，徐某要求入住房屋时，遭到陆某拒绝。陆某认为，自己的印章、身份证和房屋产权证是被儿子偷出去的，他对儿子的所作所为并不知情。双方在交涉无果的情况下，陆某起诉到法院，要求法院宣告房屋买卖合同无效。

法院经审理查明，徐某与陆某儿子签订的房屋买卖合同符合《合同法》等法律的规定，在该房屋买卖中，陆某儿子拿出的陆某印章、身份证和房屋产权证都是真实的；陆某声称不知道儿子拿自己印章、身份证和房屋产权证签订买卖合同，但没有拿出证据予以证明。法院认为，即使陆某确实不知情，陆某儿子为无权代理，但存在足以让徐某相信其有代理权的事实，具备表见代理的构成要件，陆某应当承受该房屋买卖的后果。法院依法判决驳回陆某的诉讼请求。

引例分析

本案的焦点在于陈某出售王某电脑的行为是否构成代理。如构成代理或者表见代理，则陈某与李某签订的转让电脑协议有效，王某不能要求李某返还电脑。根据案情，王某仅委托陈某保管电脑，双方并无代理关系，陈某以王某名义出售电脑给李某，属于无权代理。王某得知实情后要求李某返还电脑，可见其对陈某的无权代理是拒绝追认的。而该电脑市场价值为9000元，陈某与李某谈妥的价格为6000元，转让价格不到市场交易价的70%，属于我国《合同法》所规定的"明显不合理的低价"，李某应当对陈某的"代理权"有合理怀疑（知道或者应当知道陈某没有代理权），因此李某并非善意的相对人，不具备表见代理的构成要件。陈某的无权代理行为不能产生有效代理的法律效果。依照《民法总则》第171条的规定，陈某和李某应当对王某承担连带责任，王某有权要求李某返还电脑。

★ 相关法律规范

1. 《中华人民共和国民法总则》第161～175条。

2. 《中华人民共和国合同法》第48、49、396～413条。

3. 《最高人民法院关于适用〈中华人民共和国合同法〉若干问题的解释（二）》第12、13条。

4. 《中华人民共和国民事诉讼法》第57～60条。

5. 《最高人民法院关于适用〈中华人民共和国民事诉讼法〉的解释》第62、71、83、86、89条。

思考与练习

一、结合本项目原理，作出正确选择：

1. 甲委托乙代签合同，乙因病并征得甲同意后又委托丙代签合同，则乙丙之间为（　　）。

　　A. 共同代理　　　　　　　　　B. 指定代理

　　C. 复代理　　　　　　　　　　D. 法定代理

2. 下列各项中，不能当然引起委托代理关系终止的原因是（　　）。

　　A. 被代理人取消委托　　　　　B. 被代理人死亡

　　C. 代理人辞去委托　　　　　　D. 代理人死亡

3. 王岚，16 岁，高中学生。其外祖父去世时曾在遗嘱中指明，给王岚 180 万元购买一处房屋，但未指定由谁来购买。王岚的父亲便以王岚的名义用该 180 万元买了一套商品房，下列论述中正确的是（　　）。

　　A. 王岚的父亲所为的代理属于法定代理

　　B. 王岚的父亲所为的代理属于委托代理

　　C. 王岚的父亲所为的代理属于表见代理

　　D. 王岚的父亲所为的代理属于无权代理

4. 刘某欣赏黄某的字画，打算委托吴某为其代理人，与黄某协商购买字画的事宜。刘某授权的意思（　　）。

　　A. 只能向吴某表示

　　B. 只能向黄某表示

　　C. 既可以向吴某表示，也可以向黄某表示

　　D. 需同时向吴某和黄某表示

5. 下列行为中，可适用代理的有（　　）。

　　A. 代理合同订立　　　　　　　B. 代理税款缴纳

　　C. 代理订立遗嘱　　　　　　　D. 代理专利申请

6. 下列行为中，不属于代理的是（　　）。

　　A. 甲有朋友自远方来，甲不在，乙代甲招待客人

　　B. 甲为公司的董事长，甲以该公司的名义与乙公司签订合同

　　C. 甲为贸易货栈，将乙委托自己出售的自行车以自己的名义卖给了丙

　　D. 甲将邮局转来的给乙的信件送给乙

7. 许某委托宋某为自己的代理人，授权宋某代为购买一台冰箱，宋某亲自购买了一台冰箱。他们之间的代理关系属于（　　）。

　　A. 委托代理　　　　　　　　　B. 一般代理

　　C. 单独代理　　　　　　　　　D. 特别代理

8. 乙为矿工，甲灯具厂委托其为代理人在矿区出售矿灯。乙设立甲灯具厂矿灯销售处。因煤矿塌方，乙死亡。其子丙将剩余的矿灯继续以甲灯具厂的名义出售。对此，下列说法中，正确的有（   ）。

A. 丙为无权代理

B. 丙为转代理

C. 甲应直接承受丙出售矿灯行为的后果

D. 甲可以选择承受丙出售行为的后果，也可以不承受其出售行为的后果

二、结合本项目原理，分析以下案例：

1. 2007 年 5 月，陈某为了让自己即将参加高考的儿子能够进入某学院学习，经人介绍与许某相识，许某承诺找其朋友帮忙。同年 6 月 2 日，许某从陈某处取走 25 000 元人民币，双方口头约定由许某将其中的 20 000 元交予该学院具体帮忙的人员，以确保陈某之子能被该学院录取；另 5000 元作为许某的"辛苦费"；如陈某之子不能进入该学院，则 25 000 元如数退还。后因陈某之子的高考分数未达到该学院的录取最低分数线，入学的事没有办成，陈某遂向人民法院起诉，要求许某返还 25 000 元。

许某是否应当将 25 000 元返还给陈某？

思考方向：

（1）分析陈某与许某是否有形成代理关系的意思表示。

（2）判断陈某与许某有关约定的内容是否合法。

2. 左某在北京工作，每年春节回黑龙江看望父母。邓某开了一家饭馆，在左某回家看望父母前，他来找左某问东北黑木耳的行情，并委托左某买 100 斤带回来；并说如果黑木耳好销，就建立起长期联系，今后就可以贩卖黑木耳。左某听后满口答应，春节过后，左某托运回 100 斤黑木耳。当他欲交给邓某准备要钱时，得知邓某在大年初一因酒后开车出了车祸，经抢救无效死在医院里，他因欠别人的债饭馆已被债主接管。左某遂把黑木耳送到邓某家交给他妻子，并向他妻子要钱。邓妻说她不知道此事，而且邓某已死，饭馆已由别人经营，她要这些黑木耳也没用，故拒绝接受并拒绝交付黑木耳的钱。左某认为邓妻应该接受这 100 斤黑木耳，因为这是继承的一部分内容。邓妻则说，邓某已死，这同她没有任何关系，继承只继承财产，没听说还继承这些的。左某没有办法，遂向人民法院提起诉讼，要求邓妻接受这些黑木耳，并交付黑木耳的价款。

此案应当如何处理？

思考方向：

（1）分析左某与邓某有关约定的法律性质，判断两人是否建立了代理关系。

（2）如果左某与邓某之间存在代理关系，邓某死后，该代理关系是否随之消灭？

（3）判断左某与邓妻各自的主张是否正确。

3. 洛某有二子，大儿子洛林 7 岁，二儿子洛佳 2 岁。洛某有房屋两幢，一幢赠与

洛林、一幢赠与洛佳，并已办理所有权移转登记。黄某委托洛某代为租赁房屋，洛某即一方面代理洛林与洛佳，一方面代理黄某，订立了黄某与洛林及黄某与洛佳之租赁合同。

洛某与洛林、洛某与洛佳之间的房屋赠与是否有效？黄某与洛林、黄某与洛佳之间的租赁合同是否有效？

思考方向：

（1）明确有关赠与的法律规定，洛某与洛林、洛某与洛佳之间的房屋赠与是否有效取决于是否具备合同的有效要件。

（2）判断洛某与洛林、洛佳之间以及与黄某之间的法律关系。

（3）分析洛某有关代理行为的法律性质，黄某与洛林、黄某与洛佳之间的租赁合同是否有效取决于其代理是否有效。

学习情境十一　委托代理关系的确立与判断

情境案例

2015年10月12日，甲市A粮油经销公司（以下简称A公司）经理沈某，委托去乙市办事的B贸易商行（以下简称B商行）经理刘某，将该公司的营业执照副本和盖有该公司合同专用章的空白合同转交给A公司驻乙市办事处的孙某。刘某到达乙市后，因孙某外出，转交未成。数日后，刘某得知乙市C粮油加工厂（以下简称C工厂）欲购豆粕，便持A公司的营业执照副本和空白合同文本与C工厂签订了供给1000吨豆粕的合同。双方还约定，C工厂在订立合同后3天内交付10万元定金；如B商行不能按时供给豆粕，应双倍返还定金。10月20日，C工厂将10万元定金汇入B商行的账户。此后，刘某组织货源不成，致使合同无法履行。C工厂要求刘某双倍返还定金20万元。到11月末，B商行只给C工厂定金款12万元。12月中旬，B商行倒闭，经理刘某下落不明。C工厂便找到A公司，A公司经理沈某以该合同非其公司人员订立为由拒绝承担责任，C工厂遂向人民法院起诉，要求A公司返还定金8万元。

C工厂诉称，刘某持有A公司的营业执照副本和盖有该公司合同专用章的空白合同，足以使其相信刘某有代理权，刘某以A公司名义签订合同构成表见代理，A公司应当向C工厂承担被代理人的责任；20万元定金刘某已经返还12万元，A公司应当返还余下的8万元。

A公司辩称，只有授权委托书才能证明刘某与A公司之间有无代理关系，刘某并未取得A公司委托授权，C工厂与刘某签订合同时未尽注意的义务，上了刘某的当，应当自己承担相应后果。

训练目的

通过实训，使学生进一步理解代理制度，掌握形成代理关系的条件，能够正确判断代理行为的法律性质，正确处理涉及无权代理、表见代理的民事争议。

训练方法

1. 课堂讨论。针对案例由教师或者学生提出问题，由学生自主进行探讨、论证，教师进行辅导、点评。

2. 角色模拟。学生分组，每组4~6人，分别扮演刘某、C工厂负责人和沈某，根据案情模拟刘某与C工厂签订合同、C工厂要求A公司返还定金的过程。

工作任务

1. 正确认识委托代理关系成立的条件，判断无权代理的具体情形及其可能产生的法律效果。

2. 制作授权委托书。

实训步骤

步骤1. 分析案例中各当事人之间是否存在民事法律关系。

步骤2. 确认刘某与C工厂签订的合同的效力。

步骤3. 判断A公司与刘某及B商行之间是否存在代理关系。

步骤4. 判断A公司是否应承担向C工厂返还定金的责任。

步骤5. 制作A公司委托刘某代为销售粮食的授权委托书。

知识链接

委托代理书

兹有_____（自然人姓名、性别、年龄、职业、住址/法人或其他组织名称、住所、法定代表人姓名）授权委托_____（自然人姓名、性别、年龄、职业、住址/法人或其他组织名称、住所、法定代表人姓名）代理下列活动：

（授权的范围和具体权限）

授权人：（签字或者盖章）_____

_____年_____月_____日

拓展阅读

1. 王利明："法律行为制度的若干问题探讨"，载《中国法学》2003 年第 5 期。

2. 朱庆育："意思表示与法律行为"，载《比较法研究》2004 年第 1 期。

3. 董学立："论效力未定民事行为的法律属性"，载《法学论坛》2012 年第 6 期。

4. 耿卓："民事代理制度的新发展"，载《河北大学学报（哲学、社会科学版）》2014 年第 1 期。

5. 宗鸣："民事法律行为与情谊行为之区别"，载《江苏法制报》2015 年 4 月 17 日。

6. 杨立新："《民法总则》规定的虚假民事法律行为的法律适用"，载《法律科学（西北政法大学学报）》2018 年第 1 期。

单元四

时 效 与 期 限

时效是指一定事实状态经过一定期间即产生一定法律效果的法律制度，包括取得时效和消灭时效。期限是指权利义务产生、变更和终止的时间，分为期日和期间。时效与期限都关涉民事权利及民事义务，民事主体在进行民事活动时应当注意法律的相关规定。我国现行立法中无取得时效制度，《民法总则》确立了与消灭时效相当的诉讼时效制度，对期限也有较为详细的规定。

知识目标

1. 了解时效的种类，理解诉讼时效的含义及其制度意义。
2. 明确诉讼时效的分类，掌握诉讼时效期间的起算和计算方法。
3. 掌握诉讼时效中止和中断的法定事由及法律效果。

能力目标

1. 能够判断民事权利基于时间的变化而产生的不同法律效果。
2. 能够正确确定不同案件诉讼时效的起算点，准确计算诉讼时效期间。
3. 能够熟练适用时效中止和时效中断的法律规定。

项目一 时 效

引 例

甲公司与乙公司于2010年7月10日签订一份合同，约定由甲向乙供应一套设备并负责送货、安装，货款总额300万元。同年10月10日，甲公司将设备运抵乙方，设备安装后，调试运转正常。乙公司即付货款280万元，双方同意剩余20万元待设备运转3个月后如果没有质量问题时再行支付。3个月后，乙未向甲提出质量问题，甲去函要求乙支付余款20万元。乙以目前尚不能肯定设备有无质量问题为由，要求再等3个月。甲未允，去函要求乙方至迟到2011年2月10日前结清全部货款及迟延利息。乙未答复。此后 3 年内，双方未再就此事交涉。2015 年 5 月，甲公司清理合同时发现乙公司尚欠其 20 万元设备款，遂派人到乙公司追讨。经双方协商，于 2014 年 6 月 30 日达成书面协议，乙公司同意于 2015 年 10 月 30 日前付清所欠货款。至 10 月 30 日，乙公司仍未付清此款，甲公司遂起诉于法院。

问题：

甲公司能不能对四年前的欠款进行追讨？本案有没有超过诉讼时效？该如何处理？

基本理论

一、民事时效概述

(一) 时效的含义

通说认为，时效是民法规定的一定事实状态经过一定期间即产生一定法律效果的法律制度。有关时效的规定是强制性规范，哪些事实状态、经过多长时间、产生什么法律效果，都由法律直接规定。在时效进行前及进行中，当事人均不能以约定排除时效规范的适用。

时效是导致民事法律关系发生、变更和消灭的法律事实，适用时效制度，当事人可取得一定的权利或使某种权利的效力发生减损。取得权利或权利效力减损并非基于当事人的自由意志，而是由法律规定的当事人在一定时间内为一定行为或不为一定行为的结果。

(二) 时效的种类

时效依事实状态和法律效果的不同，可以分为两种：取得时效与消灭时效。

所谓取得时效，又称占有时效，是指无权占有人以行使所有权或其他财产权的意思公然、和平、持续地占有他人的财产，经过法律规定的期间，即依法取得该财产所有权或其他财产权的法律制度。取得时效起源于古罗马法。在近代，取得时效制度率先为法国民法典所采纳，后来为大多数大陆法系国家采纳。我国台湾地区"民法典"更将取得时效扩展适用至动产、不动产的所有权和其他财产权。1917 年后形成的社会主义法系各国基本上未采纳取得时效制度。

在取得时效中，决定取得时效制度的根本因素是公共利益和占有人利益而不是原所有权人利益。当占有人长期、合法、善意并且不中断地占有他人之物时，如果原所有权人怠于追索自己的物品，则出于公共利益考量，法律应当赋予占有人就该物享有所有权，从而避免影响进一步的经济流转。

所谓消灭时效，又称诉讼时效，是指权利人在法定期限内不行使权利，将导致其权利丧失或者法律将不予救济的制度。例如，甲欠乙一笔钱，到期未还，但乙不闻不问，这种状况持续一定期间后，乙便可能丧失请求甲还款的权利，或者行使该项权利难以得到法律的支持。

大陆法系国家或地区中，法国、奥地利、日本等国民法建立了统一的时效制度，将取得时效和消灭时效一并规定。德国和我国台湾地区"民法"将取得时效与消灭时效分立，将取得时效规定于物权篇，将消灭时效规定于总则篇。由于历史原因，我国民事立法深受苏俄民事立法模式影响，1986 年颁布的《民法通则》和 2017 年颁布施行的《民法总则》均采纳了所谓的统一时效模式，但实际上只规定了消灭时效（诉讼时效）制度，取得时效制度至今尚无规定。

二、诉讼时效的含义及功能

诉讼时效是指权利人在法定期间内不行使权利即丧失请求人民法院依法保护其民事权利的法律制度。这里的"法定期间"即诉讼时效期间，权利人在该期间内有权请求人民法院保护其权利；一旦诉讼时效期间届满，权利人则不再享有请求人民法院保护的权利。

诉讼时效具有以下特征：

1. 诉讼时效属于消灭时效

诉讼时效完成仅消灭权利人的实体请求权。实体请求权是权利人取得胜诉的根据，又称胜诉权，诉讼时效一旦完成后，程序上的请求权并未消灭，但权利人丧失了通过诉讼获得救济的权利，其权利也不再受法院保护。但权利人仍有程序意义上的诉权，仍可依法向人民法院提起诉讼。

2. 诉讼时效具有强制性

它的强制性是指当事人既不能协议排除对诉讼时效的适用，也不得以协议变更诉讼时效期间。《民法总则》第 197 条规定："诉讼时效的期间、计算方法以及中止、中断的事由由法律规定，当事人约定无效。当事人对诉讼时效利益的预先放弃无效。"这就意味着：①民法关于时效的规定不得由当事人依自由意思予以排除；②时效期间不得由当事人协议予以加长或缩短；③时效利益不得由当事人预先予以抛弃。因此，当事人关于排除时效适用、变更时效期间或预先抛弃时效利益的约定，依法当然无效。

3. 诉讼时效具有普遍性

诉讼时效制度为普遍性规范，除法律有特别规定外，诉讼时效适用于各种民事法律关系。我国《民法总则》第 188 条第 1 款规定："向人民法院请求保护民事权利的诉讼时效期间为 3 年。法律另有规定的，依照其规定。"依此规定，除法律另有规定外，都应适用 3 年期间的诉讼时效。

诉讼时效具有维护社会秩序和交易安全的功能，主要体现在如下两个方面：

（1）督促权利人及时行使自己的权利，以维持社会的稳定。在社会生活中，一定的事实状态的继续必然会产生相应的法律秩序。在交易中，如果请求权人长期不向义务人主张权利，就会使义务人认为，权利人已经放弃其请求权，这就会在社会中形成一种信赖利益，所以法律要通过时效制度来维护既定的财产秩序和交易秩序。如果经过相当长的时间，权利人行使权利将推翻既定的社会秩序，不利于法律秩序的稳定，所以有必要设立诉讼时效制度。

（2）有利于证据的收集和判断，节约司法资源，促进及时解决纠纷。因为有些事实可能年代已久远，一方长期没有提出请求，许多证据难以查找，年代越久远，讼累越重，如无时间限制，会造成原权利人举证负担沉重，现在的权利人也深受其影响，法院也会增加审判负担。

应当注意，诉讼时效与除斥期间在制度功能上有某些共同之处，但两者的适用不能混淆。除斥期间，亦称预定期间，是指法律预定或者当事人约定当一定期限届满时某种形成权消灭的期间；权利人在除斥期间内未行使权利的，期间届满时其权利消灭。诉讼时效与除斥期间都是对权利人行使权利进行时间限制，都起着督促权利人及时行使权利、保护社会法律关系稳定的作用，也都有期间届满将会导致某种特定权利消灭的法律效果。二者的区别主要有：

（1）期间属性不同。诉讼时效为法定期间，不允许当事人自行约定或变更；除斥期间由法律直接规定，也可以由当事人自行约定。

（2）适用客体不同。诉讼时效主要适用于债的请求权，如债权人请求债务人清偿债务；除斥期间则主要适用于形成权，如债权人的撤销权等。

（3）法律效果不同。诉讼时效期间届满，权利人可能丧失胜诉权，实体权利本身并不消灭，只是因丧失强制义务人履行的效力而转化为"自然债"；除斥期间届满，权利人丧失形成权，实体权利消灭。

（4）期间起算不同。诉讼时效期间一般自权利人能够行使请求权之日起计算，若权利人不能行使请求法律保护的权利，则一般不开始计算时效期间；并且诉讼时效是可变期间，可因法定事由而中止、中断，例外情形下还可以延长。除斥期间一般自权利成立之日起计算，至于权利人能否行使权利，一般不影响期间计算，因此不能适用中止和中断。

（5）法院援引适用上的不同。对诉讼时效，人民法院既不能主动释明，也不能积极审查、主动援引，只能由当事人在诉讼中提出时效抗辩时加以援引适用。对除斥期间，从保护既存法律关系权利人权益的角度出发，法院在作出裁判时必须依法审查，依除斥期间是否届满作出处理。

法条链接

《中华人民共和国民法总则》

第152条　有下列情形之一的，撤销权消灭：

（一）当事人自知道或者应当知道撤销事由之日起1年内、重大误解的当事人自知道或者应当知道撤销事由之日起3个月内没有行使撤销权；

（二）当事人受胁迫，自胁迫行为终止之日起 1 年内没有行使撤销权；

（三）当事人知道撤销事由后明确表示或者以自己的行为表明放弃撤销权。

当事人自民事法律行为发生之日起 5 年内没有行使撤销权的，撤销权消灭。

第 199 条　法律规定或者当事人约定的撤销权、解除权等权利的存续期间，除法律另有规定外，自权利人知道或者应当知道权利产生之日起计算，不适用有关诉讼时效中止、中断和延长的规定。存续期间届满，撤销权、解除权等权利消灭。

《中华人民共和国合同法》

第 55 条　有下列情形之一的，撤销权消灭：

（一）具有撤销权的当事人自知道或者应当知道撤销事由之日起 1 年内没有行使撤销权；

……

第 75 条　撤销权自债权人知道或者应当知道撤销事由之日起 1 年内行使。自债务人的行为发生之日起 5 年内没有行使撤销权的，该撤销权消灭。

第 104 条第 2 款　债权人领取提存物的权利，自提存之日起 5 年内不行使而消灭，提存物扣除提存费用后归国家所有。

第 192 条第 2 款　赠与人的撤销权，自知道或者应当知道撤销原因之日起 1 年内行使。

第 193 条第 2 款　赠与人的继承人或者法定代理人的撤销权，自知道或者应当知道撤销原因之日起 6 个月内行使。

《最高人民法院关于适用〈中华人民共和国合同法〉若干问题的解释（一）》

第 8 条　合同法第 55 条规定的"1 年"、第 75 条和第 104 第 2 款规定的"5 年"为不变期间，不适用诉讼时效中止、中断或者延长的规定。

三、诉讼时效的适用范围

诉讼时效的适用范围，是指诉讼时效制度所适用的权利类型。诉讼时效制度适用的权利范围，涉及哪些权利因诉讼时效期间届满、义务人提出诉讼时效抗辩而不会得到法院保护的重大问题，对权利人的权利保护意义重大。该问题既是司法实务亟需解决的问题，又是争论较大的问题，各国的立法不尽一致：①适用于债权，如瑞士债务法；②适用于债权及其他非所有权之财产权，如日本民法典；③适用于请求权，如德国民法典。我国《民法通则》对此一直未作明确规定，《民法总则》则在第 196 条首次明确规定了不适用诉讼时效制度的情形，结合《最高人民法院关于审理民事案件适用诉讼时效制度若干问题的规定》（以下简称《适用诉讼时效制度的规定》），我国诉讼时效制度主要适用于：

（1）债权请求权。一般债权请求权适用诉讼时效，但支付存款本金及利息请求权和兑付国债、金融债券、向不特定对象发行的企业债券本息请求权以及基于投资关系产生的缴付出资请求权等债权请求权不适用诉讼时效。因为前两种请求权的实现关系到社会公共利益的保护，如果适用诉讼时效将使民众的切身利益受到损害；后一种请求权如果适用诉讼时效将有违公司资本充足原则，且不利于保护其他足额出资的股东及公司债权人的利益。

（2）继承回复请求权和受遗赠请求权。

（3）物权请求权之返还财产请求权，但不动产物权和登记的动产物权的权利人返还财产请求权除外。

下列请求权则不适用诉讼时效制度：

（1）物权请求权之非财产性请求权，如请求停止侵害、排除妨害、消除危险、恢复原状等请求权。

（2）不动产物权和登记的动产物权的权利人之返还财产请求权。

（3）人格权上之非财产性请求权，如停止侵害、赔礼道歉、消除影响请求权。

（4）身份关系上之请求权，如离婚请求权、解除收养关系请求权、抚养费请求权、赡养费请求权、扶养费请求权。

（5）共有财产分割请求权。

（6）未授权给自然人、法人经营、管理的国家财产因受侵害而产生的请求权。

四、诉讼时效的效力

诉讼时效的效力，是指诉讼时效完成即诉讼时效期间届满而发生的法律效果。各国关于诉讼时效效力的立法有所不同。在我国，一般认为，诉讼时效期间届满，权利人丧失胜诉权，也就是说权利人因诉讼时效期间届满而丧失请求人民法院以国家强制力强制义务人来实现自己实体权利的权利。

关于诉讼时效的效力应注意以下几个方面：

（1）诉讼时效期间届满，权利人依然享有起诉权。我国《民事诉讼法》第119条规定的起诉条件包括：原告是与本案有直接利害关系的公民、法人和其他组织；有明确的被告；有具体的诉讼请求和事实、理由；属于人民法院受理民事诉讼的范围和受诉人民法院管辖。根据此条规定，不管权利人是否在诉讼时效期间内起诉，只要符合法定的起诉条件，人民法院就应当受理。《最高人民法院关于适用〈中华人民共和国民事诉讼法〉的解释》第219条明确规定"当事人超过诉讼时效期间起诉的，人民法院应予受理……"

（2）诉讼时效期间届满，权利人起诉也仍有可能胜诉。民事诉讼的基本规则是"不告不理"，《民法总则》第193条规定："人民法院不得主动适用诉讼时效的规定。"《适用诉讼时效制度的规定》第3条规定："当事人未提出诉讼时效抗辩，人民法院不应对诉讼时效问题进行释明及主动适用诉讼时效的规定进行裁判。"《最高人民法院关于适用〈中华人民共和国民事诉讼法〉的解释》第 219 条也规定："……受理后对方当事人提出诉讼时效抗辩，人民法院经审理认为抗辩事由成立的，判决驳回原告的诉讼请求。"如果对方当事人以超过诉讼时效为由请求驳回权利人的诉讼请求，经审查确认的，法院应当判决驳回权利人之诉求。如果对方当事人未提出时效抗辩，则法院不得仅以诉讼时效届满这一事实验回起诉，也即权利人仍有可能胜诉。

（3）诉讼时效期间届满，权利人丧失胜诉权，但不因此丧失实体权利。法律规定的诉讼时效期间届满，人民法院对权利人的权利不再予以保护，但权利人的实体权利仍然存在，已过诉讼时效的债务转化为"自然债务"。根据《民法总则》第 192 条第 2 款规定："诉讼时效期间届满后，义务人同意履行的，不得以诉讼时效期间届满为由抗辩；义务人已自愿履行的，不得请求返还。"也即是说诉讼时效期间届满后，义务人愿意履行的，权利人有权受领。义务人履行义务后，又以诉讼时效已经完成为理由而反悔，或主张权利人受领履行属于不当得利的，人民法院不予支持，权利人也可以予以拒绝。

（4）主债权因诉讼时效期间届满而丧失请求人民法院予以保护的权利时，人民法院对于权利人因主债权而取得的各种从权利，也不予以保护。

（5）诉讼时效期间届满后，当事人重新确认原债权债务关系，诉讼时效重新计算。当事人在诉讼时效期间届满后就原债务达成新的协议，或者订立具体还款协议的，视为重新确认原债权债务关系，重新确认的债权债务关系受法律保护，因而重新起算诉讼时效期间。例如，超过诉讼时效期间后，银行向借款人发出催收到期贷款的通知，债务人在通知单上签字或盖章的，应当视为对原债务的重新确认，重新计算诉讼时效。因为诉讼时效的目的是督促权利人及时地行使权利，诉讼时效虽有可能使义务人不负责任的现象发生，但其目的并不在于保护义务人不承担责任。

五、诉讼时效期间的种类及起算

（一）诉讼时效期间的种类

诉讼时效期间是指权利人向人民法院请求保护其民事权利的法定期间。依适用范围的不同，诉讼时效期间可分为普通诉讼时效期间和特别诉讼时效期间。

1. 普通诉讼时效期间

普通诉讼时效期间，又称一般诉讼时效期间，指由民事基本法统一规定的，普遍适用于法律没有作特别规定的各种民事权利请求权的时效期间。对此各国立法规定不一，如法国《环境法》规定的诉讼时效期间为 30 年，其他一般诉讼时效期间曾为 30 年，2008 年改为 5 年；日本规定债权请求权的时效期间为 10 年，其他财产权请求权的诉讼时效为 20 年。我国《民法总则》第 188 条第 1 款规定："向人民法院请求保护民事权利的诉讼时效期间为 3 年。法律另有规定的，依照其规定。"这表明，我国民事诉讼的普通诉讼时效期间为 3 年。

值得注意的是，自 1987 年以来我国一直适用《民法通则》第 135 条的规定，普通诉讼时效期间为 2 年，直至 2017 年 10 月 1 日开始才适用《民法总则》规定的 3 年诉讼时效。这一立法上的变化是根据我国社会发展的需求与司法实践情况经过反复研究论证之后作出的，从制度上给予权利人更多保护，给义务人进一步的法律约束，有利于诚信社会的建立，更好地树立法律权威。

2. 特别诉讼时效期间

特别诉讼时效期间，是指法律规定仅适用于某些特定的民事请求权的诉讼时效期间。民事基本法、民事特别法均可规定特别诉讼时效期间。特别时效优于普通时效，也就是说，凡有特别时效规定的，适用特别时效，《民法总则》188 条也规定了"法律另有规定的，依照其规定"。

特别诉讼时效期间可分为以下两种：

（1）短期诉讼时效。短期诉讼时效的期间短于普通诉讼时效期间，如《民法通则》第 136 条规定了四种诉讼时效为 1 年的情形，包括：身体受到伤害要求赔偿的；出售质量不合格的商品未声明的；延付或者拒付租金的；寄存财物被丢失或者损毁的。《民法总则》没有单独规定这四种情形的诉讼时效。从法律的适用情况来看，短期时效不利于保护权利人；从立法发展的趋向上看，短期诉讼时效日渐减少是大势所趋。因此，通说认为前述四种情形应一体适用《民法总则》第 188 条第 1 款规定的 3 年的普通诉讼时效期间。

（2）长期诉讼时效。长期诉讼时效的期间超过普通诉讼时效期间。例如，《合同法》第 129 条规定，国际货物买卖合同、技术进出口合同纠纷的诉讼时效为 4 年；《保险法》第 26 条第 2 款规定，人寿保险的被保险人或者受益人向保险人请求给付保险金的诉讼时效期间为 5 年。

（二）诉讼时效期间的起算

诉讼时效期间起算点的确定，实际上与诉讼时效制度的立法目的有关。《民法总则》第 188 条第 2 款规定："诉讼时效期间自权利人知道或者应当知道权利受到损害以及义务人之日起计算。……"这是请求人民法院保护其权利的基础，从这一时间点开始计算诉讼时效期间，符合诉讼时效是权利人请求法院保护权利的法定期间的宗旨。所谓"知道"，是指权利人已明确自己权利被侵害，并且知道侵权人是谁；所谓"应当知道"，是指根据客观事实推定权利人能够知道权利被侵害和被何人侵害，即权利人即使主观上不明了自己权利已被侵害的事实，但客观上存在使其知道的条件，其对权利被侵害的不知情是因对自己的权利未尽必要的注意而造成的。这两个时间节点都是法律规定的诉讼时效的具体起算点。比如在借款合同关系中，明确约定了借款人应当在某年某月某日偿还借款，实际到了这一天借款人没有还款，这个还款到期之日就属于

"权利人知道"的日期，也属于原告诉讼时效起算的日期。

因此，我国法律对诉讼时效期间起点的计算采用的是主客观相结合的方式。这一规定要求权利人行使权利的要件包括：①客观上权利受到侵害；②主观上权利人知道或应当知道权利被侵害；③权利人有行使权利的可能，即知道或应知道侵害人是谁。

由于各种民事法律关系的性质不同，权利人应当知道其权利被侵害的时间也不完全相同，因此，对于诉讼时效期间的起算时间，在实践中还应区分不同的具体情况而确定。《民法总则》较之《民法通则》明确增加了3条期间起算的规定，第189条规定："当事人约定同一债务分期履行的，诉讼时效期间自最后一期履行期限届满之日起计算。"第190条规定："无民事行为能力人或者限制民事行为能力人对其法定代理人的请求权的诉讼时效期间，自该法定代理终止之日起计算。"第191条规定："未成年人遭受性侵害的损害赔偿请求权的诉讼时效期间，自受害人年满18周岁之日起计算。"其中第191条关于未成年人受到性侵害案件的民事诉讼时效期间起算规则更是时效立法上的重大突破。受我国社会传统观念影响，不少遭受性侵害的未成年人及其监护人不愿、不敢公开寻求法律保护；受害人成年后自己寻求法律救济，却往往已超过诉讼时效期间。这种困境因《民法总则》第191条而改变了。如果儿童期遭遇了性侵害，那么即便当时没有主张自己的权利、追究侵害方的责任，年满18周岁后仍可以要求侵害方承担民事责任。

除上述规定外，还有以下几种情形：

（1）有履行期限的债务请求权，诉讼时效期间从履行期限到来之日起算。

（2）无履行期限或者履行期限不明确的债务请求权，可以确定履行期限的，诉讼时效期间从履行期限届满之日起算；不能确定的，诉讼时效期间从债权人要求债务人履行义务的宽限期届满之日计算。

（3）因违约行为而发生的强制实际履行请求权、损害赔偿请求权和违约金请求权，诉讼时效期间从权利人知道或应当知道违约行为发生之时起算。

（4）返还不当得利请求权的诉讼时效期间，从当事人一方知道或者应当知道不当得利事实及对方当事人之日起计算。

（5）管理人因无因管理行为产生的给付必要管理费用、赔偿损失请求权的诉讼时效期间，从无因管理行为结束并且管理人知道或者应当知道本人之日起计算；本人因不当无因管理行为产生的赔偿损失请求权的诉讼时效期间，从其知道或者应当知道管理人及损害事实之日起计算。

（6）附条件或者附期限的请求权，诉讼时效期间从条件成就或期限到来之日起算。

（7）标的为不作为的请求权，诉讼时效期间从义务人有违反行为之时起算。

（8）因侵权行为发生的请求权，诉讼时效期间从受害人知道有侵害行为及加害人之时起算，但20年时效期间从侵权行为发生之时起算。

（9）人身损害赔偿的诉讼时效期间，伤害明显的，从受伤害之日起算；伤害当时未曾发现，后经检查确诊并能证明是由侵害引起的，从伤势确诊之日起算。

（10）侵害行为具有持续性的，诉讼时效期间从行为停止之日起计算。

（11）国家赔偿的诉讼时效期间，自国家机关及其工作人员行使职权时的行为被依法确认为违法之日起算。

案 例

蔡某有一块名牌手表，2014 年 6 月 3 日借给朋友鲁某使用，双方没有明确约定借用期限。2015 年 10 月 10 日，蔡某要求鲁某归还手表，鲁某提出一个星期后归还，蔡某同意了，但是一个星期后鲁某并未归还手表。如果蔡某向人民法院请求保护其财产权利，诉讼时效从其知道或应当知道权利被侵害之日起计算，也就是从鲁某归还手表的最后期限 2015 年 10 月 17 日的次日起开始计算。根据《民法通则》的规定适用 2 年的诉讼时效期间，即诉讼时效期间到 2017 年 10 月 17 日为止；而《民法总则》自 2017 年 10 月 1 日起生效，此时蔡某的诉讼时效期间尚未完成，应当适用《民法总则》规定的 3 年诉讼时效，因此其向人民法院请求保护的诉讼时效期间为 2015 年 10 月 18 日至 2018 年 10 月 17 日。

（三）权利的最长保护期限

《民法总则》第 188 条第 2 款规定："诉讼时效期间自权利人知道或者应当知道权利受到损害以及义务人之日起计算。法律另有规定的，依照其规定。但是自权利受到损害之日起超过 20 年的，人民法院不予保护；有特殊情况的，人民法院可以根据权利人的申请决定延长。"该条款中的"20 年"并非诉讼时效期间，而是对民事权利的最长保护期限。也就是说，从权利被侵害之日起 20 年内，权利人不知道或不可能知道权利被侵害，20 年后才知道权利被侵害，才向人民法院提起诉讼的，人民法院将不予保护。因此，权利人只有在最长保护期间内起诉，才有可能获得司法保护；从权利被侵害之日起满 20 年权利人才提起诉讼的，不能胜诉。

设置最长权利保护期限，目的在于克服诉讼时效制度可能导致的无限期保护权利的缺点。这一最长保护期限必须连续计算，因此不适用时效中止或时效中断，但可以适用诉讼时效延长的规定。

案 例

曹某于 1993 年 2 月向杜某借款 3.5 万元，约定 1 年后还款。2 个月后杜某突发心脏病死亡，其遗产由儿子杜小明和女儿杜小梅依法继承，但杜小梅并不知晓杜某与曹某之间的债权债务关系。1994 年 2 月底，曹某将该项借款的本金和利息交给杜小明，杜小明没有告诉杜小梅。2014 年 8 月，杜小梅与曹某拉家常时才得知杜小明私吞了该笔遗产，遂要求哥哥将该款项的一半及 20 年来的利息还给自己，遭到杜小明拒绝。杜小梅愤而起诉，请求人民法院维护自己的继承权。法院经审理后认定，杜小梅取得杜某有关遗产的权利确实为杜小明所侵害，但其权利被侵害已经超过 20 年，已过法律规定的最长保护期间，因此判决驳回杜小梅的诉讼请求。

六、诉讼时效的中止

（一）诉讼时效中止的含义

诉讼时效期间的中止，也称"诉讼时效期间不完成"，指在诉讼时效期间进行中，因发生一定的法定事由使权利人不能行使请求权，暂时停止计算诉讼时效期间，待阻碍时效期间进行的法定事由消除后，继续进行诉讼时效期间的计算。

诉讼时效制度的设立目的在于使怠于行使权利者承担不利后果，但权利人不行使权利并非出于怠惰，而是因为不得已的事由时，使权利人承担与怠于行使权利者同样的不利后果，未免失之不公。因此时效立法中应当设有中止制度，以求衡平。我国《民法总则》在其第 194 条对时效中止作出了规定。

（二）诉讼时效中止的适用条件

根据《民法总则》第 194 条第 1 款的规定，诉讼时效期间中止的适用条件主要包括：

1. 须存在中止的法定事由

法定事由有：①不可抗力，即不能预见、不能避免并不能克服的客观情况；②无民事行为能力人或者限制民事行为能力人没有法定代理人，或者法定代理人死亡、丧失民事行为能力、丧失代理权；③继承开始后未确定继承人或者遗产管理人；④权利人被义务人或者其他人控制；⑤其他导致权利人不能行使请求权的障碍。

2. 法定事由必须发生在时效期间的最后 6 个月

包括法定事由在期间最后 6 个月内发生和在最后 6 个月之前发生而延续至最后 6 个月内两种情况，因为此时发生中止事由，可能会导致权利人没有足够的时间去行使权利，而中止事由在最后 6 个月之前的期间发生并且未延续至最后 6 个月的，权利人还有足够的时间去行使权利。

（三）诉讼时效中止的法律效力

诉讼时效期间中止的效力在于使时效暂停计算，待中止的原因消灭后，即权利人能够行使其请求权时，再继续计算时效期间。《民法总则》第 194 条第 2 款规定："自中止时效的原因消除之日起满 6 个月，诉讼时效期间届满。"即诉讼时效期间中止后，中止的期间不计入时效期间内，待中止事由消除后，自消除之日起顺延 6 个月，诉讼时效期间才届满。

案　例

赵某欠董某 5 万元，约定 2015 年 10 月 5 日前还清，赵某到期未清偿债务。如无中止事由，董某请求人民法院保护其债权的诉讼时效的最后一天为 2018 年的 10 月 4 日，诉讼时效期间从 2018 年 4 月 4 日开始进入最后 6 个月。2018 年 3 月 1 日董某突发重病昏迷不醒，由于客观障碍不能行使权利，诉讼时效期间暂停计算。如果 3 个月后董某恢复健康可以行使权利，则诉讼时效期间继续计算，此时其诉讼时效期间应当从 2018 年 6 月 1 日起继续计算 6 个月，至 2018 年 11 月 30 日止。

七、诉讼时效的中断

（一）诉讼时效中断的含义

诉讼时效期间的中断，是指在诉讼时效期间进行中，因发生一定的法定事由，致使此前已经过的时效期间全归无效，待该法定事由消除后，诉讼时效期间重新计算的制度。

（二）诉讼时效中断的适用条件

根据《民法总则》第 195 条的规定，中断诉讼时效的事由包括权利人一方提出履行请求或者义务人同意履行义务；权利人提起诉讼或者申请仲裁；或者与提起诉讼或者申请仲裁具有同等效力的其他情形。

这些事由区别于中止诉讼时效的事由，都是依当事人主观意志而实施的行为。诉讼时效的目的是促使权利人行使请求权，消除权利义务关系的不稳定状态，因而诉讼时效进行的条件是权利人不行使权利，如果当事人通过实施上述行为，使权利义务关系重新明确，则诉讼时效已无继续计算的意义，当然应予以中断。

1. 权利人向义务人提出履行请求

权利人直接向义务人作出请求履行义务的意思表示，是权利人在诉讼程序外向义务人行使请求权，是其行使权利的行为，不符合诉讼时效制度不保护怠于行使权利者的宗旨，因而使诉讼时效期间中断。

根据《适用诉讼时效制度的规定》第 10 条第 1 款的规定，下列情形均可产生诉讼时效中断的效力：①当事人一方直接向对方当事人送交主张权利文书，对方当事人在文书上签字、盖章或者虽未签字、盖章但能够以其他方式证明该文书到达对方当事人的；②当事人一方以发送信件或者数据电文方式主张权利，信件或者数据电文到达或者应当到达对方当事人的；③当事人一方为金融机构，依照法律规定或者当事人约定从对方当事人账户中扣收欠款本息的；④当事人一方下落不明，对方当事人在国家级或者下落不明的当事人一方住所地的省级有影响的媒体上刊登具有主张权利内容的公告的，但法律和司法解释另有特别规定的，适用其规定。

2. 义务人同意履行义务

义务人在诉讼时效进行中直接向权利人作出同意履行义务的意思表示，可产生诉讼时效中断的效力。基于义务人认诺所承担的义务，使双方当事人之间的权利义务关系重新得以明确，诉讼时效自此中断。义务人对权利人的认诺表示，可以各种方式作出，以口头或书面方式对权利人或其代理人作出通知、请求延期给付、提供担保、支付利息或租金、清偿部分债务等义务人的行为，在法律上均可构成。

3. 权利人提起诉讼或申请仲裁

权利人依诉讼程序主张权利，请求人民法院或仲裁机关强制义务人履行义务。"提起诉讼或申请仲裁"是权利人请求法院或仲裁机关运用公权力对其权利进行保护的公力救济方式。它表明权利人正在积极地行使自己的权利，使诉讼时效失去了适用理由，因而使诉讼时效期间中断。故各国立法均将"提起诉讼或申请仲裁"作为诉讼时效中断的法定事由。

应当注意的是，如果权利人因起诉不合法被法院驳回的，不构成提起诉讼，则不能使诉讼时效期间中断。但起诉后撤诉的，应区别对待，起诉书副本尚未送达被告的，不应中断诉讼时效期间；如果已经送达，应按当事人主张权利处理，可作中断事由。

4. 与提起诉讼或者申请仲裁具有同等效力的其他情形

下列情形与提起诉讼、申请仲裁具有同等效力，可引起诉讼时效中断：①申请支付令；②申请破产；③申报破产债权；④为主张权利而申请宣告义务人失踪或死亡；⑤申请诉前财产保全、诉前临时禁令等诉前措施；⑥申请强制执行；⑦申请追加当事人或者被通知参加诉讼；⑧在诉讼中主张抵销。

权利人向人民调解委员会以及其他依法有权解决相关民事纠纷的国家机关、事业单位、社会团体等社会组织提出保护相应民事权利的请求；或者向公安机关、人民检察院、人民法院报案或者控告，请求保护其民事权利，亦与提起诉讼、申请仲裁有同等效力，可引起诉讼时效的中断。

（三）诉讼时效中断的法律效力

对于中断时效的效力，各国的规定大致相同。分为对时效和对人两种效力。对时效的效力是指中断事由发生前，已经经过的时效期间，全归无效；中断事由存续期间，时效不进行；自中断事由终止时起，时效重新开始进行。对人的效力是指时效中断的效力只对当事人、继承人、受让人有效。诉讼时效中断后，出现新的中断事由可以引起诉讼时效再次中断，但要受20年最长诉讼时效的限制。

关于在"提起诉讼"的情形下，诉讼时效期间应从何时中断，理论界存在争议，分别有从当事人向法院提起诉讼之日、人民法院受理之日和起诉状副本送达义务人之日中断三种观点。《适用诉讼时效制度的规定》第12条规定，当事人一方向人民法院提交起诉状或者口头起诉的，诉讼时效期间从提交起诉状或者口头起诉之日起中断。因为权利人以"提起诉讼"的方式主张权利的，由于其请求保护权利的对象为法院，故只要其向法院提交起诉材料或者口头起诉，就应认定其向法院提出了权利主张，诉讼时效中断，而无需等待法院受理。

权利人向有权解决民事纠纷的国家机关、事业单位、社会团体提出保护相应民事权利的请求，诉讼时效从提出请求之日起中断。权利人向公安机关、人民检察院、人民法院报案或者控告，请求保护的，诉讼时效从其报案或者控告之日起中断。上述机关决定不立案、撤销案件、不起诉的，诉讼时效期间从权利人知道或者应当知道不立案、撤销案件或者不起诉之日起重新计算；刑事案件进入审理阶段，诉讼时效期间从刑事裁判文书生效之日起重新计算。

（四）诉讼时效中止与中断的比较

诉讼时效期间中止与中断是两种不同的法律制度，其区别主要表现如下：

（1）发生的事由不同。中止的法定事由出自当事人的主观意志所不能决定的事实；中断的法定事由为当事人的主观意志所能左右的事实。

（2）发生的时间不同。中止只能发生在时效期间届满前的最后6个月内；中断可发生于时效期间内的任何时间。

（3）法律效果不同。中止不将中止事由发生的时间计入时效期间，中止事由发生前后经过的时效期间合并计算为总的时效期间；而中断于中断事由发生后，已经经过的时效期间全部作废，重新开始计算时效期间。

八、诉讼时效期间的延长

诉讼时效期间的延长，是指法院对已经完成的诉讼时效期间延长其期限，仍对权利人的权利予以保护的制度。通常时效期间届满后，权利人向法院要求保护权利的，法院不予支持。但有的权利人在诉讼时效期间内未能行使权利确有正当原因，而中止和中断的事由倾向于采取法定主义，不可能包罗所有使权利人不能及时行使权利的事由，因此各国民事立法上多有诉讼时效延长的规定，由法官行使自由裁量权以弥补立法列举规定的不足。《民法总则》第188条规定，有特殊情况的，人民法院可延长诉讼时效期间。

诉讼时效期间延长的条件包括：

（1）诉讼时效期间已经完成。

（2）权利人在诉讼时效期间未行使权利确有正当理由。

（3）是否延长由人民法院决定。《民法总则》第188条规定"可以"延长，而不是"必须"延长，即由法院自由裁量；"特殊情况"也有限制，所谓特殊情况必须是指权利人由于客观的障碍在诉讼时效期间不能行使请求权的情况，如不可抗力、客观障碍、国家民族分裂等。

（4）延长期间必须适当。需注意的是，法院对什么是"客观障碍"以及可以延长多少时效期间是享有很大的自由裁量权的，在司法实践中容易被操作，同时也容易产生违背法律公正的现象，有必要对其进行完善。

引例分析

本案的关键在于确定诉讼时效的起止时间。根据我国法律规定，普通诉讼时效原为2年，现为3年，甲乙两公司的纠纷不属于适用特别诉讼时效的情形，应当适用普通诉讼时效。乙公司尚未支付的20万元余款在甲、乙双方合同约定的截止时间2011年1月10日前应予付清，在此日期届至时乙未向甲付款，诉讼时效开始计算，按照原《民法通则》2年诉讼时效的规定即从2011年1月11日始至2013年1月10日止。如果甲乙双方的交涉仅限于此，则本案的诉讼时效在甲提起诉讼时已经超过，但是，作为权利人甲，丧失的仅仅是一定程度上的诉权，实体上的权利并不因此消灭，甲仍然有权要求乙清偿债权，乙也有义务清偿。双方在诉讼时效届满之后又达成协议，乙公司同意于2015年10月30日前付清所欠货款，根据最高人民法院相关批复，这应视为债务人对原债务的重新确认，该债权债务关系应受法律保护，诉讼时效重新计算，从2015年11月1日开始至2017年10月30日截止。但2017年10月1日适逢《民法总则》开始实施，因此，诉讼时效期间改为3年，即自2015年11月1日开始，3年内甲公司提起诉讼均没有超过诉讼时效，法院应予受理，并支持原告的诉讼请求。

相关法律规范

1.《中华人民共和国民法总则》第152、188~199条。

2.《中华人民共和国合同法》第129条。

3.《中华人民共和国产品质量法》第45条。

4.《中华人民共和国环境保护法》第66条。

5.《中华人民共和国海商法》第257~267条。

6.《最高人民法院关于贯彻执行〈中华人民共和国民法通则〉若干问题的意见（试行）》第165~177条。

7.《最高人民法院关于审理民事案件适用诉讼时效制度若干问题的规定》。

8.《最高人民法院关于适用〈中华人民共和国民事诉讼法〉的解释》第219条。

9.《最高人民法院关于超过诉讼时效期间当事人达成的还款协议是否应当受法律保护问题的批复》。

10.《最高人民法院关于超过诉讼时效期间借款人在催款通知单上签字或者盖章的法律效力问题的批复》。

思考与练习

一、结合本项目原理，作出正确选择：

1. 下列情形中，不能引起诉讼时效中断的是（ ）。

A. 权利人申请仲裁   B. 权利人主张权利

C. 义务人同意履行义务   D. 权利人因不可抗力不能起诉

2. 甲家的玻璃窗 2015 年 9 月 30 日被人打破，但直至 2015 年 10 月 23 日甲才得知是乙踢球时不小心砸破的。2017 年 12 月 5 日甲所在地发生地震，一直到 12 月 14 日才与外界取得联系。甲向人民法院起诉乙而不丧失胜诉权的最后日期是（ ）。

A. 2018 年 10 月 23 日   B. 2017 年 10 月 23 日

C. 2018 年 11 月 2 日   D. 2017 年 11 月 2 日

3. 祝某于 2011 年 10 月 2 日因过失致马某人身伤害，造成马某损失 5000 元。祝某无力赔偿，马某也未主动请求祝某赔偿。祝某外出打工，赚了一些钱，2013 年 4 月 1 日主动向马某支付了 2000 元作为赔偿金。后来祝某得知马某的赔偿请求权已过诉讼时效，则（ ）。

A. 祝某有权要求马某返还 2000 元赔偿金

B. 马某接受 2000 元属于不当得利

C. 马某有权接受 2000 元，祝某无权请求返还

D. 马某无权接受，该 2000 元应收归国家或集体所有

4. 甲 8 周岁，多次在国际钢琴大赛中获奖，并获得大量奖金。甲的父母乙、丙为了甲的利益，考虑到甲的奖金存放银行增值有限，遂将奖金全部购买了股票，但恰遇股市暴跌，甲的奖金损失过半。关于乙、丙的行为，下列哪些说法是正确的？（ ）

A. 甲应当在 3 年内要求乙、丙赔偿损失

B. 乙、丙的行为是管理被监护人财产，无须承担责任

C. 甲可以在其与乙丙的法定代理关系终止之日起 3 年内起诉

D. 如主张赔偿，甲对父母的诉讼时效期间待其成年后开始计算

5. 甲于 4 月 1 日与乙签订买卖合同，双方约定，乙应在合同订立之日起 6 个月内交货，交货时甲付款。关于合同履行期间的计算，下列说法中正确的有（ ）。

A. 期间从 4 月 1 日开始计算   B. 期间从 4 月 2 日开始计算

C. 期间至 10 月 1 日届满   D. 期间至 10 月 4 日届满

6. 丙于 2016 年 9 月 10 日向丁借款 1 万元，双方约定借款期限为 1 年。1 年后，丙没有还款，但表示将在 1 个月内还清款项，丁表示应允。对此，下列说法中正确的有（ ）。

A. 丁请求丙还款的诉讼时效期间至 2020 年 9 月 10 日届满

B. 丁请求丙还款的诉讼时效期间至 2020 年 10 月 10 日届满

C. 丙在 1 个月内还款的表示引起时效期间的中断

D. 丙在 1 个月内还款的表示引起时效期间的延长

7. 1994 年 3 月 1 日晚张某被人打成重伤。经过长时间的访查，张某于 2013 年 6 月 30 日掌握确凿的证据证明将其打伤的是李某。张某应在哪个日期之前向李某提出赔偿的请求才能得到人民法院的支持？（　）

A. 2014 年 3 月 1 日　　　　　　　　B. 2014 年 6 月 30 日

C. 2015 年 6 月 30 日　　　　　　　　D. 2015 年 3 月 1 日

8. 下列有关期间的立法表述中，属于除斥期间规定的有（　）。

A. 限制民事行为能力人订立的合同中，相对人可以催告法定代理人在 1 个月内予以追认

B. 因重大误解订立合同的撤销权，自债权人知道或者应当知道撤销事由之日起 1 年内行使

C. 赠与人的继承人对赠与的撤销权，自知道或者应当知道撤销原因之日起 6 个月内行使

D. 租赁期间不得超过 20 年，超过 20 年的，超过部分无效

二、结合本项目原理，分析以下案例：

1. 2012 年 6 月 14 日张某被烧碱烧伤左眼，当晚入住某医院，随即被诊断为"左眼强碱伤Ⅲ度"，后接受了眼球摘除术，并由此引发医疗争议，张某认为医院手术不当。2013 年 7 月 30 日，医院给张某出具了伤情诊断证明。争议经有关方面协调未果。2014 年 7 月 9 日，张某向当地法院起诉，要求医院就医疗损害后果进行赔偿。医院主张已经超过诉讼时效，请求法院驳回起诉。一审法院经审理认为，张某的眼睛被烧伤后，医院于就诊当日即作出明确诊断，认定原告的伤情是比较明显的，诉讼时效期间应从受伤之日起计算，原告起诉时超过 1 年的诉讼时效，故判决驳回张某的诉讼请求。张某不服，上诉至二审法院，称确诊时间应以医院在施行眼球摘除术后、出具诊断证明时算起，其起诉时间并未超过诉讼时效期限，请求二审依法公正判决。

二审法院应否支持张某的上诉请求？

思考方向：

《民通意见》第 168 条规定："人身损害赔偿的诉讼时效期间，伤害明显的，从受伤害之日起算；伤害当时未曾发现，后经检查确诊并能证明是由侵害引起的，从伤势确诊之日起算。"本案是否适用该条规定？

2. 2016 年 3 月 1 日，北京市某贸易公司（借款方）与美国某灭火设备公司北京办事处（出借方）签订了借款合同，贸易公司从设备公司处借到 15 万元整，双方约定于 2016 年 8 月 31 日前偿还全部借款及利息。借款到期后，设备公司北京办事处多次通过电子邮件、传真及电话向贸易公司催讨，最后一次追讨时间是 2017 年 12 月 29 日，贸易公司承诺 2018 年 2 月 1 日前履行债务，但实际上并未清偿欠款。设备公司遂于 2018

年 3 月 7 日向法院提起诉讼并被受理。

设备公司就该项借款主张权利的诉讼时效期间应当如何计算?

思考方向:

(1) 确定本案适用哪一种类型的诉讼时效。

(2) 确定其诉讼时效期间的起止时间。

(3) 考察在该诉讼时效进行过程中有无导致时效中止、时效中断的事实发生?

学习情境十二 诉讼时效的期间计算

情境案例

郭某与某房地产公司于 2013 年 11 月 25 日签订了《商品房购销合同》。合同约定房屋总价款为 450 万,交房时间为 2014 年 3 月 31 日,交房后 90 日之内办理房产证;付款方式为分期支付,合同签订后 7 日内支付第一笔款项 180 万元,剩余款项付款时间为 2014 年 3 月 31 日,开发商逾期交房的,剩余款项在交房后支付。合同还对逾期付款及逾期交房的违约责任作了约定。合同签订后,郭某按时支付了第一笔款项,后开发商未能按约交付房屋,郭某由此也未支付尾款,其间郭某多次通过电话、短信、发邮件等方式联系开发商要求交房和支付违约金,开发商一直没有满足其要求,直到 2017 年 10 月才通知郭某收房付款和办理房产证。郭某办理了收房手续,但拒绝支付剩余款项,他认为房地产公司逾期 3 年交房之违约金已经超过剩余款项,因此主张两相冲减,开发商不同意其解决方案。郭某于 2017 年 12 月诉至法院,要求法院判定剩余款项与开发商违约金相冲抵。开发商认为,逾期交房的违约金是按日计算并支付的继续性债权,应从约定的交房之日起就每日发生的个别违约金债权单独计算诉讼时效,郭某主张的违约金有一部分已超过诉讼时效,只同意支付诉讼时效内的违约金,要求郭某付清其余房款。

训练目的

通过实训,使学生进一步理解诉讼时效的法律规定,掌握诉讼时效期间的计算方法,能够正确判断诉讼时效的起止时间,正确处理时效进行中出现的中止、中断等问题。

训练方法

1. 课堂讨论。针对案例由教师或者学生提出问题,由学生自主进行探讨、论证,教师进行辅导、点评。

2. 角色模拟。学生分组,每组 3~5 人,分别模拟郭某、房地产公司和法官,根据案情模拟当事人各自的主张和解决纠纷的过程。

工作任务

1. 确定本案适用的诉讼时效类型及其期间的计算方法，判断是否存在诉讼时效中止或者中断的法定事由。

2. 判断本案双方当事人的主张是否合法，列举其主要证据。

实训步骤

步骤 1. 明确争论焦点。根据民法的具体规定，明确双方当事人的争论焦点，找到论辩的切入口。

步骤 2. 确定诉讼时效的起算点。以《民法总则》为基础，结合论辩双方主张的案件事实要素，找到本案该适用的具体法律规定，并且根据诉讼时效的起算标准，逐一辨别案情的具体时间。

步骤 3. 提出诉讼代理意见。根据诉讼时效的相关理论及法律规定，结合具体法律规定的要求，在详细分析案中所涉及时间的基础上，形成严密的论证观点，进而提出自己的综合意见。

项目二　期　限

引　例

2014 年彭某向杨某购买一辆桑塔纳轿车，约定自当年 10 月 23 日起算 2 个月交车，具体交车日期是什么时候？如果这 2 个月期间是从当年 12 月 31 日起算，何日为交车之日？

基本理论

一、期限的含义

期限，指权利义务产生、变更和终止的时间。民事法律关系都有一个产生、变更和终止的过程，与时间有着密切关系。期限分为期日和期间。期日是指不可分或视为不可分的特定时间，如某年某月某日或某日。期间是指一定的时间段，即自某一时间点始至某一时间点止的时间段，如从 2013 年 5 月 17 日至 2015 年 5 月 17 日。期间表示时间长度中的"线"，与期日所表示的时间之"点"不同。

期限分为法定期限、指定期限和约定期限。法定期限是指由法律直接规定的期限，如时效期间即是。指定期限是指由法院或有关机关确定的期限，如法院或仲裁机关指定的债务履行期日或期间、宣告死亡的期日。约定期限是指当事人自行约定的期限，如附期限法律行为中所附的期限。

任何民事法律关系的发生、变更和消灭都在一定的时间内进行。没有期限，即不能确知和确定权利义务的产生、变更、消灭和持续的时间，因此，期限在民法上具有重要意义。具体而言，期限在法律上的意义主要表现在以下方面：①期限是确定民事主体权利能力和行为能力开始和终止的尺度；如出生之时为自然人民事权利能力开始之时。②期限是作出法律推定的根据，如失踪人下落不明的期间，即为作出宣告死亡推定的根据。③期限是确定权利的取得或丧失的根据，时效期间即有这种作用。④期限是行使权利和履行义务的时间段，如合同履行期限、保证期限等。⑤期限是法律行为效力的起点或终点，如附期限民事法律行为中的期限。

二、期限的确定和计算

（一）期限的确定

（1）规定日历上的某一具体时刻为期限。

（2）规定一定的具体时间段为期限。

（3）规定某一必然发生的事件的发生时刻为期限。

（4）规定以当事人提出请求的时间为期限。

（二）期限的计算方法

期日为不可分的特定时间点，不发生计算问题。期间为一定的时间段，存在计算方法问题。就期间的计算，有自然计算法和历法计算法两种方法。前者以实际的精确时间计算，以时、分、秒为计算单位；一天为24小时。后者以天为计算单位，以日历所定的日、月、年计算。自然计算法虽然较为精确，但不够简便，如用来计算长期间就不适宜。历法计算法虽然较为简便，但却有欠精确。依《民法总则》的规定，我国民法的期间计算法兼采二者。

1. 以小时为单位的期间计算法

以规定时或约定时为起点，经过规定或约定的期间所达到的时为届满点。

2. 以日、月、年为单位的期间计算法

期间以日计算的，期间开始的当天不算入，从次日开始计算，期间的最后一天算至当日的第24时。有业务时间的，算至业务活动停止之时。最后一天为星期日和其他假日的，以其次日为期间的最后一天。若星期日和其他法定假日有变通，则以实际休假日的次日为期间的最后一天。这里所说的"节假日"是指国家统一规定的节假日，例如，星期六、星期日、国际劳动节、国庆节、春节等，但像妇女节、教师节等专为某一类人规定的节假日或某些民间节日，不包括在内。当事人非以月、年的第一天为起算点的，则一个月以30天计，一年以365天计。

期间以月、年计算的，期间届满日期为届满月或年相对应的日。如果届满没有相对应的日时，届满月的最后一天即为期间届满日。例如，法院于 11 月 30 日发出公告，宣布公告 3 个月后即发生法律效力，这里期间届满日期应是次年的 2 月 30 日，但是二月份只有 28 天，因此，期间届满日只能是 2 月 28 日。

在期限的计算中，有"以上""以下""以内""届满"用语的，均包括本数；有"不满""超过""以外"用语的，均不包括本数。当事人对期间的起算时间有约定的，从其约定。

📖 引例分析

期间以月、年计算的，期间届满日期为届满月或年相对应的日。引例中彭某与杨某约定自 2014 年 10 月 23 日起算 2 个月交车，故交车之日应为届满月的对应日即 2014 年 12 月 23 日。如果该 2 个月期间系自 12 月 31 日起算，届满月应是次年的 2 月，届满月的最后一天即为期间届满日，2 月只有 28 天，因此，期间届满日是 2 月 28 日，即交车之日是 2015 年 2 月 28 日。

✨ 相关法律规范

1. 《中华人民共和国民法总则》第 200 ~ 205 条。

2. 《最高人民法院关于贯彻执行〈中华人民共和国民法通则〉若干问题的意见（试行）》第 198、199 条。

3. 《中华人民共和国票据法》第 107 条。

思考与练习

1. 下列关于民法期间、期日的表述中正确的有（　　）。

A. 规定按照小时计算期间的，从规定时开始计算

B. 规定按照日计算期间的，从规定日开始计算

C. 规定按照月计算期间的，从下一月开始计算

D. 期间的最后一天是星期六的，以星期六当日为期间的最后一天

2. 《公司法》第 102 条第 1 款规定，"召开股东大会会议，应当将会议召开的时间、地点和审议的事项于会议召开 20 日前通知各股东"，此项期间如何计算？某股份有限公司于 2014 年 10 月 7 日通知各股东于同年 10 月 27 日上午 9 时召开股东常会，其召集程序是否违法？

思考方向：

注意"20 日前"的起止时间，判断"10 月 27 日"的 20 日前是哪一天，在此基础上判断该公司召集程序的合法性。

拓展阅读

1. 郭明瑞："诉讼时效的效力问题"，载《法学杂志》2008 年第 9 期。

2. 王轶："诉讼时效制度三论"，载《法律适用》2008 年第 11 期。

3. 高圣平："诉讼时效立法中的几个问题"，载《法学论坛》2015 年第 2 期。

4. 房绍坤："诉讼时效停止制度的立法选择"，载《广东社会科学》2016 年第 1 期。

5. 吴奕锋："论侵害未成年人性自主决定权的特别时效制度——评《中华人民共和国民法总则》第 191 条"，载《法律科学（西北政法大学学报）》2018 年第 1 期。

参考文献

1. 周枏：《罗马法原论》，商务印书馆 1994 年版。

2. 史尚宽：《民法总论》，中国政法大学出版社 2000 年版。

3. 王泽鉴：《民法总则》，中国政法大学出版社 2001 年版。

4. 王利明主编：《民法》，中国人民大学出版社 2010 年版。

5. 梁慧星：《民法总论》，法律出版社 2001 年版。

6. 郭明瑞主编：《民法学》，北京大学出版社 2001 年版。

7. 李开国主编：《民法原理与实务》，中国政法大学出版社 2007 年版。

8. 胡爱国主编：《民事法律原理与实务》，中国政法大学出版社 2009 年版。

9. 王利明主编：《中国民法案例与学理研究：总则篇》，法律出版社 2003 年版。

10. 马特主编：《民法总则讨论教学教程》，对外经济贸易大学出版社 2006 年版。

11. 姚辉编著：《民法学原理与案例教程》，中国人民大学出版社 2007 年版。

12. 赵万一主编：《新编民法总论案例教程》，中国民主法制出版社 2008 年版。

13. 王利明：《合同法分则研究》（下卷），中国人民大学出版社 2013 年版。

14. 董安生：《民事法律行为》，中国人民大学出版社 2002 年版。

15. 芮沐：《民法法律行为理论之全部》，中国政法大学出版社 2003 年版。

16. 冯恺：《诉讼时效制度研究》，山东人民出版社 2007 年版。

17. 梁慧星主编：《中国物权法研究》，法律出版社 1998 年版。

18. 王利明：《物权法研究》，中国人民大学出版社 2002 年版。

19. 张新宝：《〈中华人民共和国民法总则〉释义》，中国人民大学出版社 2017 年版。

20. 杜万华：《〈中华人民共和国民法总则〉实务指南》，中国法制出版社 2017 年版。

21. 沈德咏主编：《〈中华人民共和国民法总则〉条文理解与适用》，人民法院出版社 2017 年版。

22. 中国审判理论研究会民商事专业委员会编著：《〈民法总则〉条文理解与司法适用》，法律出版社 2017 年版。

23. ［德］迪特尔·梅迪库斯著，邵建东译：《德国民法总论》，法律出版社 2000 年版。

24. ［德］卡尔·拉伦茨著，王晓晔等译：《德国民法通论》，法律出版社 2013 年版。